ADRIANA FELLIPELLI

AUTOCONHECIMENTO
PARA UM
MUNDO MELHOR

Reflexões sobre **Liderança**,
Desenvolvimento Humano
e **Capitalismo Consciente**

Rio de Janeiro, 2020

Autoconhecimento para Um Mundo Melhor
Copyright © 2020 da Starlin Alta Editora e Consultoria Eireli. ISBN: 978-85-5081-363-9

Todos os direitos estão reservados e protegidos por Lei. Nenhuma parte deste livro, sem autorização prévia por escrito da editora, poderá ser reproduzida ou transmitida. A violação dos Direitos Autorais é crime estabelecido na Lei nº 9.610/98 e com punição de acordo com o artigo 184 do Código Penal.

A editora não se responsabiliza pelo conteúdo da obra, formulada exclusivamente pelo(s) autor(es).

Marcas Registradas: Todos os termos mencionados e reconhecidos como Marca Registrada e/ou Comercial são de responsabilidade de seus proprietários. A editora informa não estar associada a nenhum produto e/ou fornecedor apresentado no livro.

Impresso no Brasil — 1ª Edição, 2020 — Edição revisada conforme o Acordo Ortográfico da Língua Portuguesa de 2009.

Produção Editorial Editora Alta Books	**Produtor Editorial** Illysabelle Trajano Juliana de Oliveira	**Equipe de Marketing** Livia Carvalho Gabriela Carvalho	**Editor de Aquisição** José Rugeri j.rugeri@altabooks.com.br
Gerência Editorial Anderson Vieira	Thiê Alves	marketing@altabooks.com.br	
Gerência Comercial Daniele Fonseca	**Assistente Editorial** Maria de Lourdes Borges	**Coordenação de Eventos** Viviane Paiva comercial@altabooks.com.brw	
Equipe Editorial Ian Verçosa Luana Goulart Raquel Porto Rodrigo Dutra Thales Silva	**Equipe de Design** Larissa Lima Marcelli Ferreira Paulo Gomes	**Equipe Comercial** Daiana Costa Daniel Leal Kaique Luiz Tairone Oliveira Vanessa Leite	
Revisão Gramatical Luciano Gonçalves Alessandro Thomé	**Capa** Renan Santos	**Layout e Diagramação** Joyce Matos	

Publique seu livro com a Alta Books. Para mais informações envie um e-mail para autoria@altabooks.com.br

Obra disponível para venda corporativa e/ou personalizada. Para mais informações, fale com projetos@altabooks.com.br

Erratas e arquivos de apoio: No site da editora relatamos, com a devida correção, qualquer erro encontrado em nossos livros, bem como disponibilizamos arquivos de apoio se aplicáveis à obra em questão.

Acesse o site **www.altabooks.com.br** e procure pelo título do livro desejado para ter acesso às erratas, aos arquivos de apoio e/ou a outros conteúdos aplicáveis à obra.

Suporte Técnico: A obra é comercializada na forma em que está, sem direito a suporte técnico ou orientação pessoal/exclusiva ao leitor.

A editora não se responsabiliza pela manutenção, atualização e idioma dos sites referidos pelos autores nesta obra.

Ouvidoria: ouvidoria@altabooks.com.br

Dados Internacionais de Catalogação na Publicação (CIP) de acordo com ISBD

F319a   Fellipelli, Adriana
          Autoconhecimento para um mundo melhor: Reflexões sobre Liderança, Desenvolvimento Humano e Capitalismo Consciente / Adriana Fellipelli. - Rio de Janeiro : Alta Books, 2020.
          320 p. : il. ; 17cm x 24cm.

          Inclui bibliografia e índice.
          ISBN: 978-85-508-1363-9

          1. Autoconhecimento. 2. Liderança. 3. Desenvolvimento humano. 4. Capitalismo consciente. I. Título.

2020-2318
                          CDD 158.1
                          CDU 159.947

Elaborado por Vagner Rodolfo da Silva - CRB-8/9410

ALTA BOOKS
EDITORA

Rua Viúva Cláudio, 291 — Bairro Industrial do Jacaré
CEP: 20.970-031 — Rio de Janeiro (RJ)
Tels.: (21) 3278-8069 / 3278-8419
www.altabooks.com.br — altabooks@altabooks.com.br
www.facebook.com/altabooks — www.instagram.com/altabooks

Conhece-te a ti mesmo!

Inscrição à entrada
do Oráculo de Delfos,
na antiga Grécia

Agradeço a todos amigos e familiares que me ajudaram a crescer dando suporte, amor e acolhimento. Cada momento desafiador me fez crescer e ter motivação para me transformar numa versão melhor. Dedico este livro especialmente ao meu pai, mãe, minha filha Alexia e meus irmãos.

Sumário

Prefácio	*ix*
O que é conhecimento?	x
Mas onde está o conhecimento?	x
Mas onde está a mente?	xi
Mas o que é o eu?	xii
Mas o que é autoconhecimento?	xiv
Referências:	xvi
1. Por que o autoconhecimento é essencial?	
O porquê deste capítulo	1
Conhecer-nos é penetrar fundo em nossos pensamentos	2
Nosso cotidiano atribulado é um obstáculo ao autoconhecimento	4
Nosso processo de individuação	5
Não confie apenas no saber que adquire formalmente	7
O que este livro contém	9
2. Escolhendo trabalhar com as pessoas	
O porquê deste capítulo	13
Problemas pessoais de ontem e de hoje	15
Meu trabalho e o estado de "fluxo"	16
Aprendendo para a vida na adolescência	17
Ingressando na vida profissional	20
Empatia e assertividade como qualidades	22
Os riscos de sentir a dor do outro!	26

3. Decidindo ser empresária

O porquê deste capítulo	29
Descobrindo os instrumentos de assessment	31
A descoberta do MBTI®	32
A experiência de ser uma empresária	33
Empresária vs. Executiva	34
O que você faz quando não está feliz com seu papel executivo?	37
De novo empresária!	40

4. Todo empresário deve crer em algo maior!

O porquê deste capítulo	43
Que é *assessment*? De onde vem? Como surgiu?	45
A Fellipelli, empresa dotada de um sentido	47
Parcerias internacionais	49
A "feminização" da gestão	52
O ser humano está evoluindo!	54
A necessidade da busca incessante pelo autoconhecimento	57

5. Bem-vindo à Era do Capital Humano!

O porquê deste capítulo	61
Nasce o operário	63
O chefe de pessoal	65
As relações industriais	67
Os desafios da área de Recursos Humanos	70
A gestão do capital humano	74
Inteligência Emocional e desenvolvimento humano	77

6. De que precisamos para ter um mundo melhor?

O porquê deste capítulo	83
Um mundo coletivamente melhor...	84
... Seria mesmo possível?	87
Um Novo Iluminismo	89
À procura da felicidade	93
Os avanços científicos e tecnológicos	95
Um capitalismo que leva em conta o homem	97
Ensinamentos fundamentais de Jung	101

7. Neurociência: via para o conhecimento do conhecimento

O porquê deste capítulo	107
A mente e a consciência	111
Ciência cognitiva ou neurociência? Ambas!	114
Breve história do estudo do cérebro	116
A velha e boa alma...	118
... e sua versão terrena!	121
A energia que move a mente do homem	123
A arquitetura do cérebro	129
O que a neurociência nos trouxe	133
Nossos erros de percepção	137
O que impulsiona nosso comportamento social?	141
Mudando o mindset	144
O homem altruísta	146

8. Inteligência Emocional e Liderança

O porquê deste capítulo	151
A Inteligência Emocional, o EQ-i 2.0® e suas cinco dimensões	152
A avaliação da felicidade pelo Modelo EQ-i 2.0®	159
IE e comparações entre gêneros	162
IE e empatia	170
IE e responsabilidade social	174
IE e Liderança	176

9. Um mundo em transformação

O porquê deste capítulo	183
Os empregos não são mais o que eram	184
A Quarta Revolução Industrial	187
O rentismo e a crise	193
A desigualdade no mundo	195
Como enfrentar a desigualdade?	201
Os cinco pilares do capitalismo consciente	205

10. Autoconhecimento para um mundo melhor

O porquê deste capítulo 211

Podemos confiar no progresso 213

Conjecturas sobre o saber e a ignorância de ontem e de hoje 215

A lição que vem da Grécia 222

Refletindo sobre o inconsciente 224

A educação para a autoconsciência conforme Naranjo, Barrett... 229

... e conforme Ken Wilber 231

Em busca do autoconhecimento 235

11. Lições do Eneagrama

O porquê deste capítulo 241

O Eneagrama: legado inestimável de nossos antepassados 242

O Eneagrama das Emoções 248

O Eneagrama da Personalidade 254

A "Lei do Três" 256

Guia para entender as patologias emocionais 258

Eneagrama + MBTI 262

Ouspensky e os níveis de consciência 264

Retornando ao tema central: o autoconhecimento 268

O "observador interno" 271

12. Instrumentos de Diagnóstico

Gestão inteligente das emoções 273

Anexo *273*

Assessment e autoconhecimento 275

Os melhores instrumentos de *assessment* 277

Encerramento *291*

Evoluir dói! 291

Referências bibliográficas *295*

Índice *301*

Prefácio

Por Ralph H. Kilmann, Ph.D. — Cocriador do Thomas-Kilmann Instrument (TKI) e CEO da Kilmann Diagnostics.

Estou extremamente honrado em escrever esta introdução para o livro de Adriana Fellipelli, *Autoconhecimento para um mundo melhor*, sobretudo porque ela viveu pessoalmente todas as ideias, os princípios e as práticas que apresenta a você, leitor, nos capítulos a seguir. Assim, sua busca contínua em aprimorar seu próprio autoconhecimento faz com que todas as palavras, em todas as páginas de seu livro, sejam verdadeiras. Essa autenticidade com certeza inspirará todas as pessoas que dedicam seu tempo para refletir profundamente sobre as várias "lições aprendidas" que ela traz, para depois seguir os próximos passos a fim de expandir seu próprio autoconhecimento — apesar de todo o condicionamento cultural para fazer o contrário e, acima de tudo, apesar de todos sermos regularmente bombardeados com distrações diárias que muito atrapalham o processo de nos tornamos pessoas completas.

Neste prefácio, meu objetivo é prepará-lo para os principais temas do livro de Adriana, examinando o que se entende por "autoconhecimento", o que, necessariamente, exige que compreendamos a fundo o significado desses dois termos separadamente: "auto/eu" e "conhecimento," para depois trabalharmos com eles em conjunto.

O que é conhecimento?

Anderson (1983) sugeriu uma distinção crucial: o *Conhecimento Declarativo* é um entendimento conceitual de sistemas, dinâmicas, pessoas, relacionamentos, tecnologias, eventos e fatos (saber por que, saber sobre, ou saber que), independentemente de você fazer algo ou não com esse conhecimento "passivo" e geralmente menos perceptível.

O *Conhecimento Processual* é ter as habilidades cognitivas, emocionais, sociais e técnicas para de fato FAZER alguma coisa (saber como), independentemente de você entender ou não o que está fazendo com esse conhecimento mais "ativo" e normalmente mais perceptível.

Em uma frase, eis a chave para adquirir — e usar — esses dois tipos de conhecimento: *A integração do conhecimento declarativo e processual cria o melhor dos dois mundos: fornecer os "porquês" por trás dos "comos" para uma tomada de decisão e ação conscientes no nosso mundo cada vez mais complexo e desafiador.*

De um lado, *agir sem o conhecimento dos porquês que criaram uma situação específica* provavelmente será ineficaz, na melhor das hipóteses, e perigoso, na pior. Por outro lado, ter conhecimento dos porquês da situação, mas não prosseguir com nenhuma ação, manterá fixo o status quo, já que a extrema necessidade de mudança e aprimoramento contínuos em nossas empresas, instituições e nações não será atendida.

Mas onde está o conhecimento?

Curiosamente, a literatura sobre a "teoria do esquema" pressupõe que o conhecimento de cada pessoa consiste em categorias mentais e nos relacionamentos entre elas, por exemplo, palavras em nossa linguagem que nos permitem ver e falar sobre algumas coisas, mas não sobre outras, pois ainda não existem palavras em nosso vocabulário (muito menos categorias mentais) para entender alguns fenômenos desconhecidos (Markus e Zajonc, 1985).

Dois tipos de esquema são propostos: *esquemas declarativos*, que são redes de significado para a compreensão dos "porquês", e os *esquemas procedimentais*, que são redes de ação para executar o "como". Além disso, existem inúmeras maneiras de fazer alterações e melhorias nesses esquemas mentais: (1) integrar dados nos esquemas existentes, seja para verificar o conhecimento ou ganhar confiança; (2) reestruturar os esquemas de forma gradual, adicionando novas categorias mentais ou alterando algumas relações entre elas; e (3) radicalmente reestruturar os esquemas, ou seja, alterá-los por completo e alterar também suas relações com outros (por exemplo, transformá-lo em outro paradigma para ver, pensar, sentir e se comportar). *Para obter maior conhecimento, portanto, devemos ser capazes de usar e reestruturar os esquemas declarativos e processuais em nossa mente.*

Mas onde está a mente?

O debate ainda impera sobre se o cérebro físico contém toda a mente de uma pessoa ou se é apenas um canal para a mente coletiva existente "lá fora" no universo (Grof, 1993).

Explorações com as mais recentes tecnologias de imagem revelam que as estruturas orgânicas e as redes bioquímicas do cérebro armazenam tanto a memória de longo prazo quanto de curto prazo do conhecimento declarativo e processual. O córtex cerebral e o cerebelo armazenam a memória de longo prazo (implícita) em redes neurais automáticas. O hipocampo e as estruturas corticais circundantes, no entanto, usam memória consciente e de curto prazo (explícita) para (1) recuperar esquemas da memória de longo prazo; (2) usar esses esquemas para coletar dados, entender os porquês ou colocar em prática o como e realizar uma ação; e (3) reestruturar gradualmente ou radicalmente esses esquemas antes de serem armazenados, mais uma vez, na memória de longo prazo.

No entanto, ainda é importante enfatizar que uma mente inteira (holística) não inclui apenas o *conhecimento interno*, que é armazenado no cérebro físico no corpo de uma pessoa, mas também inclui o *conhecimento externo*, geralmente inexplorado e muito misterioso, que pode ser obtido em uma consciência muito maior e universal, que, talvez, seja o vasto reservatório de TODO o conhecimento que já foi criado, que está sendo criado e que será criado no futuro.

Sem nos aprofundarmos nessa impressionante área do conhecimento interno, que está disponível gratuitamente no cérebro e do conhecimento externo, que está disponível gratuitamente nos "campos morfogenéticos" (Sheldrake, 1981), basta dizer que o funcionamento eficaz de qualquer organização é paralelo ao funcionamento dinâmico das quatro redes neurais internas no cérebro e das redes externas de significado e ação que podem ser recuperadas da consciência universal (Kilmann, 2011).

Mas o que é o eu?

Para qualquer discussão sobre o eu, acho conveniente distinguir o ego e a alma (Kilmann, 2013). Primeiro, abordarei brevemente cada um desses conceitos fundamentais de forma extensa (assim como no conhecimento declarativo), para que possamos compreender a fundo essas duas perspectivas muito diferentes do "eu". Depois, no entanto, devemos desenvolver as habilidades técnicas e os requisitos cognitivos, emocionais e sociais necessários para agir de maneira adequada em relação a esse entendimento aprimorado do autoconhecimento (como no conhecimento processual), para que possamos tomar melhores decisões e participar de ações mais eficazes para nós e para a sociedade.

O *ego* culturalmente condicionado costuma ser focado nessas preocupações: autoimagem, segurança, proteção, sobrevivência e sucesso. Dessa forma, para o bem ou para o mal, ele pode facilmente se preocupar em expressar energias e emoções de chakras inferiores: medo, orgulho, raiva, desejo, sofrimento e culpa. De fato, se colocado em situações extremas, o ego está pronto para se defender — de todas as suas decisões e ações anteriores —, não importando o custo. Nos piores casos, o ego agarra-se ao prazer e foge da dor e da perda. Essencialmente, é ele que, sozinho, converte traumas da primeira infância (violações de limites, ataques, perda, enfermidades etc.) em uma perspectiva distorcida sobre o que esperar mais tarde de outras situações e de outras pessoas (conhecimento declarativo potencialmente *disfuncional* dos porquês), que também inclui como lidar com essa realidade distorcida que o próprio ego criou para dar sentido às suas primeiras experiências (um conhecimento procedimental potencialmente disfuncional dos comos). Em suma, como estratégia geral para lidar com seus medos, suas distorções e suas dúvidas pessoais, o ego busca poder, controle, influência, fama, atenção e imortalidade. Dizendo de forma diferente, *o principal objetivo do ego é sentir-se bem consigo mesmo, tendo ou não conhecimento exato da realidade.*

Em nítido contraste com o ego, a *alma* (não como um conceito religioso em si, mas como um anseio espiritual) se concentra em um chamado "especial" ou divino... Descobrindo e colocando em prática a principal razão de ter nascido. Como tal, irradia naturalmente essas energias e emoções superiores dos chakras: amor, alegria, paz e compaixão. Ela vivencia a vida como lições a serem aprendidas de uma fonte divina. Embora nunca ignore, e muito menos perdoe qualquer trauma da infância, a alma, então, aborda os graves desafios iniciais da vida como uma oportunidade de transformar uma ferida profunda em um dom especial que pode ajudar outras pessoas a se curarem de seus traumas de vida. A alma procura, assim, transformar radicalmente seus padrões de ver, pensar, sentir e se comportar em um abraço amoroso que envolve qualquer coisa que se desenrole no futuro. Em outras palavras, *o principal objetivo da alma é servir aos outros e ao planeta: participar ativamente da evolução da consciência universal.*

Observe como o ego é diferente da alma, e vice-versa. Em um workshop com ambiente seguro, pedi aos participantes que respondessem atentamente a estas duas perguntas: (1) O que seu ego deseja para você — em relação à segurança, estabilidade, valor, mérito, conquista, poder, glória e imortalidade? (2) O que sua alma exige de você — em relação a seus dons especiais, serviço a outras almas, sonhos e honra à consciência universal?

E então, depois de os participantes escreverem suas respostas a essas duas perguntas, solicitei que respondessem à seguinte pergunta desafiadora: (3) Qual deles governa sua vida... Seu ego OU sua alma?

Embora muito se possa dizer sobre o Instrumento de Modalidades de Conflitos de Thomas-Kilmann — TKI (Thomas e Kilmann, 1974) para abordar todos os tipos de conflitos internos e externos, neste prefácio, quero apenas destacar duas das dimensões diagonais do modelo: (1) dimensão distributiva, que define todo conflito como uma escolha de "esse OU aquele", o que sugere uma solução bastante limitada de ganho/perda para qualquer conflito; e (2) a dimensão integrativa, que revela o potencial de transcender consideravelmente todo conflito que foi apresentado pela primeira vez em termos de "isto, aquilo e... muito mais", o que permite uma melhor solução de ganho/ganho para resolver qualquer conflito de todas as pessoas, organizações e nações afetadas.

Ao aplicar o Instrumento de Modalidades de Conflitos de Thomas-Kilmann ao questionamento sobre qual dos dois define o EU, ego ou alma, e que por consequência comanda a vida de uma pessoa, podemos posicionar esse conflito interno fundamental na dimensão distributiva de ganho/perda, que exige que uma pessoa defina a si mesma pelas necessidades de seu ego para sobreviver e prosperar, ou pelo desejo de sua alma de cumprir seu destino divino e, então, impulsionar a evolução contínua da consciência universal.

É claro que, se o ego vencer a batalha, a alma perde: a vida da pessoa é gasta no gerenciamento de emoções como medo, orgulho, raiva, desejo, tristeza e culpa —

Prefácio

sem cumprir seu chamado espiritual. Entretanto, se a alma vence, o ego perde: a vida da pessoa pode estar focada em servir aos outros, mas a necessidade do ego de realizar grandes coisas, e, portanto, sua voracidade para sobreviver e prosperar, não estará disponível para alimentar (energizar) as paixões da pessoa em cumprir sua missão divina.

Em termos de definir o "eu", em vez de escolher o ego OU a alma, ele pode (quando beneficiado por seu autoconhecimento sempre em expansão) abordar a vida como uma integração de ego/alma, no qual os dois estão na "mesma página", ambos prosseguindo com a mesma missão para o TODO da pessoa. Esse EU integrado permitirá que a abundante energia do ego (que deriva eo seu intenso esforço para manter sua existência) seja redirecionada para o chamado divino da pessoa... O cenário final de ganho/ganho para o indivíduo, a organização, o planeta e o universo.

Mas o que é autoconhecimento?

Ao combinar a investigação anterior ao significado mais profundo de "conhecimento" e "eu (auto)", agora posso propor o seguinte convite para você, leitor:

Considere a enorme transformação interna que é possível quando você escolhe participar ativamente de uma variedade de ferramentas de avaliação, debates guiados e modalidades de mente/corpo/espírito com o objetivo de aprimorar ainda mais seu conhecimento declarativo sobre seu ego e sua alma... Especificamente para saber mais sobre as necessidades de segurança, proteção, conquista, objetivo, fama e imortalidade do ego, em total consonância com o propósito da sua alma, que recebeu o presente da vida e pode contribuir com você: uma peça única que completa o quebra-cabeça universal em desenvolvimento.

Mas, como observei, o conhecimento declarativo dos porquês (seja sobre o "eu" ou sobre qualquer outra coisa) simplesmente não é suficiente para provocar ação — ação ética e eficaz — para alcançar e cumprir a missão divina da vida de uma pessoa. Como resultado, considere agora como outra grande transformação pode e satisfará as necessidades de sua mente (o lar do seu ego) e as paixões de seu coração (o lar da sua alma), se você participar ativamente de programas de treinamento para melhorar suas habilidades cognitivas, emocionais, sociais e técnicas para aprender COMO efetiva e eticamente satisfazer as necessidades de seu ego enquanto aprende a cumprir o propósito de sua alma.

Se você conseguir adquirir essa integração declarativa E processual do autoconhecimento, terá ativado com sucesso todo o potencial humano de se tornar uma pessoa COMPLETA que conhece os porquês e comos do que é essencial — para que possa viver uma vida feliz servindo a outras pessoas e ao planeta de sua maneira única e espiritualmente guiada. Mais uma vez, podemos ver como Adriana capturou precisamente e com excelência esse tema no título de seu livro: *Autoconhecimento para um mundo melhor.*

Agora levemos a expansão do autoconhecimento para o próximo nível na sociedade: e se as organizações implementarem programas de mudança e aprimoramento para que todos os seus membros possam desenvolver continuamente seu autoconhecimento declarativo e processual (integrando ego e alma)? Por meio dessas iniciativas de mudança organizacional, estaríamos infundindo a pessoa COMPLETA em todo e qualquer local de trabalho, incluindo, por extensão natural, a família, a comunidade e a nação. E o funcionamento de todos esses sistemas sociais será muito bem aprimorado e institucionalizado quando líderes organizacionais, culturas corporativas e sistemas de recompensa incentivarem ativamente todos a perseguir e fazer uso constante de seu crescente autoconhecimento em tudo o que fizerem — no local de trabalho E em todas as outras configurações em suas vidas.

O livro de Adriana Fellipelli fornece seu histórico autobiográfico (o que garante que todas suas palavras sejam verdadeiras para o leitor), a estrutura conceitual, as principais lições aprendidas, as ferramentas de avaliação e as discussões reflexivas que motivarão as pessoas a se transformar e a transformar suas organizações, aprimorando continuamente seu autoconhecimento declarativo e processual.

Desejo-lhe o melhor nesta jornada interior e exterior muito gratificante — e muito necessária — através do dom da vida.

○○○

Referências:

- Anderson, J.R. *The Architecture of Cognition*. Cambridge, MA: Harvard University Press, 1983.

- Grof, S. *The Holotropic Mind: The Three Levels of Human Consciousness and How They Shape Our Lives*. San Francisco: HarperCollins, 1993.

- Kilmann, R.H. *Quantum Organizations: A New Paradigm for Achieving Organizational Success and Personal Meaning*. Newport Coast, CA: Kilmann Diagnostics, 2011.

- Kilmann, R.H. *The Courageous Mosaic: Awakening Society, Systems, and Souls*. Newport Coast, CA: Kilmann Diagnostics, 2013.

- Markus, H.; R.B. Zajonc. "The Cognitive Perspective in Social Psychology." In G. Lindzey; E. Aronson (eds.). *The Handbook of Social Psychology*, Vol. 1 (3ª edição). New York: Random House, 1985.

- Sheldrake, R. *A New Science of Life: The Hypothesis of Morphic Resonance*. Los Angeles: Tarcher, 1981.

- Thomas, K.W.; R.H. Kilmann. *The Thomas-Kilmann Conflict-Mode Instrument*. Palo Alto, CA: Xicom, 1974.

Por que o autoconhecimento é essencial?

Aquele que conhece os outros é sábio. Aquele que conhece a si mesmo é iluminado.

Lao Tsé

O porquê deste capítulo

Conhecer a si mesmo nunca foi uma tarefa fácil, muito ao contrário. E, com o passar do tempo, com as experiências de vida que vamos tendo, os afazeres, as responsabilidades, as distrações somando-se umas às outras e ocupando nossa memória, cada vez temos mais conteúdo mental a processar a partir de situações novas que vamos vivendo, e, com isso, mais complexas e multifacetadas se tornam nossas imagens mentais. Cada vez mais, portanto, vão se sofisticando os modos de elaborarmos nossas próprias narrativas na vida, especialmente se somos pessoas que dedicam algum tempo, cotidianamente, a pensar, a refletir sobre o que se passa conosco e com o mundo.

Torna-se, então, mais difícil, com uma vida mental algo mais rica de conteúdo, definirmos quem realmente somos em uma descrição que possa ser razoavelmente adequada. Porque, como escreveu Mário de Andrade em seu poema de 1929, depois de tanto viver e pensar, eu já não sou uma só pessoa: de fato, "Eu sou trezentos, sou trezentos e cinquenta"! [E, em mim] "As sensações renascem de si mesmas sem repouso"!

Mas, felizes daqueles que podem ter esse "problema", que decorre de certa riqueza interior, que é ao menos um pouco acima da média. Porque a maioria das pessoas, infortunadamente, não é assim: reflete pouco, pouco raciocina sobre as coisas importantes da vida, mergulhadas no senso comum e na superficialidade. Que pena!

○ ○ ○

Conhecer-nos é penetrar fundo em nossos pensamentos

Édipo Rei é uma imortal peça de teatro que Sófocles escreveu por volta de 427 a.C. Em sua *Poética*, Aristóteles a considerou "o mais perfeito exemplo da tragédia grega". Séculos mais tarde, Freud tomou-a como metáfora para explicar um dos conceitos basilares da psicanálise: o complexo de Édipo.

Em *Édipo Rei*, a Esfinge, um terrível e indestrutível demônio com corpo de leão e cabeça humana, ameaça os viajantes que passam por Tebas, exigindo que respondam a um enigma, sob pena de perderem a vida. "Decifra-me ou te devoro!", adverte-os. E, em seguida, lhes apresenta o tal dilema: *Que criatura tem quatro pés de manhã, dois ao meio-dia e três à tarde?* Quem erra ao responder é sumariamente executado.

Submetido ao desafio, Édipo responde certo, mata a Esfinge e se salva, assim como à cidade de Tebas, onde entra, aclamado como herói.

Qual é a resposta certa ao enigma imposto pela Esfinge aos viajantes que passam por ali? *O Homem*! Sim, o ser humano é quem tem quatro "pés" na infância, quando engatinha; dois na vida adulta; e três na velhice, quando, já caminhando tropegamente, usa a bengala para auxiliar os pés cansados.

Belo mito! Porém, o mundo de Tebas, Édipo e a Esfinge não existem mais. Atualmente, os perigos que temos de enfrentar — viajantes que somos nesta nave Terra — não mais se concentram em um só lugar (como Tebas), ou em um único obstáculo (como a Esfinge). De fato, inúmeros desses monstros hoje se acercam de nós e nos ameaçam, vindos de todas as direções (inclusive pela internet, virtualmente, pela nuvem)!

Também nossos enigmas na vida são muitos, não mais apenas um único problema básico a ser respondido. Ao contrário, somos o tempo todo confrontados com variados dilemas, continuamente trazidos por surpreendentes transformações que se dão em nosso entorno. Nada é certo atualmente, neste mundo complexo — "tudo que é sólido desmancha no ar", nos adverte Marshall Berman, ecoando uma conhecida fala de Marx, os poemas em prosa de Baudelaire, a ficção de Dostoiévski e as vanguardas artísticas da primeira metade do século XX.

E, "desmanchando-se no ar", tudo à nossa volta (e mesmo o que se encontra *dentro* de nós) se torna... "líquido": a modernidade, a sociedade, a vida, os tempos, o medo e até o amor!

A solução dada ao outrora grande e único enigma da Esfinge pode ser considerada hoje, no mínimo, ingênua. Para a Esfinge, conhecia-se suficientemente o homem compreendendo-se as reações de seu corpo ao longo da vida: o corpo na infância, na maturidade, na velhice...

Isso talvez fosse válido quando ainda nem se cogitava a existência de uma mente humana; o que havia em lugar dela era tão somente a *psique* — isto é, a "alma", que estava inteiramente a serviço dos deuses: para os gregos (algo que seus filósofos das várias correntes de então brilhantemente questionaram), o homem não pensava: tudo que pudesse vir a conjecturar não passava de reflexos implantados em sua cabeça pelo Olimpo!

Acha que não? Pois veja: quando valorizaram tanto esta máxima — "Conhece-te a ti mesmo" —, propositalmente dada mais atrás como epígrafe, os gregos de fato davam a impressão de estar valorizando o autoconhecimento. Porém, trata-se de um engano, pois a frase está incompleta. O que ela realmente diz é: "Conhece-te a ti mesmo *e conhecerás os deuses e o universo*" (o destaque é meu). Ou seja, para os gregos, conhecer-nos significava apenas conhecer as ideias e sentimentos que *os deuses* teriam inoculado em nós, dos quais nem mesmo éramos donos!

Capítulo 1: Por que o autoconhecimento é essencial?

Mas, e hoje? Atualmente, cada um de nós precisa ser capaz de pensar muito e entender melhor o que está acontecendo neste mundo — estamos nele literalmente por conta própria, pois "os deuses" já nada têm a ver com isso! Em outras palavras, conhecermo-nos consiste em perceber claramente quais são *nossos* pensamentos, sentimentos e comportamentos — e chegar ao porquê deles — nas mais variadas situações. Conhecer-nos é penetrar fundo no âmago de nosso próprio *Self*.

E por onde começar a fazer isso?

o o o

Nosso cotidiano atribulado é um obstáculo ao autoconhecimento

Em sua caminhada ao longo dos séculos, a humanidade sempre questionou sua essência, sua origem, seu destino. E suas tentativas de responder às grandes dúvidas existenciais tipicamente foram feitas com o homem recorrendo a narrativas fantásticas, a lendas e mitos. Aos questionamentos mais cruciais na vida de nossos antepassados, que tanto os angustiavam, eles tentavam responder, portanto, por meio de relatos figurativos e simbólicos, que podiam proporcionar, é verdade, algum alívio ou conforto psíquico, mas que significavam, em última análise, uma vida pautada por um permanente clima metafísico e misterioso de autoengano.

Não dá mais para ser assim. Atualmente, a jornada em busca do autoconhecimento está inexoravelmente ligada a um entendimento do indivíduo por ele próprio, o que exige de cada um de nós muita disposição pessoal e muito trabalho para ir além do mero senso comum, das impressões triviais, até chegar a uma efetiva Autoconsciência. "Quem olha para fora sonha; e quem olha para dentro desperta", disse o grande pensador suíço Carl G. Jung.

Porém, um enorme obstáculo a isso é o cotidiano atribulado que vivemos, e que não nos reserva tempo para esse necessário olhar introspectivo à procura de nossas próprias razões. Em um contexto atual, dada essa total carência de tempo, essa permanente pressa que toma conta de nós, nos compreendermos é uma operação intelectual que oferece um desafio muito maior do que em qualquer outro momento da história da humanidade — um obstáculo que alguns acreditam ser praticamente intransponível. Frequentemente somos tomados por uma autoimposta incapacidade de progredir nessa direção, uma espécie de inércia existencial, estado d'alma que nos prostra e desencoraja, deixando-nos sem energia para seguir em frente. Nessas circunstâncias, como é possível que alguém venha realmente a se conhecer?

Acredito firmemente que estabelecer uma efetiva e consciente conexão com nosso "eu interior" é o principal meio para decifrarmos a nós mesmos — requisito essencial para agirmos e gerarmos as condições minimamente necessárias para uma vida mais equilibrada e produtiva. Seja no âmbito pessoal, seja no profissional ou no social, o autoconhecimento deve passar a ser, assim, um processo permanentemente vivenciado. O investimento em si mesmo é, sem sombra de dúvida, o maior investimento que alguém pode fazer na vida.

Nas próximas páginas, exponho algumas teses importantes sobre isso, sempre relacionando-as à minha vida pessoal e com as técnicas e abordagens em que acredito e que utilizo em meu trabalho.

o o o

Nosso processo de individuação

Este livro começou a ganhar forma em minha mente já há algum tempo. Mas, naqueles primeiros momentos, ainda não era tão nítida minha disposição para anotar e colocar no papel estas ideias. Elas certamente chegavam a mim como sempre, mas, em geral, vinham na forma de imagens esparsas, de clarões, de reflexos de percepções já tidas anteriormente, de sentimentos desconfortáveis, de um ou outro *insight* e de algumas descobertas que me pareciam originais e dignas de ser reveladas... Mas, a princípio, esses "objetos mentais" não pareciam poder se encadear de uma forma lógica, ou ter suficiente valor para que viessem a ser reunidos, dando corpo a alguma teoria ou abordagem razoavelmente consistente, que configurasse um discurso aceitável, com começo, meio e fim.

Ainda assim, eu sabia (na verdade, é algo que fui percebendo cada vez mais) que, afinal de contas, tinha ali, sim, o embrião de um discurso a apresentar, algo que eu poderia compartilhar — ou, mais do que isso, algo que merecia ser compartilhado. Afinal, tudo aquilo era produto genuíno de um conhecimento pessoal adquirido ao longo de uma apreciável trajetória pessoal e profissional, dedicada àquilo que nós, psicólogos, chamamos genericamente de Desenvolvimento Humano — ou o que, em sua *Psicologia Analítica*, Jung chamou de "processo de individuação": o processo pelo qual todos passamos e que, idealmente, deve resultar na constituição de um ser

Capítulo 1: Por que o autoconhecimento é essencial?

humano reconhecível em si mesmo como tendo uma subjetividade própria e única (daí ser chamado de (*in*)*díviduo*, isto é, aquele que não pode ser dividido em partes).

Prezo muito essa noção junguiana de um "processo de individuação", que foi, aliás, especialmente importante na produção deste livro. Esse processo foi uma das "âncoras" teóricas que utilizei e à qual retornarei com alguma frequência neste livro.

Para Jung, nascemos e vivemos envoltos em padrões e crenças predeterminadas, que nos informam sobre o que devemos considerar certo ou errado, ou quais caminhos devemos seguir para sermos bem-sucedidos e felizes.

Com o passar dos anos, nos acostumamos tanto a seguir esse modelo que nos é socialmente imposto, que não mais o questionamos. Passamos a acreditar que somente seremos aceitos, amados e realizados caso cumpramos o rito estabelecido. Todavia, Jung nos mostra que isso é falso: compreender o verdadeiro propósito da vida requer que o indivíduo de fato *saia* do molde, ao invés de permanecer preso a ele, buscando fora o autoconhecimento.

Jung fez isso! Quando percebeu que estava sendo instado a conformar-se ao molde (ainda que fosse aquele um molde novo e inegavelmente fascinante), ele tratou logo de escapar, indo em busca de sua própria verdade. Assim, dissentiu de Freud e fugiu às ideias do mestre, mesmo quando era visto por este como seu discípulo mais brilhante, mais dileto e mais promissor. E, assim liberto, Jung desenvolveu suas ideias originais, que resultaram na rica e instigante escola da Psicologia Analítica.

Jung considerava que a individuação se dá num processo profundamente introspectivo, ao longo do qual nos confrontamos com antigos temores, pensamentos atávicos e estranhos sentimentos ocultos. Somente quando o indivíduo envereda por essa trilha é que ele consegue fazer com que sua vida passe a ser regida por ele mesmo e com maior sabedoria, descobre estar nas profundezas do próprio *Self* (o Si-mesmo), centro irradiador do melhor que existe no universo e em cada um de nós.

Esse *Self* é uma entidade complexa, difícil de definir; representa uma espécie de "divindade interior" em cada um de nós, uma *Imago Dei* (imagem de Deus)! Individuar-se é convocar nosso Ego — a consciência, que se encontra na superfície de nós — para que vá ao encontro desse núcleo especialíssimo, pelo que nos é possível explorar conteúdos inconscientes até então inacessíveis; e, fazendo-o, nos é possível, agora, conquistar uma inédita autonomia, que nos permitirá, como indivíduo, constituir-nos em uma totalidade psicológica única e autoconsciente.

Autoconhecimento para um mundo melhor

Nas palavras de Jung, "trata-se de fazer uma profunda reflexão sobre si mesmo, de concentrar aquilo que, dentro de si, acha-se até então ainda disperso, e cujas partes nunca foram adequadamente colocadas em uma relação de reciprocidade".[1]

Jung conclama cada ser humano a tomar para si essa missão como sendo a mais importante. Para ele, a individuação de cada um é tão vital, que, à medida que quantidades cada vez maiores de pessoas decidam enveredar por esse processo, mais claramente acabará se delineando um novo horizonte para o destino da própria humanidade.

Nesse processo de individuação, nossos medos, nossas dificuldades e angústias terão de ser encarados desassombradamente e explorados, a fim de podermos encontrar sua raiz ou origem. Essa é, para Jung, a única forma válida para se desenvolver uma personalidade integrada, livre das amarras das influências externas e do domínio do Ego.

Destaco essa, portanto, como sendo uma das principais bússolas teóricas que uso neste livro. Quanto às demais, eu as irei apresentando ao longo do texto.

○ ○ ○

Não confie apenas no saber que adquire formalmente

Mas preciso advertir que o saber que acumulei ao longo destes anos, até o presente, não é de natureza acadêmica ou teórica, pelo menos na maior parte. Ao contrário, ele é fruto, principalmente, de vivências, observações pessoais e um intenso uso da intuição em meus próprios processos de vida; é um saber que resulta, mais que qualquer outra fonte, da aplicação que faço de um elenco de técnicas que foram desenvolvidas ao longo da trajetória de várias gerações de profissionais que me antecederam, bem como dos resultados que estes observaram em situações muito práticas, algumas das quais eu mesma pude observar.

A vida é um eterno aprendizado, e na revolução 4.0 ninguém pode se dar ao luxo de parar de aprender.

---

1 JUNG, C.G. *Psicologia da Religião Oriental e Ocidental.* Petrópolis: Vozes, 1983.

Capítulo 1: Por que o autoconhecimento é essencial?

Mas de modo algum estou dizendo que o saber teórico não tem valor ou pode ser substituído. Ao contrário, ao longo dos anos, aprendi a também priorizar e valorizar importantes conhecimentos que constavam do arcabouço teórico que me foi transmitido nos anos produtivos que passei cursando a faculdade.

E, depois de formada, tive a oportunidade de usar muito desse conhecimento especializado na aplicação de técnicas com que minha equipe e eu trabalhamos em nossa atuação junto a pessoas, grupos e corporações.

Gradativamente, fui conhecendo os efeitos positivos dessas práticas e passando a confiar cada vez mais nelas. São altamente eficazes em diagnosticar disfunções comportamentais e corrigi-las, em promover o autoconhecimento nas pessoas e em induzi-las a buscar, por vias adequadas, seu próprio desenvolvimento pessoal e profissional.

Todavia, aprendi a enxergar também muita validade em outras propostas, que foram se somando àquelas anteriores, no enriquecimento de nossas sistemáticas de trabalho. Essas propostas vieram de outras fontes, posteriores àquelas que estavam disponíveis quando as estudei na universidade, ou então chegadas a mim por vias mais recentes, frequentemente baseadas em novos campos do saber — que eu nunca poderia me dar ao luxo de simplesmente "deixar para lá".

Temos de ser seletivos e ter um olhar crítico na escolha de teorias e técnicas que empregaremos no trabalho, mas precisamos, ao mesmo tempo, ser capazes de "separar o joio do trigo". Isso quer dizer que não podemos estagnar no uso continuado dos mesmos recursos, somente porque deram certo no passado, e nem abandoná-los em favor das novidades que surgirem, simplesmente pelo fascínio que exercem. Temos de escolher o melhor, de ontem e de hoje, sempre abertos, ponderadamente, às inovações.

É salutar que o ser humano tipicamente não aceite ser contido por barreiras, obstáculos ou limitações em sua sede de saber. Assim, ele estará sempre buscando estender para a frente os horizontes com que se depara. Outra decorrência importante disso é a de que a superespecialização torna-se, na realidade, uma ficção, pois sempre haverá mais a descobrir sobre qualquer assunto com que se trabalhe. Esses assuntos estarão sempre se conectando uns aos outros, continuamente borrando os limites que teimamos em criar para eles.

○ ○ ○

O que este livro contém

Este livro é composto de 11 capítulos e um Anexo. A temática varia, de um capítulo para outro, mas todos eles giram em torno do assunto central do livro, que é, como sugere o próprio título, o autoconhecimento.

Procurei não me afastar muito dessa temática, embora a vastidão de associações entre as ideias que esta permite desenvolver me convidasse, frequentemente, a fazer isso. Mas somente me permiti enveredar (ocasionalmente) por alguns temas complementares quando entendi que contribuiriam diretamente para um melhor entendimento da problemática do autoconhecimento.

Mesmo nesses assuntos paralelos, entretanto, a importância que dou ao autoconhecimento fica patente, penso eu. Procuro, aliás, constantemente enfatizar, nos vários capítulos, duas mensagens centrais sobre autoconhecimento, que para mim são muito claras e necessárias: a primeira é a de que somos nós mesmos os responsáveis por nosso autoconhecimento, e a segunda é a de que o autoconhecimento antecede o conhecimento que podemos ter sobre o mundo: quanto melhor nos conhecermos, mais nos capacitaremos a entender o que se passa ao nosso redor.

Nos Capítulos 2, 3 e 4, procuro contar, sem entrar em detalhes desnecessários, como foi até aqui minha trajetória. Sem falsa modéstia, penso que sou um bom exemplo de profissional que, desde cedo, se interessou em se conhecer bem como pessoa, como estudante, como profissional. E penso que, me dedicando a saber mais de mim mesma, acabei entendendo quanto isso ampliaria minhas chances de vir a melhor conhecer também as outras pessoas que me rodeiam, com quem convivo e trabalho, em particular nos ambientes empresariais. Nesses três próximos capítulos, portanto, mostro (espero que com suficiente clareza) o que me levou à decisão de me tornar uma psicóloga e, mais tarde, uma empresária.

Acredito que ficará bastante claro, igualmente, o porquê de eu ter me interessado especificamente em desenvolver projetos como estes com os quais trabalho: Assessment e Coaching. Isso veio, sem dúvida, de uma das primeiras e mais caras descobertas que fiz sobre mim mesma: a de que minha grande paixão seria mesmo trabalhar com as pessoas.

Sinceramente, penso que sou uma profissional privilegiada, não só por saber bem o que desejo de meu trabalho, porém, mais do que isso, por ter tido a chance de efetivamente encontrar minha realização pessoal nessa área! De fato, eu soube, desde logo, que queria ajudar as pessoas a se conhecer melhor e, por meio desse autoco-

Capítulo 1: Por que o autoconhecimento é essencial?

nhecimento, passar a atingir níveis mais e mais elevados de desempenho em seus próprios trabalhos.

Após ter falado de meu trabalho, em seguida, no Capítulo 5, eu não poderia deixar de discorrer sobre o contexto em que o faço: o ambiente de RH das empresas. É assim que dedico esse capítulo à área de Recursos Humanos, contando ao leitor como ela surgiu e evoluiu, paralelamente à evolução da gestão de empresas e, especialmente no Brasil, ao amadurecimento tardio de nosso capitalismo.

Altero um pouco a orientação que dou ao nosso tema no capítulo seguinte, para falar, agora, do... mundo! Penso que o Capítulo 6 será considerado instigante pelo leitor. Nele, contrariamente à onda de pessimismo que estamos vendo acontecer no Brasil e no mundo nos anos recentes, trato de externar minha convicção de que, se olharmos em uma perspectiva de longo prazo, o mundo não está se tornando um lugar pior para se viver, e sim um lugar... *melhor*! Para poder dizê-lo, apoio-me em renomados autores, entre os quais destaco o pensador australiano Steven Pinker, mundialmente conhecido e autor de um texto recente (citado na bibliografia) sobre um "novo" Iluminismo que se irradia no mundo. Penso que o leitor gostará de refletir também sobre esse ponto de vista menos comum.

Preciso dizer algo mais sobre o porquê de ter decidido entrar nesse tema, e a razão é, no fundo, bem simples: em grande parte, somos produto do espírito do tempo em que vivemos. Mas não somos escravos desse tempo, portanto, podemos perfeitamente discordar do que ele parece estar nos apontando.

E, sendo os responsáveis por nosso próprio desenvolvimento, não só podemos, mas até devemos discordar sempre que as indicações que recebemos nos pareçam estranhas. Buscar argumentos sólidos para discordar do que vemos acontecer precisa fazer parte de nosso autodesenvolvimento. É essencial termos a coragem para refletir com autonomia sobre os fatos e as situações com que nos deparamos, sem aceitarmos passivamente seguir em silêncio com o resto do rebanho e somente reproduzir e fazer repercutir as posições meramente estereotipadas de todos ao redor.

Também dei uma atenção especial ao capítulo seguinte, o 7, que trata de Neurociência. Esse é um tema superjovem, um novo e extremamente interessante modo de nos conhecermos: sabermos como nosso cérebro processa as informações e as ideias que nos permitem capturar e armazenar conhecimento e autoconhecimento. Cuido bastante, nesse capítulo, de mostrar que estamos falando de assuntos diferentes quando nos referimos a "cérebro" e a "mente". Acho especialmente feliz o título dado a esse capítulo, que, por si só, já sugere que estamos também falando de nossa consciência: "Neurociência: via para o conhecimento do conhecimento"!

Autoconhecimento para um mundo melhor

Nada mais lógico do que tratar em seguida da Inteligência Emocional. A IE é um dos temas mais apaixonantes do momento, quando se trata da educação e da gestão de pessoas. Lembro apenas um dado relevante que demonstra isso cabalmente: o Ministério da Educação do Brasil acaba de definir que, com a maior brevidade possível, as competências socioemocionais devem constituir um tema obrigatório nos currículos escolares, tanto nas classes do Ensino Fundamental I e II quanto nas do Ensino Médio. Isso consta do novo documento que estabelece o que se chama de Base Nacional Comum Curricular (BNCC).

Em outras palavras, os responsáveis pela educação no país estão finalmente reconhecendo que crianças e adolescentes precisam aprender a conhecer as emoções, saber de onde elas vêm e como se manifestam, assim como reconhecê-las quando são expressas por elas próprias, alunos, ou por outras pessoas com quem se relacionam. Portanto, salvo melhor juízo, a escola brasileira está, depois de muitos anos de jejum, reconhecendo a grande importância da Inteligência Emocional.

No Capítulo 9, um novo tema, impossível de deixar de lado, é focalizado: nosso mundo, nos dias de hoje tecnologicamente orientado. É preciso entender que o futuro é digital, e que esse futuro digital oferece novas perspectivas, abrindo-se em caminhos jamais experimentados antes, a propósito do autoconhecimento. No bojo dessa questão, um ponto se torna especialmente importante: a desigualdade econômica e social no mundo. Conhecer o que se passa no mundo sem levar em conta esse enorme e grave problema mundial seria impossível. E mais: como ele será tratado e resolvido?

Mas, em um registro paralelo, o leitor reconhecerá também outra linha de pensamento, sobre os ambientes empresariais em que convivemos e trabalhamos: em uma sequência lateral, cumprida pelos Capítulos 5, 6 e 9, tratamos das transformações no mundo empresarial: o Capítulo 5 tratará da evolução da gestão de pessoas nas empresas; o Capítulo 6, da ideia de um mundo melhor; e o Capítulo 9, do mundo atual em grande transformação.

Os capítulos finais, 10 e 11 voltam a rever, diretamente, o autoconhecimento, agora com foco na psicologia, obviamente minha especialidade. No Capítulo 10 retomo um dos pontos essenciais já tocados no Capítulo 7: as operações que se dão na mente humana. Nesse capítulo, introduzo ideias de um grande pensador da mente do homem e do mundo atual, que é o filósofo e psiquiatra chileno Claudio Naranjo, um de meus autores preferidos.

Com 86 anos de idade nos primeiros meses de 2019, Naranjo tem atualmente a saúde delicada, mas sua mente continua tão arguta e ágil como sempre. Entre seus

Capítulo 1: Por que o autoconhecimento é essencial?

temas preferidos estão as dificuldades pelas quais passa o planeta atualmente, grande parte das quais ele atribui ao forte viés autoritário que predomina nas lideranças empresariais e políticas. Para Naranjo, essa é uma das graves causas de nossos atuais problemas de governança do planeta.

Aliás, Naranjo não o diz, mas fica implícito em sua fala em recente entrevista dada no Chile, seu país, em fevereiro último, que o mundo está precisando muito de uma "feminização" da liderança.

Trato bastante do tema neste livro: introduzo-o no Capítulo 4, ao falar dos estudos que vimos fazendo na Fellipelli, com base em dados compilados a partir das tabulações de muitas aplicações do instrumento de *assessment* MBTI. Esses estudos mostram que as características ditas "femininas" da gestão vêm ganhando proeminência sobre outras tantas de orientação tipicamente "masculinas" (lendo o capítulo o leitor entenderá melhor o que quero dizer com isso). Mas esse tema não termina aí: ele é retomado com maior vigor no Capítulo 8 e volta a ser discutido mais uma vez quando discorro sobre o Capitalismo Consciente, no Capítulo 9. Pode-se dizer, portanto, que também o tema da "feminização" da gestão (tratado com destaque, em seus livros, por um dos idealizadores do movimento do Capitalismo Consciente no mundo, o professor indiano Raj Sisodia, coautor de *Liderança Shakti: o equilíbrio do poder feminino e masculino nos negócios* [ed. HSM/ICC]) é visto aqui com certa profundidade, distribuído por vários capítulos, em uma trilha paralela.

Volto ao filósofo e psiquiatra Claudio Naranjo, agora para concluir minhas considerações iniciais: no Capítulo 11, trato especialmente de um fantástico instrumento para o autoconhecimento, cuja origem se perde nas brumas do tempo, e que felizmente chegou até nós recuperado por um místico de origem armênia, George I. Gurdjieff. Esse instrumento é o Eneagrama. O último capítulo do livro é quase inteiramente dedicado a esse instrumento de reflexão e desenvolvimento, a propósito do qual cito alguns de seus mais importantes cultores, a começar por Gurdjieff. Mas menciono também, sobre o Eneagrama, as ideias do principal discípulo de Gurdjieff, Piotr Ouspensky, assim como do filósofo boliviano que fundou o Instituto Arica no Chile, Néstor Ichazo — e, é claro, o próprio Claudio Naranjo, que enxergou no Eneagrama um instrumento único, capaz de fazer avançar o autoconhecimento e o Autodesenvolvimento das pessoas.

Escolhendo trabalhar com as pessoas

Vivendo se aprende. Mas, o que mais se aprende é a fazer outras perguntas ainda maiores.
João Guimarães Rosa, em ***Grande Sertão, Veredas***

O porquê deste capítulo

Decidi trabalhar com gente quando constatei que havia no mundo pessoas com excelente domínio de conteúdos técnicos; outras que haviam tido um relevante aprendizado profissional durante a vida; outras mais que haviam frequentado cursos importantes em ótimas universidades e mostravam grande competência em alguma área — e que, não obstante essas elevadas qualidades profissionais, ainda assim, muitas delas não se davam muito bem na vida! Ao passo que outras pessoas, que não contavam com ativos cognitivos dessa envergadura, eram, apesar disso, mais felizes e realizadas. Por que essa discrepância? Ela não me parecia lógica! E, então, concluí que aprender na vida e para a vida é uma missão bem mais complexa e difícil do que parecia ser a princípio. Resolvi, assim, dedicar-me a estudar esse intrigante fenômeno, tornando-me, nessa empreitada, ao mesmo tempo pesquisadora e cobaia, eu mesma como estudante e como material didático!

Comecei a perceber, a partir de então, que o diferencial, isto é, aquilo que torna as pessoas tão distintas entre si quanto ao que conseguem na vida, está diretamente ligado a como elas se formam enquanto seres humanos, com seus princípios e valores, suas atitudes e comportamentos — e especialmente como elas aprendem a se relacionar e tratar as pessoas que as cercam, com que qualidade estabelecem sua interface com os outros.

Isso desde muito cedo me atraiu e me fascinou. E, associado a esse fascínio, percebi em mim um forte desejo: desde sempre eu quis saber mais e mais sobre eu mesma: quem sou, de onde vim, onde estou agora e por que me tornei o que sou hoje. Saber de minhas origens tornou-se, aliás, ainda mais crucial, quando concluí que o autoconhecimento é o que realmente nos diferencia uns dos outros.

Criei até uma espécie de equação para representar essa ideia: aquilo que eu *sei* + aquilo que eu *sou* = minha *performance*. Ou seja, se meu desempenho é melhor ou pior em qualquer instância da vida, isso decorre tanto do que sei quanto do que sou. Se acrescento algo em meu saber, meu resultado cresce; se refino e elevo minhas qualidades como ser humano, dá-se o mesmo. E isso vale para qualquer tipo de atuação, para qualquer trabalho, desde aquele realizado em uma residência por uma diarista, um eletricista, um pintor, até aquele que é conduzido por um médico em uma sala de cirurgia ou por um pesquisador em um laboratório de uma universidade de ponta. Essa equação me ajuda a compreender por que razão muitas pessoas frequentaram grandes universidades e, todavia, isso não resultou em muita coisa aproveitável para elas.

Então escolhi trabalhar com as pessoas porque acho fascinante saber como elas pensam, como constroem seus raciocínios e chegam às suas conclusões; e como as conclusões a que chegam as levam a se comportar desta ou daquela maneira. Isso simplesmente me encanta! E ajudá-las a aumentar sua consciência sobre si mesmas e a mudar seus resultados pessoais nessa equação é uma questão que me motiva profundamente.

o o o

Problemas pessoais de ontem e de hoje

Olhando para anos atrás, vejo que escolhi cursar Psicologia porque, mais do que outra coisa, eu queria aprender algo que me ajudasse a compreender a mim mesma. Eu desejava dominar uma área do conhecimento que me iluminasse, a fim de que pudesse dar uma resposta a muitas questões que passeavam em minha mente inquieta.

Naqueles últimos anos de minha adolescência, eu me sentia, por assim dizer, "diferente". Percebia que muitas vezes não me encaixava na forma que me ofereciam: queria sempre fazer outra coisa, seguir um caminho diferente do óbvio, e não simplesmente dizer "sim, senhor", obedecer e acomodar-me. Eu resistia a agir como a seguidora de regras que, sendo mulher e ainda tão jovem, os outros esperavam de eu fosse.

Por exemplo, eu tinha uma real dificuldade para me concentrar: constantemente cedia passagem a variados pensamentos que trafegavam pela minha mente e, então, me dispersava, perdia o foco. A partir disso, divagava, navegando por outras paragens mentais, esquecendo-me do problema que tinha à frente e que devia (ou pensava que devia) resolver.

Ainda vivo esse problema, preciso confessar: gosto de soltar a imaginação, deixar minha mente percorrer imagens desconectadas entre si, que não escolhi voluntariamente, para em seguida retomá-las e tentar entendê-las, inquirir-me sobre o porquê de elas terem assomado à minha mente e questioná-las quanto ao serviço que possam me prestar acerca dos propósitos que tenho no momento.

Esse tipo de fluência de pensamentos descoordenados entre si, esse contumaz ato de rebeldia de minha própria mente, que teimava em não assumir o que seria mais apropriado para o momento, me parecia ser, naquela época, um defeito a ser corrigido. E, no entanto, constato, para minha mais autêntica surpresa, que essa maneira de deixar o pensamento simplesmente vagar solto já não é encarado atualmente como problema, e sim como... virtude! Nos dias de hoje, as pessoas são elogiadas, e não criticadas, por serem imaginosas, criativas, fantasistas, dando vazão a sonhos e delírios, que acabam sendo levados em conta em suas decisões mais importantes!

Além disso, também por incrível que seja, nas condições em que vivemos, agora que quase adentramos a terceira década do século XXI, a maioria das pessoas já não consegue passar mais do que míseros oito segundos encarando atentamente uma tela sem sentir um irresistível desejo de clicar em outro lugar e tratar de ver outra coisa. Uma peça publicitária na TV, que até alguns anos atrás durava 30 segundos, passou a durar a metade desse tempo há alguns anos, e com apenas alguns anos mais já se reduziu à metade da metade daquele tempo inicial.

Capítulo 2: Escolhendo trabalhar com as pessoas

Atualmente, uma entre duas crianças que nascem acaba sendo, pelos três ou quatro anos de idade, diagnosticada como portadora de Transtorno do Déficit de Atenção com Hiperatividade (TDAH). Quando penso nisso, percebo que minha atitude de então, a respeito de meu "grave" problema de falta de foco da adolescência, mudou inteiramente: quando me pego pensando no assunto, quase me sinto nostálgica. É como se eu tivesse tido nas mãos (no cérebro, melhor dizendo), durante anos, uma autêntica preciosidade, sem ter pesado adequadamente o real valor daquilo. Era algo de que queria me livrar, quando deveria tê-lo explorado ao máximo, para me tornar alguém melhor, que contribuísse para um mundo melhor!

○ ○ ○

Meu trabalho e o estado de "fluxo"

Com o passar dos anos, vamos tendo experiências, nos envolvendo em novos projetos, novos relacionamentos. Vamos aprendendo coisas que antes nem sabíamos que existiam e vamos percebendo que o que antes pensávamos sobre umas tantas outras coisas não é mais válido, se é que algum dia foi.

Nossa mente acumula imagens e imagens, mapeadas por milhões, bilhões de sinapses produzidas pelos contínuos cruzamentos de nossos neurônios. Acumulamos essas imagens para empregá-las em cada nova constatação que fazemos acerca da realidade externa, que nos cerca.

Minha mente ainda hoje é frenética, frequentemente submetida a um turbilhão de pensamentos dispersos que se entrechocam. Ainda tenho meus muitos momentos de dispersão, de falta de concentração, devo admitir. Isso porque muita coisa que observo à minha volta me atrai e, consequentemente, me distrai, desviando-me desta para alguma outra tarefa não prevista, ou meramente para uma tentativa de já começar a explorar aquela nova ideia que me chegou. Minha mente ainda tem, portanto, muitos desses momentos de pura *flânerie*, de vagar sem destino, como gostava de fazer Baudelaire pelas ruas de Paris, apenas apreciando as coisas à sua volta, sem julgá-las.[1]

---

[1] MENEZES, Marcos Antonio de, professor associado da UFG, Goiânia, GO, "Representações do espaço urbano de Paris no século XIX, vistas através da poesia de Baudelaire", apresentação feita no XXVIII Simpósio Nacional de História,Florianópolis-SC, 27 a 31/07/2015. In: <http://www.snh2015.anpuh.org/resources/anais/39/1433446570_ARQUIVO_REPRESENTACOESDOESPA COURBANO.pdf>.

Entretanto, o período de tempo que aplico ao meu trabalho como coach é aquele em que finalmente consigo me dedicar totalmente à questão que estou examinando com meu coachee. Alcanço, então, um estado de atenção plena nesse momento!

Penso que isso se deve ao meu elevado interesse pessoal pelo tipo de trabalho que o coaching implica. Em seus livros, o conhecido psicólogo norte-americano Mihaly Csikszentmihalyi fala disso: seu tema preferido é o "fluxo", essa "experiência ótima", esse estado de absoluta dedicação a uma atividade, que as pessoas vivenciam quando estão dedicadas a alguma prática que, mais autenticamente do que tudo, toca as profundezas de seu íntimo.

Durante esse estado de fluxo, diz Csikszentmihalyi, a pessoa tipicamente se sente em um estado de total alerta para aquilo que faz. É praticamente um "estado de graça", temperado por uma sensação de contentamento, de autoconfiança completa no que está fazendo.[2]

Sugiro que cada profissional que leia este livro se aprofunde nesse tema da busca da plena atenção, do estado de "fluxo": é ao mesmo tempo delicioso e altamente produtivo sentir-se tão completamente envolvido com o trabalho que se está fazendo. É como me sinto em grande parte dos momentos em que estou fazendo coaching!

Mas não importa se seu trabalho é esse ou algum outro; você pode experimentar o "fluxo" descrito por Csikszentmihalyi atuando em qualquer coisa: sendo um jogador de futebol, um pintor de paredes, um ourives ou um psicoterapeuta.

o o o

Aprendendo para a vida na adolescência

Vem-me à mente agora a imagem de meu pai, quando eu era adolescente. Ele era, então, uma grande figura de autoridade, imponente para mim, alguém que sabia das coisas e as dizia aos outros. Quanto a mim, eu o questionava o tempo todo! Gostava de fazer isso, não apenas para que ele desenvolvesse seu raciocínio e me provasse o acerto de seus pontos de vista, mas também porque eu sentia necessidade de questionar, era uma forma de eu afirmar minha autonomia, meu direito a pensar por mim mesma.

---

2 CSIKSZENTMIHALYY, Mihaly. *Flow: The Psychology of Optimal Experience*. New York: Harper Collins, 2008.

Capítulo 2: Escolhendo trabalhar com as pessoas

Sei disso porque meu pai não era a única figura de autoridade à qual eu sentia ímpetos de responder: confrontava também as freiras do colégio católico em que estudava. Não as questionava de forma agressiva ou impertinente — e nem o fazia com meu pai, tampouco. Mas minha manifestação às coisas que me eram ditas mostrava que eu não podia aceitá-las simplesmente porque era alguém "com autoridade" quem as apresentava. Eu precisava de mais do que apenas isso: precisava de argumentos que me convencessem de que aquelas ideias tinham suficiente valor para que eu as incorporasse ao meu "acervo" mental.

Em um colégio de freiras, como era esperado, tudo era feito dentro das normas, e estas eram rígidas: nosso comportamento tinha de ser comedido e autopoliciado o tempo todo. E não se podia fazer nem isto nem aquilo! As regras diziam que tínhamos de usar o uniforme completo, sempre, e que determinado tipo de meia fazia parte dele. Não nos era permitido assistir à aula sem o uniforme completo — e sem estar vestindo aquelas meias!

Eu não entendia o porquê daquilo, que me parecia ser um completo nonsense. E havia regras ainda mais estranhas e irrazoáveis, como a de não se poder fazer amizade e estar na companhia de uma colega que fosse filha de pais desquitados (estou falando de uma época pré-divórcio). Isso era bastante esdrúxulo, principalmente levando-se em conta que a filha de um casal de desquitados podia matricular-se na escola e, desde que pagasse as mensalidades, estudar ali.

Enfim, mesmo hoje, quando penso no assunto, não consigo entender o porquê de certas exigências que me foram feitas na infância e na adolescência e que tanto me fizeram sofrer.

Porém, tenho de reconhecer que o fato de eu não as aceitar desenvolveu em mim uma espécie de "invólucro protetor", "treinou-me", de certa forma, para exercer meu espírito crítico e questionar regras e padrões vigentes. Foi, de fato, algo que despertou em mim um positivo e genuíno desejo de buscar o porquê das coisas. Principalmente o porquê do fato de alguns indivíduos não conseguirem ter sucesso por não cumprirem certos requisitos, tenham eles ou não algum controle sobre tais requisitos.

Já na adolescência, cativava-me a ideia de vir a ajudar outras pessoas, especialmente aquelas que, como eu, se sentiam inadaptadas, "peixes fora d'água", a se encontrar e se resolver. Penso que isso está na essência do coaching — não é possível ser um verdadeiro coach quando não se tem um desejo parecido com esse que desde então me movia. Várias motivações podem levar uma pessoa a escolher trabalhar como coach. Em meu caso, a grande motivação era essa: descobrir a dor das pessoas, que vinha de suas dificuldades antigas, e ajudá-las a suplantá-la.

Pelos meus 15 ou 16 anos, ocorreu um fato marcante: meu pai, que sempre havia sido um executivo bem-sucedido, com bom salário e muitos benefícios, de uma hora para outra se viu demitido da empresa em que trabalhava. Lembro-me de como aquilo o abateu — ele certamente não esperava o golpe. Aquilo o obrigou a reconsiderar muitas coisas que até então lhe pareciam definitivas, fosse com relação às suas próprias virtudes e defeitos, fosse com relação ao que significavam para ele o trabalho que fazia e a empresa em que trabalhava.

Recordo-me de vê-lo, naqueles dias, triste e calado, vagando pela casa, sentindo-se um derrotado. Tive pena, e cresceu muito meu amor e minha tolerância por ele, porque senti que aquele havia sido um golpe demasiado duro.

Meu pai era um homem honestíssimo, que via um grande valor em falar sempre a verdade, em ser sincero, dizer o que pensava e nunca se mostrar omisso nas situações mais variadas. Ele não fazia o jogo político corporativo que tão bem conhecemos, e estou segura de que foi por isso que perdeu o emprego: ele simplesmente foi derrubado por quem sabia fazer esse jogo muito bem.

Poucos anos depois, tendo já concluído minha graduação em Psicologia, entendi que queria trabalhar nas e com as organizações, justamente para ajudar a mudar esse ambiente interno, que me parecia, então, desencorajador e hostil às pessoas que podiam e queriam dar o máximo de si no trabalho.

O episódio havido com meu pai influenciou muito essa minha decisão de escolher a empresa como um campo de atuação, pois vi que havia ali um grande desafio a vencer. Em uma grande quantidade de corporações e empresas menores, as pessoas estão constantemente sujeitas a avaliar e escolher previamente o que dirão ou farão, em função de certos interesses e crenças que as cercam e que muitas vezes nada têm a ver com a produtividade, a qualidade ou o bem-estar das pessoas.

Quanto a mim, aprendi a partir do que aconteceu com meu pai que havia muito trabalho a realizar nas empresas. Meu pai ensinou-me a ser uma pessoa empreendedora, e tenho certeza de que foi assim justamente por ter sido ele próprio um empreendedor de sucesso. Para alguém se tornar um empreendedor, é muito importante ter em sua própria casa, quando criança e adolescente, um ambiente que estimule o empreendedorismo. É uma circunstância altamente educativa, capaz de influenciar decisivamente a formação, na criança, de uma mentalidade empreendedora.

Capítulo 2: Escolhendo trabalhar com as pessoas

Lembro-me de que, lá pelos meus 13 anos de idade, estava em moda um tipo de cinto feito de camurça, que as crianças gostavam de usar. Percebi essa tendência e embarquei nela, na minha primeira experiência de que me lembro como empreendedora: comecei a fazer também cintos de camurça para vendê-los na escola às coleguinhas. Aquele tipo de cinto não tinha fivela, o que facilitava ainda mais meu trabalho.

○ ○ ○

Ingressando na vida profissional

Pouco tempo depois de formada, duas grandes amigas, Elaine Saad e Monica Valente, entraram em contato comigo: queriam que me associasse a elas para cuidar da parte comercial de uma consultoria de recolocação de pessoas que estavam lançando no mercado de RH. As primeiras instalações da empresa eram emprestadas: a consultoria funcionava, então, em uma sala do escritório de arquitetura da irmã de Elaine. Aceitei a ideia com alegria e disposição para trabalhar. Mas propus algo: queria ser também sócia.

Minhas amigas aceitaram prontamente, e assim fizemos. Logo nosso trio se transformou em uma dupla, pois Monica ficou conosco apenas por 30 dias. Ela tinha outros planos e veio nos dizer isso. Havia aceitado entrar na sociedade porque suas sócias seríamos nós, suas grandes amigas, mas, de fato, ela apenas não queria frustrar nossas expectativas naquele momento. Então, uma vez formada a empresa, sentiu que podia dar andamento a outros planos pessoais que tinha. Obviamente, Elaine e eu entendemos perfeitamente a decisão de Monica. Seguimos juntas apenas nós duas na empresa e continuamos a ser, as três, o que éramos desde anos antes: grandes amigas.

Foi assim que nasceu, em 1988, a Saad Fellipelli Outplacement, uma empresa que veio a se tornar uma das mais respeitadas empresas de consultoria do setor de recolocação e orientação vocacional. Antes que esse reconhecimento ocorresse, entretanto, tivemos dificuldades. Passamos por um longo período de aprendizado e fizemos muitas reformulações em nossa forma de encarar os problemas típicos do trabalho que escolhemos e em nossas práticas de conquistar clientes, atendê-los e operar prestando-lhes serviços de qualidade.

Logo comecei a dedicar meu maior tempo ao atendimento de profissionais que haviam perdido o emprego e estavam em transição de carreira. Eles nos procuravam querendo orientação sobre como retornar ao mercado e se recolocar.

As atitudes dessas pessoas com relação à sua situação eram as mais variadas: havia aqueles que precisavam de uma solução urgente para seu desemprego, enquanto outros podiam ser mais seletivos quanto ao cargo que pretendiam ocupar ou à empresa em que aceitariam trabalhar. Alguns queriam permanecer na carreira atual, enquanto outros desejavam (ou precisavam) fazer uma mudança de rumo, por vezes até radical. Havia aqueles que se mostravam tensos e ansiosos por solucionar o problema, mal se contendo e facilmente se desequilibrando emocionalmente. Esses eram a maioria, infelizmente, em comparação com os que pareciam conseguir manter a estabilidade e permanecer calmos e pacientes enquanto persistentemente procuravam uma nova colocação.

Também aprendi a ver como as pessoas se posicionavam em relação a uma nova empresa em que viriam a trabalhar: que defeitos vistos no emprego anterior elas tentavam evitar; de que formam corrigiriam seu relacionamento com superiores, pares e subordinados daí por diante; o que, do que fizeram antes, repetiriam no novo emprego e o que deixariam de fazer, no dia a dia, no ambiente de trabalho.

Os movimentos individuais das pessoas quanto às suas respectivas carreiras eram também um aspecto dos mais ilustrativos para um profissional de recolocação, como eu era na ocasião: eu via claramente que alguns de meus orientandos se mostravam convencidos de que estar na carreira certa e queriam seguir nela. Outros, por sua vez, queriam mudar, fazer algo novo, que nunca tivessem feito antes, renovar-se, respirar novos ares. E, entre estes últimos, havia os otimistas, mas também os pessimistas, quanto à expectativa de que encontrariam o que procuravam. Havia também aqueles que já sabiam relativamente bem o que queriam, ao lado de outros, mais confusos quanto às suas preferências, além dos que acreditavam que, embora ainda não soubessem o que queriam, o descobririam no momento certo, porque "o universo conspira a nosso favor quando estamos realmente preparados"...

Foi possível conhecer também o modo como as pessoas reviam seus relacionamentos de coleguismo e amizade, em alguns casos os fortalecendo e, em outros, afastando-se decepcionadas de pessoas que tinham sido suas grandes amigas. Sim, porque quando alguém perde o emprego, geralmente vai atrás de ajuda; e tende a buscá-la junto às pessoas que conhece melhor (ou acha que conhece) e nas quais confia. Mas nem sempre essas pessoas correspondem ao que o sujeito que se encontra em fase de transição de carreira esperava delas. Às vezes esses pretensos amigos lhes

Capítulo 2: Escolhendo trabalhar com as pessoas

falham, porque realmente não têm como ajudar; mas, outras vezes, é porque não tinham tanta amizade e interesse pelo outro como se imaginava...

Aprende-se demais, ainda, sobre as turbulências da economia e as oscilações no andamento dos negócios, quando se trabalha com recolocação: observam-se sinais e obtêm-se opiniões e posicionamentos, de leigos e especialistas, sobre para que lado está se inclinando o pêndulo da economia e sobre o que se pode esperar dela, em termos da manutenção de empregos ou da geração de novos empregos.

Aprendi a usar muito frequentemente minha intuição para avaliar o panorama geral da economia brasileira: suas oscilações e constâncias; seus momentos ascensionais ou, no sentido inverso, de mergulho ainda mais acentuado numa crise; os movimentos dos governantes e as ações dos políticos, aumentando ou reduzindo as chances de geração de mais empregos nas empresas; as repercussões de cada decreto ou medida legal tomada no âmbito estadual ou federal nas atitudes de aprovação ou reprovação, esperança ou frustração, mostradas pelos meus orientandos.

Enfim, fazer esse trabalho é algo desafiador, fascinante, renovador — e muito, muito instrutivo!

○ ○ ○

Empatia e assertividade como qualidades

Mas, ao lado de tudo isso, eu ainda tinha de administrar minha própria fragilidade emocional para lidar com tais situações. Sempre tive dificuldade em aceitar a ideia de que poderia permanecer passiva, sem fazer nada, na presença de alguém que estivesse sofrendo. Não agir, e simplesmente considerar que aquilo não me diz respeito, isso não condiz com minha índole.

Assim, em muitos casos, eu via o problema do outro e, sinceramente, queria me aprofundar na situação desse outro, compreendê-lo melhor e viver com ele, o mais próximo possível dele, a situação em que se encontrava. Eu acreditava que assim poderia ajudar de forma eficaz.

Isso tem um nome: empatia. Trata-se de uma capacidade que alguns de nós têm em maior grau, outros nem tanto, de entender como as outras pessoas se sentem, de percebê-las em sua própria perspectiva, pondo-nos em seu lugar É uma das mais importantes qualidades que as pessoas podem desenvolver na vida. Por quê? Porque nossos relacionamentos mais profícuos dependem fundamentalmente da nossa aproximação espontânea da outra pessoa, e quem cultiva essa qualidade tem sempre maiores chances de viver plenamente seus relacionamentos.

Penso que minha capacidade empática é boa, e vejo que a uso muito em meus relacionamentos como coach de executivos e outros profissionais. E estou segura de que meus anos passados naquela atividade tão importante de ajudar outras pessoas a se recolocar profissionalmente, na Saad Fellipelli Outplacement, foram decisivos para meu apuramento dessa qualidade.

O uso da empatia funciona mais ou menos como o da assertividade. Explico: uma pessoa assertiva reage às situações e às pessoas na justa medida, não se mostrando nem agressiva nem submissa. Se você vai a um restaurante e pede uma bisteca bem passada, o que você deseja saborear é isso: uma bisteca bem passada. Caso o garçom, depois de um tempo, lhe traga um bife tão malpassado que quase caminha sobre o prato, evidentemente ele não atendeu ao seu pedido.

Então, o que você faz? Come o bife assim mesmo e fica quieto, para não criar problema? Nesse caso você não está sendo assertivo, mas submisso. Ou você reclama, devolve o bife e faz um estardalhaço para todos os outros clientes do restaurante saberem que seu bife está horrível? Nesse caso, você tampouco está sendo assertivo, mas, sim, agressivo.

Ser assertivo é ser capaz de dosar a energia que você coloca na situação, aplicando-a adequadamente e conseguindo o resultado desejado, ao mesmo tempo tendo uma atuação exemplar do ponto de vista social. Você estará sendo assertivo se conseguir que o garçom volte à cozinha com sua bisteca, a passe mais no fogo e a traga de volta do jeito que você gosta, e se, além disso, seu relacionamento com o garçom e com o restaurante se mantenham em alto nível, assim como sua imagem junto às pessoas das outras mesas.

Aproveito a chance para alguns comentários que julgo importantes sobre a assertividade: essa habilidade é frequentemente caracterizada como ocupando um estreito espaço entre a agressividade e a passividade. As pessoas que "escorregam" para um dos lados (o lado agressivo) "entornam o caldo", "chutam o balde", criam situações constrangedoras, difíceis de consertar depois. Por sua vez, as que "escorregam" para o lado oposto (o lado passivo) acabam "engolindo sapos", sofrendo depois, dentro de si mesmas, de baixa autoestima e de autodepreciação. Evitam lidar com situações sociais desconfortáveis, mas à custa de sentimentos autodepreciativos desgastantes.

Capítulo 2: Escolhendo trabalhar com as pessoas

Frequentemente, estes últimos são indivíduos que poderiam ser chamados de passivo-agressivos: pelo que exteriorizam, podem até dar a impressão de que "vão na onda" sem reclamação e aceitam "numa boa" a desfeita recebida, mas, lá no fundo, estão cheios de rancor ou ressentimento, um sentimento que pode ser reciclado por muito tempo à frente, quem sabe à espera de uma oportunidade de se vingar. É uma péssima escolha!

Passividade e especialmente a conduta passivo-agressiva são padrões emocionais de longa duração, difíceis de romper. Nos anos 1950, o psicólogo norte-americano Dr. Albert Ellis (1913-2007) estava trabalhando na formulação de sua oportuna Terapia Racional Emotiva. E uma das preocupações mais importantes dele na construção dessa abordagem era justamente o tratamento desse distúrbio emocional, muito comum nas pessoas não assertivas.

A assertividade compreende três componentes básicos:

- A capacidade de expressar nossos sentimentos, por exemplo, de aceitar e expressar raiva, cordialidade ou desejos sexuais.

- A capacidade de expressar nossas crenças e nossos pensamentos de forma aberta — por exemplo, sentindo-nos aptos a dar opiniões, a discordar e a tomar uma posição definitiva sobre um dado assunto, mesmo quando for emocionalmente difícil e mesmo quando possamos ter alguma perda por causa disso.

- A capacidade de nos impormos, exercendo nossos direitos pessoais, por exemplo, não permitindo que as pessoas nos incomodem ou tirem vantagem de nós.

Por vezes, pode parecer que alguém não está sendo assertivo simplesmente porque não responde a uma situação adversa, "deixando pra lá". Mas "deixar pra lá" pode ser, em certas circunstâncias, a melhor resposta assertiva para a situação. O sujeito assertivo poderá perceber que, caso se cale e não responda a uma situação desagradável, esta se extinguirá por si mesma. Assim, ele pode decidir se colocar no modo "silencioso"! Muitas vezes, é o que realmente dá certo!

As pessoas assertivas não são supercontroladas nem tímidas; de fato, elas são capazes de expressar seus sentimentos e crenças, frequentemente de modo direto, e o fazem, mas sem se mostrar agressivas ou grosseiras.

No entanto, é um erro muito comum confundir o comportamento assertivo com uma conduta agressiva! São coisas bem diferentes, mas esse erro é tão comum, que, por causa dele, há pessoas que, de antemão, já abandonam qualquer ideia de compreender melhor e praticar a assertividade: para elas, seria algo como aprender a "não levar desaforo para casa"! A maioria dessas pessoas teme que sua agressividade venha a afastar os outros, porque os ferirá, e elas, então, não serão benquistas e amadas. Mas não é nada disso! A assertividade se caracteriza pela clara identificação de quais são as crenças e os sentimentos da outra pessoa, acompanhada de uma consideração das ideias e dos sentimentos dela. Se não cuidarmos em ter essa consideração, de fato, nossa atitude assertiva poderá ser encarada pelo outro como uma forma de agressão.

A assertividade frequentemente é mal compreendida, o que não deixa de ser irônico, uma vez que ela envolve justamente a capacidade da pessoa de se comunicar de forma clara e especialmente inequívoca, enquanto é, ao mesmo tempo, sensível às necessidades dos outros e às respostas destes que poderiam levar a um conflito e precisam, portanto, ser contornadas.

Quando conseguimos ser verdadeiramente assertivos, o resultado normalmente é um acordo construtivo com a outra pessoa — a formação de uma situação "ganha-ganha". Isso porque os laços do relacionamento de fato são fortalecidos, quando ambas as partes mostram consideração uma com a outra, pois aumentam as chances de ambas saírem da situação com suas necessidades ao menos parcialmente preenchidas.

Enfim, a assertividade nos traz reais benefícios. É uma atitude verdadeiramente libertadora, como muitas pessoas de condutas demasiado passivas, ou demasiado agressivas, já descobriram. A assertividade abre novas possibilidades às pessoas, levando-as a conquistar amigos e a exercer influência sobre pessoas (parafraseando Dale Carnegie). Ela promove também um contato pessoal mais limpo e honesto com aqueles que já conhecíamos. Quando somos assertivos com alguém, mesmo em uma situação algo delicada, via de regra a outra pessoa sente-se respeitada e considerada. A assertividade é prima-irmã da empatia, como se pode ver facilmente: não conseguimos ser assertivos verdadeiramente sem exercermos em algum grau também uma atitude empática.

Você estará sendo empático se sua percepção, seu sentimento e sua reação em relação ao outro estiverem dentro de uma faixa que lhe permita sentir-se realmente próximo e dar uma ajuda produtiva a essa pessoa. Pense em um médico de pronto-socorro que recebe, em seu plantão, uma criança ferida, vítima de uma bala perdida e precisando ser operada. Se, frente a essa situação, o médico mantiver uma atitude "robótica", completamente impessoal e neutra (ele provavelmente descreverá sua ati-

Capítulo 2: Escolhendo trabalhar com as pessoas

tude como sendo "estritamente profissional"), então ele estará sendo insensível ao sofrimento da criança e da mãe que a trouxe ao hospital. Pode ser que o médico faça um bom trabalho de atendimento de urgência, mas não terá mostrado nenhuma compaixão, nenhum sentimento de compreensão pessoal por seu pequeno paciente. Ele não estará sendo empático.

Mas o nível de empatia do médico também será inadequado, se ele, por outro lado, se sentir totalmente mergulhado na tragédia do menino, indignado com o que aconteceu e desejando largar tudo mais para desvelar-se, confortando e se desmilinguindo pela criança. Nesse caso, o médico estará despendendo excessiva energia em sentimentos de piedade, solidariedade e comiseração, e sua empatia também merecerá críticas.

Portanto, como na assertividade, também na empatia o nosso sentimento deve estar presente, mas na dosagem certa: nem mais, nem menos. Se nossa dose de empatia for menor do que aquela que constrói, escorregaremos para a desumanidade; se for maior, resvalaremos para a pieguice.

A empatia é essencial quando se faz recolocação planejada, e isso é das muitas coisas importantes que pude aprender na época: aprendi que o problema do outro é também *meu* problema, mas somente até certo ponto. Ou, colocado de outra forma, que se trata de um problema *do outro, e não meu*, mas... apenas em termos.

○ ○ ○

Os riscos de sentir a dor do outro!

Eu era capaz, então, de sentir o drama, quando via pessoas, clientes meus, vendendo o carro, a casa ou as linhas telefônicas que possuíam (números de telefone ainda eram, naquele Brasil imediatamente pós-Regime Militar, um ativo durável de alto valor no mercado!) para suprir suas necessidades de sobreviver, por terem ficado meses sem que entrasse algum dinheiro vindo de uma atividade profissional.

Em alguns casos, isso chegava a ser realmente dramático, pois estávamos, então, em plena crise, com a atividade econômica em queda, a inflação subindo, o desemprego aumentando... E as pessoas se angustiavam muito com a passagem do tempo sem que conseguissem se recolocar. Aquilo me convidava a sofrer com as pessoas, mas eu não podia me entregar a esse sentimento de comiseração, de "excesso de empatia" pelo outro, porque sentia que, se me entregasse a tal ponto, sem me reservar a capacidade de avaliar criticamente a situação do outro, eu simplesmente pararia de ajudá-lo!

Entretanto, até para nos mantermos neutros em uma situação dramática, precisamos despender energia. E creio que gastei energia demais tentando me controlar, pois, em uma dada ocasião, me vi em um absurdo nível de estresse, algo que nunca me havia passado até então. Lembro-me de ter acordado, naquela noite, pelas três horas da madrugada, passando muito mal: um enorme cansaço, a cabeça pesada, confusão mental, fácil desconcentração, sudorese, o coração disparado, os pensamentos lentos demais, em vez de fluentes como sempre, como se minhas ideias estivessem atadas a paralelepípedos...

"Síndrome de Burnout", pensei, em um momento de maior lucidez. Eu nunca tinha sentido aquilo, mas, como psicóloga, sabia, ao menos teoricamente, do que se tratava.

E era! O médico logo diagnosticou, e tive de me medicar a respeito. A síndrome é um distúrbio psíquico descrito primeiramente por um psicólogo americano, Herbert Freudenberger, em 1974. É um quadro claramente decorrente de condições desgastantes de trabalho.

Logo que me senti em melhores condições para refletir sobre o porquê daquilo, pude perceber o modo como trabalhava: eu vivia para meus assessorados, me dedicava a eles totalmente. Queria, com o melhor de minha alma, ajudá-los a resolver seus problemas. Eu não estava sendo realmente empática, mas "hiperempática", empática em exagero!

Vi que tinha de mudar, tinha de melhorar minhas atitudes, meus hábitos de trabalho, meu autocontrole emocional. Eu costumava acolher calorosamente aquelas pessoas — eram várias por dia —, doando-me a elas inteiramente, mas sem ter ainda todo o devido preparo emocional para isso. Como o médico do pronto-socorro do meu exemplo anterior, eu também precisava ser capaz de exercer um saudável distanciamento em relação aos meus pacientes, para não adoecer com eles.

Essa "clareza do distanciamento", penso que a tenho hoje. Noto que, com a experiência, passei a ter uma espécie de mecanismo de alarme automático, que dispara oportunamente sempre que a balança da minha empatia pende demais para um dos dois lados: o da hipo ou o da hiperempatia.

○ ○ ○

Capítulo 2: Escolhendo trabalhar com as pessoas

Decidindo ser empresária

*Minhas fascinações?
Eu as transformei em negócios!*
Richard Branson

O porquê deste capítulo

Resolvi compartilhar com meus leitores a decisão que tomei de me tornar uma empresária, bem como minha história como tal, porque penso que entender a narrativa pessoal de alguém pode nos ajudar a entender a nossa própria. O que quero dizer é que estamos, cada qual, por demais envolvidos e emocionalmente comprometidos com nossa própria história, e, por conseguinte, não temos em relação a ela um necessário distanciamento afetivo que nos ajude a pensar criticamente, com isenção, a respeito dela: somos parciais demais sobre nós mesmos, na maioria das vezes; somos condescendentes demais, quase sempre pouco rigorosos e previamente dispostos a relevar nossos erros e a olhar nossos defeitos com maior indulgência do que teríamos com os defeitos dos outros.

Assim, é muito útil espionar um pouco o que acontece na biografia alheia e o que esse outro ser humano pensa sobre aquilo que está dizendo de si mesmo (em uma autobiografia) ou que permite que digam sobre ele (na biografia escrita por um terceiro). Os (auto)biografados nos trazem, assim, conteúdos de grande utilidade, que, a cada momento da leitura, ricocheteiam em nossos neurônios, que insistentemente vibram, perguntando-se: "E eu? E eu? Também sou assim? Em quê? E em que sou diferente disso?"

Cada um de nós é um produto das próprias escolhas — e um produto que (apreciemos ou não essa constatação) não temos condições de controlar e moldar ao nosso gosto. Essa é uma situação bem representada por aquela imagem do "efeito borboleta" mostrado pela Teoria do Caos: uma mínima mudança já pode desencadear uma sequência de eventos que resultará, mais adiante, em uma transformação de grandes proporções.

Assim, mudando nossas escolhas do presente, poderemos vir a mudar totalmente o que será nossa vida futura, do mesmo modo como somos hoje o fruto das escolhas que fizemos no passado. Não temos controle sobre esses desdobramentos futuros de nossos eventos atuais, portanto, o melhor que podemos fazer é tratar de escolher bem, aqui e agora!

E, para mim, ser empresária diz respeito a algo que me é muito próprio, muito meu: gosto de ser uma pessoa autônoma, capaz de decidir por mim mesma e assumir a responsabilidade pelos meus atos. Lembro, aliás, que, como dizem vários neurocientistas, autonomia é uma qualidade crucial em um ser humano. Acredito nisso, e creio em ainda mais: que poder ser protagonista dos eventos em nossa vida é ainda mais importante do que ter segurança!

Ser uma empresária, portanto, me é extremamente importante. Poder imprimir em minha vida e em minha empresa as próprias decisões e seguir os caminhos que eu mesma escolhi me é fundamental. Isso é algo que quero muito compartilhar com vocês.

○ ○ ○

Descobrindo os instrumentos de assessment

Decidi, então, depois daquele sério episódio para minha saúde emocional, que deveria trabalhar de modo mais inteligente: ora, se tantas pessoas acabavam ficando naquele estado emocional deplorável quando perdiam o emprego, então o melhor que eu poderia fazer seria trabalhar para que elas *não* perdessem o emprego! Com isso elas evitariam as agruras da demissão e da permanência por meses sem trabalho e sem salário.

Porém, como conseguir fazer com que as pessoas de fato permanecessem em seus empregos? Ou que, pelo menos, elas tivessem alguma autonomia de escolha ou margem para decisão a respeito, não sendo apenas surpreendidas de uma hora para outra por uma demissão inoportuna? Raciocinei que, muitas vezes, as pessoas perdem o emprego porque as empresas em que trabalham já não consideram útil seu trabalho. Nesse caso, eu tinha de fazer algo para que os profissionais continuassem *sendo úteis*, seguissem trabalhando como colaboradores exemplares, eficazes, produtivos e competentes, para não serem demitidos.

Percebi, enfim, que o antídoto para essas situações estaria, em última análise no autodiagnóstico e no autodesenvolvimento das pessoas: quando as pessoas não se conhecem e quando não fazem esforços apropriados para elevar suas próprias competências, crescem as chances de serem demitidas, por serem incompetentes ou desnecessárias. Entretanto, quando elas se dão a oportunidade de conhecer a si próprias e crescem profissionalmente, tendem a continuar sendo vistas como peças úteis no xadrez das organizações, que preferirão mantê-las, em vez de dispensá-las.

Simples assim! Eu tinha, portanto, de trabalhar com as pessoas *antes* que fosse tarde demais, antes que fossem demitidas! Cada pessoa que eu conseguisse ajudar a se conhecer, a saber de suas deficiências profissionais e que eu pudesse orientar para que as sanassem devidamente, seria uma alma a mais conquistada ao flagelo da demissão. Ou, pelo menos, mais um profissional para quem teriam crescido um pouco mais as chances de safar-se de uma dispensa inesperada.

E como eu poderia ajudar meu cliente a enxergar sinais de uma demissão iminente antes que esta se efetivasse? Era esse o novo e inteligente desafio que passei a me propor.

Por coincidência, bem na ocasião em que cheguei a essa conclusão, tive um primeiro contato com um incrível instrumento de diagnóstico, o Brain Map, que era aplicado pelo consultor Simon Franco em sua própria empresa, a Simon Franco Recursos Humanos.

O Brain Map permite recolher informações sobre um profissional mediante suas respostas a um questionário, que é formulado levando-se em conta o conceito da neurociência de que processamos dados diferentes com os hemisférios cerebrais esquerdo e direito. A partir dessas informações, o instrumento permite fazer uma espécie de mapeamento cerebral, revelando o nível de concentração das operações mentais do profissional em ambos os hemisférios.

É possível inferir um significado, em termos do modo de pensar do sujeito, a partir daquilo que o mapa mental está apresentando. A proposta do Brain Map consiste em orientar a pessoa a conhecer, entender melhor e agir em relação a suas atitudes, a partir dos dados assinalados nesse mapeamento.

Conhecer o Brain Map e o que ele pode oferecer me foi de grande utilidade. Isso despertou em mim um grande desejo de saber mais coisas desse tipo e, portanto, de me aprofundar nessa área do neurodiagnóstico. Senti-me, em dado momento, como que de volta à universidade, como havia sido alguns anos antes. De novo, tudo que eu via nessa área temática que tanto havia despertado meu interesse eu queria aprofundar, estudar mais e incorporar à minha busca pela carreira profissional perfeita.

Vi que tinha, por ali, definitivamente, um caminho a trilhar: o da aplicação de instrumentos de diagnóstico, ou "instrumentos psicométricos", como os define a psicologia.

o o o

A descoberta do MBTI®

Com essa ideia na cabeça, em 1994 aproveitei umas férias e viajei para os Estados Unidos, em uma empreitada que de fato não era de férias, mas de estudo. Uma de minhas intenções com essa viagem era visitar um amigo, Aloísio Wolff, que havia sido transferido por sua empresa, a American Express, do Brasil para a sede da corporação em Nova York. Aloísio me pôs frente a frente com Orlando Gemignani, na época o responsável pelo RH da American Express.

Orlando, por sua vez, foi uma pessoa muito significativa em minha vida profissional, pois foi ele quem me apresentou pela primeira vez o MBTI®, sigla de Myers-Briggs Type Indicator.

Autoconhecimento para um mundo melhor

O MBTI® é um instrumento de diagnóstico apaixonante, criado por duas norte-americanas, Isabel Briggs Myers e sua mãe, Katharine Briggs, com base na teoria dos tipos psicológicos de Carl G. Jung. É uma ferramenta extremamente respeitada, aplicada há quase 70 anos por empresas em praticamente todo o mundo.[1]

No MBTI®, por meio de respostas do sujeito a uma sequência de perguntas, identificam-se aspectos de sua personalidade, revelando seus pontos fortes e suas fragilidades e instrumentando seu autoconhecimento. Muito interessante é o fato de que o MBTI® foi objeto de centenas de estudos, que comprovaram sua eficácia e mostraram que o instrumento permite revelar diferenças importantes entre os indivíduos, além de suas preferências pessoais e, no caso de profissionais que trabalham numa mesma empresa, a possibilidade de formarem equipes bem integradas, cujos membros verdadeiramente se complementem e trabalhem juntos harmoniosamente.

Enfim, o MBTI® é, sem dúvida, uma grande ferramenta de desenvolvimento pessoal e profissional, e eu tinha, portanto, de fazer tudo que pudesse para trazê-la ao Brasil.

Minha sócia Elaine também acreditou na ideia e associou-se a mim no entusiasmo que eu tinha para com essa ferramenta. E assim, mesmo sem ter ainda o capital necessário para investir naquilo, decidimos fechar o contrato.

○ ○ ○

A experiência de ser uma empresária

Aliás, em nossa empresa, durante certo tempo, as coisas decorreram exatamente dessa forma: frequentemente o dinheiro era curto, mal dava para pagar as despesas e sobrar alguns trocados. Como se diz popularmente, houve momentos em que tivemos de "vender o almoço para pagar o jantar"! Porém, tínhamos muita confiança em nós mesmas, nutríamos uma grande lealdade uma para com a outra, tínhamos muita disposição para o trabalho, e nosso conhecimento do que queríamos da vida profissional era bem claro. E isso era o básico! Para não dizer que saímos do zero, nosso ativo inicial consistiu em duas cadeiras de escritório, doadas por meu pai.

Logo Elaine e eu criamos uma segunda empresa, esta com foco em desenvolvimento organizacional e liderança. Demos a ela o nome Coaching Psicologia Es-

---

1 Maiores informações sobre o MBTI® são dadas no Anexo.

Capítulo 3: Decidindo ser empresária

tratégica. Com isso, pudemos separar convenientemente as atividades e manter a empresa anterior atuando especializadamente naquelas atividades para as quais tinha sido originalmente criada: a recolocação (ou *outplacement*) e o *assessment* por competências.

Em 1994, trouxemos para unir-se a nós um novo sócio, Miguel Vizioli, que tinha sido diretor de RH da Pizza Hut no Brasil. Miguel era, como nós, um entusiasta daquilo que fazíamos e veio com enorme disposição, tendo inclusive investido nesta nossa segunda empreitada o dinheiro que recebeu de sua indenização trabalhista.

Na nova empresa, Coaching Psicologia Estratégica, nossas participações eram iguais: um terço cada um. Na Saad Fellipelli, Elaine e eu mantivemos a participação equivalente, de 50% cada. Mas, com o tempo, oferecemos ao Miguel também uma participação equivalente nesta empresa, e ele topou. Passamos a ser nesta empresa, como na outra, três sócios, todos com igual participação.

Contando com a excelente contribuição de Miguel, pudemos crescer ainda mais: fomos capazes de atender a mais clientes e a buscar mais agressivamente o mercado. Passamos, depois de um tempo, a operar diretamente também no Rio de Janeiro, onde criamos uma filial. Mais um tempo, e nos tornamos internacionais, passando a operar também em Buenos Aires, na Argentina, em 1998.

Tudo aconteceu muito rapidamente desta vez. Apenas uns poucos anos depois do ingresso de Miguel Vizioli, em 1999, fizemos uma promissora parceria com a maior empresa de *outplacement* dos Estados Unidos, a Right Management Consultants. Operamos juntos por alguns meses, e no ano seguinte, essa empresa nos fez uma oferta por nossas empresas, e decidimos vender a ela 51% das operações.

A decisão se mostrou acertada, e nossas operações continuaram indo bem, tão bem que a Right nos fez nova proposta alguns anos depois. E em 2004, vendemos o restante de nossa participação na Saad Fellipelli e na Coaching.

○○○

Empresária vs. Executiva

Implementada essa decisão, com a qual estávamos os três totalmente de acordo, Miguel decidiu deixar a empresa e alçar voo solo. Elaine e eu entendemos bem o ponto de vista dele e não tentamos convencê-lo a permanecer. Miguel deixou a empresa, mas continuou sendo um grande amigo e parceiro. Até hoje nos encontramos bastante e trocamos ideias com alegria e grande confiança mútua.

Mas, a partir de então, deu-se uma grande, e até esperada, transformação em nossa própria vida, já que, de sócios-proprietários das empresas, passamos a ser seus executivos. Era inevitável, porém, pois, como acontece nesse casos de aquisição de consultorias, a alma da empresa adquirida está em seus recursos humanos estratégicos, e não em seus ativos materiais. A Right não compraria nossas empresas se nós três (ou pelo menos alguns de nós) não fossemos junto. A Right estava também adquirindo nossa capacidade de atuação e de gerenciamento dos negócios.

Com isso, acabei assumindo um papel do qual sempre havia procurado escapar, marcado que estava em minha memória o episódio com meu pai. Eu tinha uma clara preferência por *não* trabalhar para uma empresa como funcionária, ainda que fosse em um cargo de direção. Estava convencida, até então, de que isso não me convinha, já o tinha decidido há anos. E, no entanto, talvez pelo fascínio que exercia sobre mim o que eu ainda não havia experimentado, dessa vez, cedi.

A relação entre as duas ex-sócias, agora dirigentes subordinadas aos acionistas, também passou por uma mudança: já não éramos, agora, propriamente um time lutando por sua própria empresa, com um objetivo em comum, mas participantes de outro time, maior. O que sobreveio é que cada qual passou a tocar uma diretoria dentro da multinacional, ambas no mesmo nível hierárquico, mas cada uma individualmente tratando de produzir e apresentar seus resultados.

Quase imperceptivelmente a princípio, mas depois bem mais nitidamente, começou a existir uma diferença de interesses de nossa parte, em relação à nossa atitude de antes. Seguíamos fazendo ambas, é claro, nossos mesmos trabalhos, e, como antes, nos dedicávamos muito. Porém, tínhamos agora, cada qual, de prestar contas aos nossos superiores, e isso era, sem dúvida, uma novidade, um desafio diferente para nós.

À medida que essas novas formas de agir se delineavam mais claramente, percebi que eu estava ficando um pouco mais inquieta. Tudo ali, agora, me parecia um pouco estranho, eu já não me reconhecia trabalhando naquelas empresas que eu mesma havia ajudado a criar e que tão caras me haviam sido por anos.

Acabei por me encontrar em uma espécie de crise profissional. Tinha sido muito feliz com meus sócios, enquanto éramos sócios. Mas, neste tipo de vida profissional que agora enfrentava, havia algo que eu ainda não tinha aprendido e que precisava tratar de encarar, para me assenhorar também desse tipo de processo: eu tinha de co-

Capítulo 3: Decidindo ser empresária   35

meçar a estabelecer limites, separando meu lado profissional do pessoal. E eu tinha de fazer isso agora, pois a empresa já não me pertence.

Lembrei-me muito, inúmeras vezes, daqueles executivos que nos procuravam para recolocação profissional: muitos deles, muitos mesmo, tampouco estabeleciam para si esses limites. Na maioria dos casos, mergulhavam fundo no trabalho, tão fundo que acabavam por "tornar-se" as empresas em que estavam — passavam a se identificar com elas de modo radical, exagerado. Eles *eram* as suas empresas, a tal ponto que, quando repentinamente se viam demitidos, perdiam o chão e entravam em uma crise de grandes proporções, de consequências difíceis de prever.

Propositalmente, usei no parágrafo anterior a palavra "repentinamente". A princípio, alguém poderia questioná-la: "Como assim, 'repentinamente'? Então uma pessoa vive intensamente o processo empresarial em que se inseriu e, mesmo assim, ao ser demitida, isso se afigura para ela uma completa surpresa?"

A resposta a essa pergunta é: "Sim, isso mesmo!" Quando alguém se encontra inteiramente mergulhado em um dado ambiente — profissional, familiar, comunitário, político, seja qual for —, a ponto de colocar nesse ambiente toda sua energia e praticamente deixar de lado tudo o mais, essa total identificação com um tal contexto simplesmente turva a visão da pessoa, cega-a, impede-a de enxergar inúmeras pistas que lhe estão sendo dadas continuamente por esse ambiente (e certamente não serão poucas) de que sua relação com este está se deteriorando e se aproximando de um fim.

É curioso isso, mas é a pura verdade: muitos funcionários e mesmo altos executivos literalmente caem da cadeira quando são chamados à sala da diretoria em uma sexta-feira às cinco da tarde (Que dia e que horário para isso, hein!?) e são informados de que, "a partir da semana que vem os seus serviços não mais serão necessários".

E não é assim na separação de muitos casais também? Não acontece amiúde que um dos cônjuges (arrisco-me a dizer que geralmente o homem) chega em casa em um belo fim de tarde para mais um merecido descanso depois de um dia estafante de trabalho e ouve do(a) outro(a) as duas frases lapidares que o(a) fazem cair de costas: (1) "Precisamos conversar!"; e (2) "Quero o divórcio!"

A dedicação nos cega então? Seria melhor então nos dedicarmos sempre menos? Seria melhor sempre ter disponível, por via das dúvidas, um plano B? Pois é, essa é outra questão bem séria, para a qual, honestamente, não tenho uma resposta cabal.

O que me ocorre e posso afirmar a respeito é que, nessas situações, frequentemente as pessoas não percebem os movimentos que estão acontecendo e que acabarão culminando com sua dispensa. Na grande maioria dos casos, apenas ouvimos o que nos é dito, mas não observamos o que realmente está acontecendo — e que pode ser algo muito diferente daquilo que dizem. É frequente que as pessoas não nos digam o que realmente pensam ou sabem estar acontecendo — elas se omitem, ou porque não estão ligando muito para o que será de nós, ou porque se sentem constrangidas de nos dizer a verdade, ou, ainda, porque não querem nos magoar e, portanto, nos poupam.

Entretanto, se tivéssemos uma visão sincera do quadro real, provavelmente não seríamos pegos de surpresa e poderíamos nos preparar melhor para, por exemplo, uma inevitável demissão. Isso requer que sejamos bons observadores, não confiando somente naquilo que nos dizem, mas olhando à volta e interpretando com realismo as mudanças que estão ocorrendo.

Sei, porém, que, assim como assertividade demais ou de menos não são a legítima assertividade, e assim como a hipoempatia e a hiperempatia tampouco caracterizam a verdadeira empatia, também dedicação demais ou de menos não configuram a verdadeira dedicação.

∘ ∘ ∘

O que você faz quando não está feliz com seu papel executivo?

Precisamos ser capazes de dar o nosso máximo esforço, o melhor de nossas energias, às tarefas que executamos e à organização que nos paga para executá-las. Mas temos de fazê-lo de maneira consciente, inteligente e perspicaz, sem perder de vista o contexto mais amplo em que essa atividade se insere.

Refletir criteriosamente sobre o que está mais além dos limites imediatos de nossa empresa não significa estar nos dedicando menos a ela. Não há oposição entre avaliar criticamente os atos daqueles que amamos e o amor que devotamos a essa pessoa ou entidade. Posso amar alguém e, mesmo assim, enxergar também erros (e não só acertos) nas atitudes dessa pessoa. "Fácil é dizer que se ama alguém tomando por base somente suas virtudes", diz o senso comum; "difícil mesmo é continuar amando mesmo depois de ter experimentado claramente seus defeitos!"

Capítulo 3: Decidindo ser empresária

Volto, enfim, ao que narrava antes: tudo, naquele período em que fui executiva da Right, se tornou muito estranho para mim, principalmente por eu ter passado a conviver com um chefe, um superior a quem devia prestar contas, e por ter de conviver, agora, com alguns princípios e regras que não haviam sido formulados por mim, e que passaram a governar minha maneira de trabalhar. Princípios e regras com os quais nem sempre eu concordava!

Em dado momento, senti que a situação estava saindo de meu controle e ficando insustentável sob esse ponto de vista. Foi quando... um outro grupo adquiriu o controle de nossa companhia, o Manpower Group! As operações que eu e meus sócios tínhamos criado estavam mais uma vez mudando de mãos, e isso deixava as coisas ainda mais estranhas do que já eram...

Não sei se você já experimentou uma situação desse tipo: você é um empreendedor que, na companhia de sócios, criou um negócio. Passa a ter de conviver com esses sócios, vocês solidificam suas relações, e você estabelece com eles um *modus operandi* que leva a um efetivo refinamento daquilo de melhor que cada sócio é capaz de aportar.

Quando essa etapa é vencida com sucesso e tudo parece ir muito bem, sua empresa é adquirida por outra, sendo sua ida para essa outra empresa um requisito *sine qua non* do acordo feito. E agora, vocês, de sócios que eram, tornam-se executivos assalariados. São obrigados a refazer a relação de sociedade que haviam tão dedicadamente arquitetado, substituindo-a por outra, de *peers*, colegas de diretoria, que ao mesmo tempo colaboram e competem entre si, agora, todavia, respondendo administrativa e funcionalmente a superiores que vocês até ontem não conheciam e que passam da lhes cobrar resultados e outras contribuições administrativas e profissionais.

So far, so good! Vocês vão em frente e conseguem, com maior ou menor esforço, adaptar-se a essa nova situação. E então esses acionistas vendem a operação a outra empresa, e você passa a ser um executivo "que vai junto com a operação". Por exemplo, você era gerente do Citibank e de repente se vê travestido de gerente do Itaú; ou você trabalhava para a Perdigão, ou a Sadia, e de um dia para o outro passa a trabalhar para uma nova empresa chamada Brazilian Foods; ou ainda, você acaba de se empregar no WhatsApp e fica sabendo que ontem mesmo o Zap foi incorporado pelo Facebook!

Autoquestionamentos sobre a cultura corporativa ou sobre a lealdade para com a empresa, entre muitos outros fatores, acabam acontecendo, inevitavelmente. A permanência de um profissional ou executivo nessa segunda nova empresa, nessas circunstâncias, torna-se bastante problemática, sendo sua saída uma opção claramente realista — por inúmeras razões, as quais não preciso relacionar aqui.

Elaine e eu seguimos em frente, imersas em indesejáveis, mas inevitáveis, disputas corporativas, menos entre nós duas e mais cada qual com outras áreas da empresa. Cada uma de nós cuidava de uma área de negócios — ela, do *outplacement*, e eu, do desenvolvimento humano e da consultoria organizacional.

Por essa ocasião, eu acreditava que, das duas áreas, seria a minha a que viria a ter maiores chances de sucesso nos anos vindouros. Isso porque, naqueles tempos, tanto as atividades de consultoria quanto as de educação corporativa estavam, no ambiente dos negócios, experimentando uma trajetória ascensional. As empresas *queriam* ajuda nessas áreas.

E os fatos mostraram que eu tinha razão. Mas, mesmo assim, apesar do sucesso dos negócios nas atividades que geria, eu não me sentia verdadeiramente feliz; comecei a sentir certo desconforto com a situação que vivia no dia a dia. De fato, não era sempre que isso acontecia, mas a frequência com que esse meu desconforto emocional começou a aparecer foi o suficiente para que eu percebesse que não aguentaria muito mais tempo ficar fazendo aquilo, daquela maneira, naquele lugar.

Comecei a considerar a possibilidade de também me desligar, como fizera o Miguel, tempos antes. Elaine, entretanto, não compartilhava exatamente desse meu ponto de vista. Também tinha suas dificuldades, mas sua cabeça não estava feita, como a minha.

Em dado momento, senti-me completamente desanimada com aquilo tudo: mais do que em qualquer momento anterior, percebia agora as divergências que tinha em relação às orientações dadas pela empresa como obstáculos mais sérios, e pressenti que não conseguiria aceitar ou suplantar esses obstáculos. Pedi, então, para sair, e fizemos, a empresa e eu, um acordo nesse sentido, enquanto Elaine permaneceu.

Estávamos, então, no ano de 2007. Era tempo de um pleno governo de Lula. Já havia sido objeto de muita matéria na imprensa o caso do Mensalão, nos dois anos anteriores, mas pouco ou nada se sabia, ainda, do que germinava nos bastidores da economia e da política nacionais, e que levaram ao muito mais surpreendente Petrolão e à Lava Jato, alguns anos mais tarde.

A economia brasileira ia comparativamente muito bem, impulsionada pelo ambiente econômico mundial altamente favorável à exportações de commodities, o carro-chefe da economia brasileira. O Brasil cresceu 5,7% naquele ano, elevando o PIB a R$2,6 trilhões, o que acabou se revelando um verdadeiro luxo, diante da *déblâcle* que se seguiu nos anos posteriores. O crescimento da massa salarial real dos trabalhadores foi de 3,6% naquele ano, e a alta nos créditos concedidos pelos bancos a pessoas físicas foi de 2,8%. Eram claros indicadores de crescimento do consumo interno e, portanto, do mercado. A população brasileira estava realmente gastando e, portanto, era porque tinha dinheiro (ou ao menos crédito concedido) para isso! A popularidade do nosso presidente ia às alturas, preparando o terreno para que, dois anos depois, à frente do mundo inteiro, na Cúpula do G20, Barack Obama o exortasse como sendo "o Cara"!

Houve, entretanto, a crise dos subprimes de 2007/2008 nos Estados Unidos, que se alastrou pelo mundo, afetando a todos. Ela provocou sérias mudanças na vida de muitos profissionais, inclusive aqui no Brasil, onde o presidente Lula imaginou que não passaria de uma "marolinha".

o o o

De novo empresária!

De fato, muita gente no mercado de trabalho precisava de ajuda de uma profissional como eu, foi o que deduzi. Assim, ao deixar a Manpower, pude me dedicar *full time* ao meu novo negócio, que eu já havia, de fato, começado a organizar meses antes. O momento era altamente propício para isso, e pressenti que voltar a ser tão somente uma empresária, em minhas áreas preferidas de atividade, era exatamente o que eu devia fazer. Meu plano era, então, por meio dessa empresa, representar no Brasil o MBTI®, que tinha definitivamente me conquistado e que, a meu ver, tinha muito boas chances de vingar em nosso país.

Eu gostava muito de meus dois sócios anteriores, confiava neles, e senti que, por uma questão de lealdade, deveria convidá-los a se associarem comigo nesse empreendimento. Foi o que fiz, acalentando a perspectiva de retomar uma época vivida alguns anos antes, quando tivemos uma sociedade profícua e enriquecedora para todos. Entretanto, nossos momentos eram diferentes, e cada um deles, Elaine e Miguel, por suas razões pessoais e profissionais, preferiram seguir um caminho próprio, tendo eu voltado ao meu plano inicial de empreender sozinha.

O que eu faria agora era, de fato, a "minha praia", foi o que constatei de imediato, tão logo comecei a operar. Eu já não precisava de sócios, podia me lançar por mim mesma no atendimento ao mundo corporativo, como estava fazendo!

Hoje, porém, com o passar do tempo, sinto que consigo também me adaptar a outros modelos que experimentei anteriormente, conforme relatei antes: eu poderia, sim, voltar a ser sócia de outros profissionais, e poderia, sim, voltar a ser uma executiva de empresa, se o quisesse e se surgisse uma excelente oportunidade para isso. Mas eu não *precisaria* de qualquer dessas alternativas, feliz que estava e estou com o trajeto pelo qual optei. O amadurecimento pessoal e profissional que tive foi decisivo nesse sentido, tendo me ajudado a ganhar essa certeza de ter uma real flexibilidade nas atividades profissionais, algo que considero de grande importância na vida de qualquer um.

○ ○ ○

Capítulo 3: Decidindo ser empresária

Todo empresário deve crer em algo maior!

Algumas pessoas consideram as empresas privadas um tigre predador que precisa ser abatido. Outras as veem como uma vaca a ser ordenhada. Somente um pequeno número as percebe como realmente são — um forte cavalo que puxa a carroça.
Winston Churchill

O porquê deste capítulo

Estou convicta de que um empresário sempre deve colocar seus esforços em algo muito maior do que apenas o lucro. Penso que é justamente esse propósito maior que o levará ao lucro, não as ações estratégicas que empreenda visando tão somente esse lucro. Algumas pessoas acham esse modo de pensar um tanto piegas, reconheço. Outras mais dizem que isso não passa de um clichê, um mantra já gasto, que empresários espertos repetem o tempo todo porque acreditam que os fará "sair bem na fotografia" nesta época em que "pega bem" fazer tais tipos de afirmação.

Bem, devo dizer que em absoluto é esse meu caso. Muito pelo contrário: creio firmemente no que estou afirmando! Se você trabalha em algo que realmente ama fazer, e se tem um grande propósito no seu horizonte, uma causa verdadeiramente importante para o mundo, ou a nação, ou a sociedade, então o crescimento e o progresso da sua empresa — e o dinheiro que entra — são decorrências naturais: virão naturalmente!

Quando montei minha empresa e comecei a trabalhar, 30 anos atrás, não tinha a menor ideia do que poderia significa a expressão "capitalismo consciente". Tampouco o nome de Richard Branson (o fundador do Virgin Group, que certamente já estava, então, totalmente mergulhado em seus empreendimentos) me era familiar — muito menos a expressão "empresas do Sistema B", que ele criou mais tarde para se referir a organizações que unem o lucro à contribuição social.

Porém, já se encontravam, naquela época, histórias exemplares de empresários extraordinários, por vezes com pouca educação formal, que tinham conseguido erigir empresas maravilhosas. Lembro-me de ter observado, na época, alguns desses casos em que, depois de anos à frente de seus negócios, um brilhante fundador deixava o comando da empresa, transferindo-o a executivos profissionais, possivelmente competentes, mas totalmente desidentificados com os valores e princípios do patriarca.

Em tais casos, era triste observar que, na maioria das vezes, a empresa parecia ter perdido, nessa transição, não apenas seu fundador, mas sua própria alma — e, com ela, sua identidade mais profunda e seu próprio rumo no mercado. Transformara-se em uma organização prosaica, comum, sem brilho, em suas ações agora meramente mecânicas e sem qualquer valor afetivo no dia a dia. Isso quando não sobrevinha algo ainda pior, dando-se o oposto do que se vira antes: uma empresa-abutre, alimentando-se avidamente de restos do mercado, tripudiando sobre clientes e fornecedores e desligada de qualquer intenção mais nobre, de realmente servir à sociedade, mas apenas voltada para a busca do lucro imediato, obtido, se possível, pela via mais fácil.

Estou certa de que, quando uma empresa perde seu propósito maior, ela não sobrevive por muito tempo. Pode até experimentar ganhos expressivos imediatos, mas estes não se sustentarão no longo prazo, e depois de um tempo, ela cessará de progredir, estagnará. Portanto, para mim, essa é a grande questão na vida de um empresário e sua empresa: a busca por algo que seja bem maior do que ambos.

○ ○ ○

Que é *assessment*? De onde vem? Como surgiu?

Usa-se muito o termo *assessment*, atualmente no Brasil, para designar processos de avaliação de profissionais, visando seu enquadramento em determinadas funções, executivas ou técnicas. Essa expressão, ao que tudo indica, apareceu pela primeira vez com conotação aproximada a essa no manual "Assessment of Men", do U.S. Office of Strategic Services, em 1948. Nesse volume, definia-se *assessment* como um conjunto de processos empregados para formar impressões e imagens sobre as pessoas, formular hipóteses sobre seu desempenho e tomar decisões a respeito.

O verbo to *assess*, que deu origem ao substantivo *assessment*, provém da construção latina *ad seděre* (sentar-se junto). Referia-se ao funcionário que, na Antiga Roma, sentava-se junto ao juiz que julgaria um caso, prestando-lhe informações. Esse funcionário era, portanto, um instrumento que municiava o juiz, para que avaliasse apropriadamente as questões sobre as quais devia decidir.

O sentido do termo *assessment* continua sendo basicamente o mesmo até hoje, muito embora agora o avaliador já não seja propriamente um juiz e quem o municia com informações pertinentes não seja um indivíduo, mas um instrumento aplicado.

São praticamente inexistentes os relatos sobre uso de instrumentos de *assessment* antes do século XX. Somente nas primeiras décadas do século passado a psicologia começou a desenvolvê-los. De início, a intenção era predominantemente clínica e pedagógica: os psicólogos franceses Alfred Binet e Théodore Simon causaram grande celeuma quando, em 1905, lançaram testes para medir o QI de crianças ou adolescentes, em busca de sinais de retardo. Por sinal, o estatístico inglês Francis Galton já havia pensado em um teste desse tipo 20 anos antes, mas não levara o projeto adiante.

Nas décadas seguintes, a ideia da medição do QI dominou os consultórios dos psicólogos, mas, com o advento da Primeira Guerra Mundial e a necessidade de uma seleção rápida, eficiente e universal de recrutas, os testes de QI passaram a dividir a atenção de todos os interessados com os novos testes de seleção desenvolvidos pelo exército norte-americano.

Foram sendo criados em seguida mais e mais testes, com variados enfoques, para medir vários aspectos da personalidade, das aptidões, das atitudes e dos comportamentos das pessoas, uma tendência que se acentuou ainda mais durante a Segunda

Capítulo 4: Todo empresário deve crer em algo maior!

Guerra Mundial, quando as áreas de Administração de Pessoal das empresas incorporaram inúmeras novas práticas e se tornaram muito mais sofisticadas. Entre essa práticas estava a aplicação de testes psicológicos para a seleção de empregados. Estava, assim, inaugurada a Psicotécnica, que depois passou a se chamar Psicologia Industrial e, por fim, Psicologia Organizacional.[1]

Evidentemente, a Psicologia Industrial ou Organizacional não se resumia à aplicação de testes, mas, sem dúvida, estes eram a "cereja do bolo" entre as atividades dos psicólogos nas organizações. Outras atividades, tais como o treinamento de empregados, a orientação vocacional, o aconselhamento e mesmo alguma forma de apoio psicológico formal ou informal a gerentes, supervisores e outros profissionais, também estavam presentes no rol de atribuições do psicólogo empresarial.

Todavia, a psicologia organizacional nunca foi a "menina dos olhos" das faculdades de Psicologia ou dos Conselhos Regionais ou o Federal. Essa área preferencial era, de fato, a clínica, a psicoterapia. Os currículos dos cursos de formação de psicólogos sempre enfatizaram bem mais a formação clínica, certamente responsável pela maior demanda de formandos nessa profissão e considerada por todos como sendo mais interessante e mais desejável.[2]

Porém, a partir do final da Segunda Guerra Mundial, a psicotécnica ganhou um grande impulso nos EUA, gradativamente se disseminado também na Europa e, em menor grau, na América Latina. Em 1956, a AT&T aplicou testes em uma grande população de gerentes, em um memorável projeto de *assessment*. Em 1958, foi a vez da Bell Telephone fazê-lo, com seu Personnel Assessment Program. E durante os anos 1960, a disseminação de *assessment centers* se expandiu rapidamente, chegando a outras grandes organizações, tais como IBM, Sears, Standard Oil, General Electric e J.C. Penney.

O grande boom na aplicação de instrumentos de *assessment* naquele país aconteceu nos anos 1970, quando surgiram empresas de consultoria especializadas. Em 1973, realizou-se o primeiro congresso internacional de *assessment centers*, e em 1975, publicaram-se as primeiras "Diretrizes e considerações éticas para operações com Assessment Centers". No final daquela década, mais de mil consultorias

---

1 PASQUALI, Luiz, em "Histórico dos Instrumentos Psicológicos", artigo publicado online no site do NNCE — Núcleo de Neuropsicologia Clínica e Experimental. In: <http://www.nnce.org/Arquivos/Aulas/bioestatistica/3-pasquali-instrumentacao.pdf>. Acesso em: 06/01/2019, 12h54.

2 BASTOS, Antônio Virgilio Bittencourt e GALVÃO-MARTINS, Ana Helena Caldeira, ambos professores do Depto. de Psicologia da UFBA, Camaçari, BA, em "O que pode fazer o psicólogo organizacional", artigo publicado na revista *Psicologia: Ciência e Profissão*, Brasília, DF, vol. 10, n. 1, 1990.

Autoconhecimento para um mundo melhor

norte-americanas ofereciam instrumentos de *assessment* às empresas clientes, tendo havido já uma grande expansão internacional.

Quando, portanto, alguns anos depois de iniciado o século XXI, me lancei como empresária cm um voo solo, dando ênfase ao meu trabalho com instrumentos de *assessment*, sabia bem do alto potencial desse tipo de produto no mercado de gestão de pessoas nas empresas brasileiras. Eu não apenas estava escolhendo um tipo de negócio com o qual me identificava plenamente, era também um tipo de negócio muito necessário em nosso país e que podia florescer já fundamentado em muitas experiências anteriores bem-sucedidas. E eu poderia me dar o luxo de escolher, entre os muitos instrumentos de avaliação disponíveis no mercado internacional, aqueles que fossem os mais interessantes para o mercado brasileiro, além de mais confiáveis de um ponto de vista técnico.

o o o

A Fellipelli, empresa dotada de um sentido

Iniciou-se, portanto, em 2007, um novo processo em minha vida, de aprofundamento em minha contínua busca por autoconhecimento e por instrumentos que proporcionassem autoconhecimento às pessoas. Paralelamente à condução de minha empresa, fui tratar de fazer cursos e mergulhar em outros eventos de educação profissional de minha área, a fim de me preparar melhor em temas como políticas empresariais, liderança, coaching e outros. Também busquei um contato maior com minha própria intimidade, experimentando vivências espirituais e exercícios de autorreconhecimento. Em muitos momentos desses, senti-me de novo a adolescente inquieta, voejando de um tema fascinante para outro e tecendo fantasias sobre como utilizaria tudo aquilo para ajudar a melhorar o mundo!

Enquanto isso, eu erguia, passo a passo e com muita garra, a Fellipelli, que emergiu da IDH e que, já com essa nova denominação, em 2008, começou a agir estrategicamente para ampliar seu portfólio de instrumentos de diagnóstico e desenvolvimento. No ano seguinte, firmamos outra parceria muito importante, desta vez com os responsáveis por uma franquia de neurocoaching (a saber, metodologia que aplica coaching com base em novas propostas fundamentadas em pesquisas de neurociência) chamada Results Coaching Systems®.

Capítulo 4: Todo empresário deve crer em algo maior!

Tendo trazido essa metodologia para o Brasil, pudemos fundar a Regional Brasil do já existente NeuroLeadership Institute (NLI) e, por meio dessa regional, passar a oferecer ao mercado uma sólida formação em coaching, credenciada pela ICF — International Coach Federation. Nosso sistema, além de desenvolver coaches, oferecia também programas corporativos para o desenvolvimento de líderes coaches dentro das organizações.

Acentuava-se cada vez mais em mim a convicção de que era essencial estimular as próprias lideranças empresariais a ir em busca de autoconhecimento, para que pudessem, de fato, promover significativas transformações em suas equipes de trabalho, em suas empresas e nas comunidades de que faziam parte. Eu raciocinava que um líder dotado de elevada inteligência emocional, que esteja consciente de seus próprios limites e de suas qualidades, não apenas terá a capacidade de tomar melhores decisões, mas conseguirá igualmente contagiar toda sua organização para que também o faça.

Ou seja, se um líder é realmente eficaz, todos à sua volta tenderão a ser positivamente influenciados, contagiados mesmo, por sua competência. E sendo seus propósitos os mais contributivos, e sua atuação, a mais profícua para a organização, então esse líder terá teclado nessa organização a senha que desencadeará lá dentro um autêntico ciclo virtuoso de *best practices*, qualquer que seja a área de concentração de sua atividade na empresa.

Em pouco tempo, a Fellipelli cresceu ainda mais e começou a diversificar os serviços que oferecia. Associei-me a Chris Melchiades, que havia trabalhado comigo na Right Management Consultants e era (é) uma pessoa que eu admirava muito por seus valores e em quem confiava por sua competência. Desde que a conheci, passei a ter uma grande admiração por Chris, pela sua dedicação ao trabalho, sua motivação pessoal, sua identificação com aquilo que fazia e sua capacidade de enxergar o que estava acontecendo, para tomar boas decisões estratégicas. Não tive, portanto, dúvida alguma em convidá-la para abrir a filial de nossa empresa no Rio de Janeiro, a fim de atender à capital do estado e à cidade de Niterói, do outro lado da Baía de Guanabara.

o o o

Autoconhecimento para um mundo melhor

Parcerias internacionais

Ao mesmo tempo, segui ampliando nossas parcerias internacionais, com intenção de representar outros instrumentos mais destinados ao diagnóstico psicológico e ao desenvolvimento organizacional. A Fellipelli foi, assim, ganhando contornos cada vez mais nítidos de uma consultoria multifacetada, atuando em diversas áreas de gestão de pessoas e oferecendo diferentes produtos e soluções em Educação Corporativa e Desenvolvimento, sempre fazendo uso de ferramentas altamente eficazes, algumas das quais exclusivas e até então inéditas no Brasil.

Por exemplo, em 2012 trouxemos para cá o primeiro instrumento de avaliação de Inteligência Emocional validado no mundo, o EQ-i 2.0. Este instrumento tornou-se uma das nossas principais ferramentas no trabalho com executivos e outros profissionais de ambientes corporativos. Além disso, as aplicações do EQ-i-2.0 me permitiram gerar um utilíssimo banco de dados, merecedor de uma análise toda especial, ao qual dedico um capítulo posterior deste livro.

Além do MBTI, nas versões Step I e Step II, e do EQ-i 2.0, já citados, passamos a trabalhar também com diversos outros instrumentos: um deles é o Método Birkman®, baseado nos estudos desenvolvidos pelo psicólogo americano Dr. Roger W. Birkman em associação com seus colegas, os também psicólogos Dr. Roy B. Mefferd Jr. e Dr. Timothy G. Sadler. O método avalia dados de comportamento, motivacionais e ocupacionais, auxiliando as pessoas e as empresas na tomada de decisões de vida e de carreira (vide descrição mais completa no Anexo).

Outra série de instrumentos muito importantes que utilizamos são aqueles do Prevue HR Systems. Neste caso, vários instrumentos estão disponíveis para uso em avaliação de aptidões, de motivação e de personalidade, auxiliando em processos de recrutamento e seleção, com a oportuna expectativa de reduzir a um mínimo a margem de erro numa contratação, quando se comparam vários candidatos para uma mesma posição. (Sabemos bem quanto é importante não desperdiçar os dispendiosos esforços que a empresa faz para escolher o candidato certo e quanto é caro e complexo retomar o processo todo ao se perceber que se errou nessa seleção!)

Figura 4.1

Além desses, também passamos a contar com:

- O Firo-B (Fundamental Interpersonal Relations — Behavior), utilizado com sucesso há mais de 50 anos. É um instrumento que auxilia empresas e pessoas a entender e melhorar os relacionamentos interpessoais (vide mais informações no Anexo).

- O TKI (Thomas-Kilmann Conflict Mode Instrument), que trabalha sobre os cinco estilos de resolução de conflitos interpessoais (vide mais informações no Anexo).

- O Interaction Style, instrumento utilizado para revelar o estilo de interação e comunicação da pessoa.

Figura 4.2

- O TMP (Team Management Profile), que traz à tona as preferências individuais em termos de gestão de equipes, contribuindo para organizar equipes de alta performance e elevar seu desempenho (vide mais informações no Anexo).

- O IPT (Índice de Personalidade de Trabalho), na modalidade Seleção e Liderança, que empregamos para avaliar as características do estilo de trabalho e competências do sujeito.

Figura 4.3

- O Adam Milo, bateria de testes criados em Israel para auxiliar no recrutamento e seleção de candidatos a emprego.

Figura 4.4

- O Strong, ferramenta de orientação vocacional e profissional muito popular em universidades norte-americanas.

Figura 4.5

- O Career Interest Profiler, instrumento de auxílio para jovens encontrarem carreiras que sejam de seu interesse.[3]

Figura 4.6

Foi importante para impulsionar a empresa esse meu grande interesse por trabalhar com instrumentos de diagnóstico que apresentem qualidade comprovada e tenham sido desenvolvidos com base em estudos da neurociência. Nos anos mais recentes, essas ferramentas ganharam ampla aceitação e reconhecimento como um

---

[3] Todos estes instrumentos são discutidos em maior detalhe no Anexo ao final deste livro.

poderoso auxílio no trabalho de construir carreiras, de desenvolver as pessoas e de gerir as funções de Recursos Humanos.

O próprio setor de RH das empresas, aliás, tem vivido um novo e diferente estágio, no qual cresceu muito sua valorização no âmbito da gestão estratégica das empresas. Isso certamente tem a ver com a evolução do capitalismo para um novo patamar, frequentemente descrito como o capitalismo próprio de uma "sociedade do conhecimento", em que o capital humano passa a desempenhar uma função verdadeiramente estratégica.

Ao mesmo tempo, os tipos profissionais que essa valorização do capital humano põe em especial evidência nas empresas também estão mudando: muito do que atualmente se espera dos profissionais nas organizações não era sequer cogitado pelos farejadores de talentos nas organizações três ou quatro décadas atrás.

○ ○ ○

A "feminização" da gestão

Vejo a necessidade de também discutir sobre isso neste livro: as empresas, de algum modo, estão compreendendo que a competição entre elas — pela conquista do mercado, pela busca da lealdade dos clientes e pela lucratividade duradoura — ganhou novos contornos, tornando-se uma missão bem mais complexa do que era no passado — o que resulta da presença de novos ingredientes no entendimento do que seja "valor agregado" na sociedade de hoje. Nesse novo contexto, já está praticamente vencido o prazo de validade daqueles gestores e profissionais de perfil autossuficiente, exclusivistas e autoritários, que valorizam apenas os resultados e os perseguem a qualquer preço, mas são incapazes de compartilhar e de colaborar em equipe.

Entre muitas teses que corroboram essa afirmação está, por exemplo, aquela do sociólogo italiano Domenico De Masi, que, estudando criticamente as relações de trabalho na sociedade contemporânea, descortina alguns importantes cenários para os próximos anos. Seu estudo a esse respeito chama-se "2020 — Dez Tendências".[4]

---

4 Esse estudo foi posteriormente incorporado por De Masi ao texto de um seu livro, escrito em coautoria com o famoso fotógrafo (também italiano e idealizador das polêmicas campanhas publicitárias institucionais da Benetton de alguns anos atrás) Oliviero Toscani. O livro em questão é *A Felicidade* (São Paulo: Globo, 2012, 132p.).

Autoconhecimento para um mundo melhor

Entre as tendências apontadas por De Masi estão algumas defendidas por especialistas de diversas regiões do planeta. Uma delas, a tendência à "feminização", tal como a chama o autor, discute as mudanças esperadas nas formas de liderança nos ambientes de trabalho, que valorizam cada vez mais características que tradicionalmente chamaríamos de "femininas", em oposição às "masculinas".

De Masi iniciou essas suas reflexões sobre a tendência à "feminização" há mais de dez anos, quando pela primeira vez se reuniu com um grupo de estudiosos do tema em Pequim. Chamou sua atenção, então, a presença tão mais expressiva de mulheres em postos de mando e em atividades tipicamente geradoras de conhecimento.

Inspirado por isso, De Masi começou a examinar com maior atenção uma possível mudança de paradigma nas organizações — algo que pouco a pouco foi tomando corpo e se confirmando —, qual seja, a predominância cada vez mais nítida, na gestão, dos chamados "ingredientes femininos" — a estética, a subjetividade, a emotividade e a flexibilidade.

Segundo ele, estão cada vez mais em alta certas características que já são bem conhecidas, mas podem claramente ser atribuídas à naturalidade das mulheres (tais como a capacidade de compor sua agenda com muitos trabalhos relativamente superpostos ou simultâneos — o chamado *multitasking* — ou a capacidade de levar em conta a intuição e a emoção na tomada de decisões).

O autor está seguro de que essas características, bem como outros típicos traços de gestão "feminina", prevalecerão nas organizações e acabarão sendo igualmente assimiladas e defendidas como essenciais pelos homens.

Na mesma direção, os indianos Nilima Bhat (palestrante internacional, iogue e instrutora de negócios conscientes) e Raj Sisodia (consultor de negócios), em seu livro *Liderança Shakti*,[5] do qual tive o prazer e a honra de escrever o prefácio, são taxativos em afirmar que, se quisermos chegar a um estágio mais evoluído nas empresas e em outras organizações, bem como na sociedade de modo geral, precisaremos refletir seriamente sobre a construção de uma liderança mais consciente.

E, como eles defendem, essa maior consciência passa necessariamente pela adoção de características femininas na gestão. Não necessariamente a liderança deve passar para mãos femininas; o que se propõe é que os novos líderes terão de ser pessoas dotadas de qualidades hoje tipicamente associadas ao universo feminino, tais

---

5 BHAT, Nilima; SISODIA, Raj. *Liderança Shakti: O Equilíbrio do Poder Feminino e Masculino nos Negócios*. São Paulo: Alta Books, 2018, 216p.

como uma aguda inteligência emocional e uma efetiva capacidade de cooperar, de enxergar o outro e de cuidar dele.

Sinto-me profundamente identificada com essa posição de meus amigos indianos, e me sinto feliz e envaidecida por ver que sua mensagem está sendo fortemente divulgada também no Brasil — e, de alguma forma, com minha participação.

Tenho pessoalmente também me dedicado a estudar este tema tão importante da Liderança Shakti e da "feminização" da gestão empresarial. Mas não tenho ficado nisso apenas. De fato, meus interesses sempre foram — como espero ter deixado claro nos parágrafos anteriores deste capítulo — e continuam sendo amplos e variados.

Tenho sistematicamente procurado conhecer mais as novas abordagens, que poderiam aparentemente não ter qualquer ligação entre si — como é o caso da Neurociência, do ioga e de algumas linhas de ensinamentos mais ligadas ao desenvolvimento da espiritualidade, como o budismo e a Cabala (comumente também grafado Kabbalah).

o o o

O ser humano está evoluindo!

Muitos não veriam relação entre esses estudos, mas, sinceramente, tenho de discordar. Vejo-os, sim, relacionados entre si em seu âmago, de fato, e mais do que isso, vejo-os conspirando para conduzir as pessoas interessadas em uma mesma direção, que é, em síntese, a do crescimento do ser humano. Se há algo que une essas disciplinas, é justamente isso: a propriedade que todas têm de encaminhar o homem na direção de um patamar melhor, em termos de assunção de crenças e valores humanitários, de exercício de uma ética pessoal de qualidade e de aplicação produtiva de seus sentimentos na vida.

Acredito fortemente na evolução do ser humano, individual e coletivamente. E acredito mais que esse seja um processo contínuo, que já vem se dando há tempos. Penso que, apesar das enormes dificuldades por que passam nosso planeta e nossas sociedades em geral, estamos hoje melhor do estávamos há um século, bem como acredito que estaremos melhor daqui a 100 anos do que estamos hoje.

Quanto às empresas, o que são elas? No fundo, são feitas de pessoas. São as pessoas que levam adiante as empresas e lhes atribuem o significado que têm. Todos os demais ativos, tudo mais que se enxergue em uma empresa, o que quer que queiramos tomar como referência, nem de longe têm o mesmo valor ou importância que as pessoas que fazem e conduzem a empresa. Assim, todas elas evoluem mais ou menos, conforme os seres humanos com que podem contar.

As empresas fazem parte, portanto, de um sistema maior que as direciona — de um verdadeiro sistema civilizatório, que as impele. Mesmo que esta ou aquela empresa resista e prossiga, por iniciativa de seus dirigentes, presa a velhos e obsoletos paradigmas, a entidade "empresa", genericamente falando, está ficando cada vez melhor em relação ao que era no passado. E as empresas não operam em um vazio: outras empresas melhores vão influenciando as menos desenvolvidas, para que se tornem também melhores. As que sobreviverem o serão.

Acredito também que esse avanço civilizatório deixa cada vez menos espaço para exercícios supérfluos e estéreis do ego: à medida que os anos passam, é cada vez mais patente a inutilidade de as pessoas investirem em vaidades, veleidades e caprichos, mormente nas relações interpessoais. A evolução das pessoas é um processo praticamente inevitável, e como o passar dos anos, cada pessoa vai sendo mais e mais instada a se tornar melhor do que era no ano anterior. O homem, arrisco-me a dizer, está condenado a crescer, evoluir! Eis minha grande e mais autêntica profissão de otimismo!

E penso que falo de cadeira sobre isso: já errei muito, superdimensionando meu próprio ego, para constatar, a cada vez, que pouco ou nada consegui com isso. Ao mesmo tempo, constato que meu trabalho, meus relacionamentos e minha vida de modo geral se tornaram muito melhores sempre que decidi não me deixar levar, em uma dada situação, por sentimentos de soberba ou presunção.

Ao longo de minha trajetória pessoal e profissional, tenho tentado entender o que de mais importante diferenciaria pessoas que são apenas comuns, levando uma vida medíocre, na qual pouco têm que lhes traga orgulho e autoestima, daqueles indivíduos que podem se rotular de "realmente bem-sucedidos", que vivem uma vida plena e cheia de experiências salutares e conducentes ao amadurecimento.

Aliás, seja como psicóloga, como consultora ou mesmo como ser humano, sempre me interessei em ler e aprender sobre tais "pessoas de sucesso" (como genericamente as chamo), querendo descobrir o que fizeram e como o fizeram para chegarem a ser o que são.

E, ao me referir ao sucesso, não estou falando em sucesso financeiro ou material, mas de uma existência rica em experiências construtivas e integradoras, para si pró-

Capítulo 4: Todo empresário deve crer em algo maior!

prio, para os demais e para o mundo de modo geral. Precisamos ter outros ideais na vida, para além de ganhar dinheiro e acumular riquezas — algo que, infelizmente, a maioria das pessoas esquece ou não acredita ser uma verdade.

Os budistas de todas as vertentes (tibetana, chinesa, japonesa) apregoam com ênfase a procura do equilíbrio na vida e a busca incessante do chamado "Caminho do Meio". Essa é a expressão usada por Sidarta (ou Siddhartha) Gautama, o Buda, para descrever o caminho capaz de levar à libertação do ser humano.

Há várias maneiras de interpretar essa expressão, "Caminho do Meio" e de realizá-lo na vida. Uma delas é praticar o não extremismo, isto é, sempre buscar um caminho de moderação e certa distância nas reações às situações, evitando os extremos, tanto o da autocondescendência e passividade quanto o do risco extremado e a morte. Outra forma de atuar de acordo com o "Caminho do Meio" é agir com a sabedoria de quem entende que toda dualidade, toda oposição (e, portanto, toda posição radical a favor de um lado e contra o outro) é ilusória.[6]

Ao longo do tempo, creio ter identificado certo padrão comum entre as pessoas que ignoram princípios como esse do budismo. Em uma passagem do imortal *Alice no País das Maravilhas*, um clássico da literatura mundial, Lewis Carroll narra o momento em que Alice está perdida e não sabe em que lugar se encontra. Avista, então, o Gato em cima de uma árvore e lhe pergunta:

- "Poderia me dizer, por favor, que caminho devo tomar para sair daqui?"

- "Isso depende bastante de aonde você quer ir", responde o Gato.

- "O lugar não importa muito...", retruca Alice.

- "Então não importa tampouco o caminho que você irá tomar", conclui o Gato.[7]

Para mim, esse diálogo sintetiza pelo avesso, mas de modo muito singelo e fácil de entender, o que é a atitude essencial que alguém deve tomar em sua busca pelo autoconhecimento. A fala de Alice expressa um desejo de se conhecer, mas não expressa, ao mesmo tempo, a atitude de quem ativa esse desejo, colocando-se em posição de busca. Ela quer apenas "deixar-se levar" pelo que acontece, não age para que aconteça algo que queira.

---

6 Cf. Enciclopédia online Wikipedia. In: <https://pt.wikipedia.org/wiki/Caminho_do_Meio>. Acesso em: 29/05/2019, 09h56.

7 CARROLL, Lewis. *Alice no País das Maravilhas*. Rio de Janeiro: Ciranda Cultural, 1ª ed., 2018, 96p. (há outras edições).

"Não há vento favorável para quem não sabe para onde vai", diz uma frase bem conhecida, muitas vezes atribuída a Sêneca. Não há vento favorável para Alice, portanto, alguém que não sabe aonde vai. E, de fato, frequentemente, por não nos darmos ao trabalho de planejar e nos organizar, acabamos sem saber o que realmente queremos, delegando ao acaso a direção de nossa vida. Tornamo-nos reféns da sorte (ou do azar)!

∘∘∘

A necessidade da busca incessante pelo autoconhecimento

No entanto, o autoconhecimento é capaz de transformar esse quadro: se tentarmos realmente nos conhecer, poderemos começar a mostrar o espírito crítico necessário para entender melhor de onde viemos, onde estamos neste momento e para onde devemos procurar seguir agora. Iremos, então, nos identificar melhor como indivíduos e tomar, ao menos parcialmente, as rédeas de nossa vida.

Por um lado, não é minha intenção fazer as coisas parecerem mais fáceis do que realmente são nessa questão do autoconhecimento. Por outro, não devemos tampouco descrevê-las como impossíveis ou extremamente difíceis. É uma questão de nos organizarmos para aprender sobre nós mesmos e nos atirarmos, na justa medida, a esse mister, que é trabalho contínuo para toda a vida. e não uma empreitada única com começo, meio e fim.

Também não se trata apenas de a pessoa matricular-se em faculdades, frequentar cursos, escrever monografias e colecionar diplomas e certificados. Esse tipo de desafio à ampliação e ao aprofundamento do saber pessoal deve ser enfrentado e vencido, é claro, mas há um tempo para isso, e também um limite.

Além disso, a educação formal universitária está *sub judice* há já algum tempo: muitos já não a valorizam, e há até mesmo quem diga que ela deixou de ser útil. Há um bom número de criadores de startups na praça, via de regra brilhantes, que não cursaram uma universidade, ou que simplesmente abandonaram no meio seus cursos universitários! Alguns desses incríveis e talentosos expoentes do empreendedorismo chegam mesmo a apresentar, como evidências dessa "desnecessidade" de estudar, o incrível feito de já terem criado um ou dois unicórnios e, em decorrência disso, embolsado nada menos que alguns bilhões de dólares.

Capítulo 4: Todo empresário deve crer em algo maior!

Não me parece que esses exemplos de absoluto sucesso sejam prova suficiente de que a educação superior perdeu a validade. Pelo contrário, vejo-a como ainda muito importante. Mas é inegável que ela precisa passar por profundas transformações — e, tanto quanto podem contribuir para isso as teses e conceitos de alguns outros brilhantes estudiosos do tema, ela já está, sim, sendo fortemente transformada.

Mas muito do que temos de aprender atualmente não o extrairemos das aulas dadas em um *campus* universitário por mestres e doutores. As empresas já começam a aceitar normalmente que pessoas sem estudo universitário podem, mesmo assim, conhecer tanto de tecnologia e áreas afins, que ser formado em um curso superior pode até parecer, em alguns casos, algo supérfluo. Também contam muito para a elevação e o aprofundamento de nosso autoconhecimento a educação dita não formal (aquela que obtemos por meio de produtos e recursos não originalmente destinados à finalidade de ensinar) e até mesmo pela educação informal (que se dá "por osmose", sem sentirmos, pelo simples fato de vivenciarmos uma experiência em um dado lugar e em um dado momento).

Todavia, as ofertas de situações de ensino online são hoje muito amplas, cobrindo literalmente qualquer tema e em diferentes níveis de profundidade. Inúmeros cursos em EAD (Ensino à Distância) estão disponíveis hoje, ministrados pelas escolas de nível médio e universidades (em nível de graduação e pós-graduação) públicas e privadas, assim como em plataformas de empresas que usam EAD para treinar seus empregados para o trabalho interno, ou, ainda, em plataformas de empresas de internet que oferecem cursos como serviço online.

Literalmente, só não estuda online, atualmente, quem realmente não quer. Há experiências maravilhosas, de alto nível, para alguém se educar e aprender. Coursera, por exemplo, é uma empresa de tecnologia educacional norte-americana fundada por dois professores de ciência da computação, Andrew Ng e Daphne Koller, da Universidade Stanford. Faz parceria com universidades de ponta e outras entidades educacionais, dos Estados Unidos e de outros países, cujos cursos o Coursera disponibiliza online para quem quiser cursá-los — gratuitamente. A USP, a Unicamp e a Fundação Lemann são parceiros do Coursera no Brasil.[8]

Além do Coursera, há muitas outras experiências igualmente importantes, nos inúmeros AVAs (ambientes virtuais de aprendizagem) disponíveis online. Por exemplo, MOOCs (sigla para Massive Open Online Courses, ou cursos online abertos e massivos) são oferecidos em AVAs a estudantes que desejem ampliar seus conhecimentos envolvendo-se em projetos com colegas de outros lugares. Os MOOCs

---

8 Cf. Enciclopédia online Wikipedia. In: <https://pt.wikipedia.org/wiki/Coursera>. Acesso em: 29/05/2019, 10h42.

Autoconhecimento para um mundo melhor

são geralmente gratuitos, não exigem pré-requisitos para participar e oferecem uma grande quantidade de material de estudo, geralmente na forma de projetos participativos.[9]

Temos, então, todas as condições de estudar o que quisermos, basta escolher e ter disciplina para completar nossos estudos e, em seguida, disciplina para pôr em prática o que tivermos estudado. Logo teremos incorporado esses novos conhecimentos e comportamentos ao nosso repertório.

"São necessárias seis semanas para se adquirir um novo hábito", já disse alguém. Isso me parece bom, quando se trata de *um* hábito que, além de relativamente simples, não está condicionado à adoção de outros tantos hábitos nossos e das pessoas à nossa volta. Em casos mais complexos, como esses, talvez precisemos de seis meses.

Em casos muito raros, entretanto, serão necessários seis anos. Quando nos deparamos com estrangeiros que imigraram para o Brasil há duas décadas, ou mesmo uma, e ainda não falam a língua portuguesa, não assimilaram os costumes, não têm amigos nativos etc., só podemos debitar esse enorme atraso na assimilação cultural a um grande processo de resistência pessoal que, mais do que inconveniente, é nocivo à própria pessoa. Aprender requer flexibilizar-se e ser capaz de conviver harmonicamente com novas realidades, e colaborarmos com a aceleração de nossa própria educação informal é fundamental para isso.

Por isso, não consigo entender totalmente a resistência à tecnologia daqueles que se apegaram ao conceito de "imigrantes digitais" — pessoas que se criaram em um ambiente cultural tipicamente analógico, que entraram na vida adulta e profissional em uma época em que o computador pessoal ainda não existia e em que só se falava à distância por meio do telefone fixo. Muitas dessas pessoas nunca se dispuseram a experimentar novas opções, ou seja, a se adaptar, ainda que parcialmente, aos novos tempos digitais. Muitas delas pouco ou nada têm feito para introduzir algo dessa nova cultura em sua própria vida: não têm um aparelho móvel, não usam e-mail, não fazem fotos com um celular, não usam WhatsApp... São dinossauros, estão fora do mundo atual.

São mesmo "imigrantes digitais" e o assumem, não querem se integrar ao novo "país". Colocam a si próprias sérios e incompreensíveis obstáculos à sua própria atualização e desenvolvimento e ao seu próprio equilíbrio emocional. Não vejo vantagem alguma nessa atitude — essas pessoas estão perdendo um precioso tempo, enquanto prejudicam enormemente a si próprias.

---

9 Cf. Enciclopédia online Wikipedia. In: <https://pt.wikipedia.org/wiki/MOOC>. Acesso em: 29/05/2019, 10h54.

Capítulo 4: Todo empresário deve crer em algo maior!

Enfim, tornar-se consciente de si mesmo representa atualmente uma exigência básica para a construção de uma trajetória pessoal e profissional profícua e gratificante. É condição *sine qua non* para a felicidade!

O programa de desenvolvimento da Inteligência Emocional da Fellipelli, por exemplo, foi idealizado e estruturado a partir dessa premissa: a de que evoluir como ser humano significa trilhar um caminho longo, muitas vezes desconfortável; e requer um constante reexame das próprias vulnerabilidades, para uma sistemática tarefa de correção. Mas não é fácil fazer isso sem se sentir tentado a se pôr na posição de vítima impotente e, com isso, justificar sua própria imobilidade.

Em meu processo pessoal de autoconhecimento, o qual venho vivenciando em paralelo à contínua construção da própria empresa Fellipelli, o que posso dizer de principal é que gostaria muito que a empresa — qualquer empresa, não apenas a minha — se tornasse uma efetiva multiplicadora desses valores e princípios.

E, entre estes, preciso ressaltar especialmente aqueles que ensinam ser de enorme importância às pessoas conhecerem bem a si mesmas. E, mais importante do que tudo mais, é preciso que cada um de nós tenha mais qualidade nas decisões que toma, e que, ao enfrentar os desafios que a vida nos coloca, deixemos nosso ego de lado e pensemos um pouco mais no coletivo, na sociedade...

o o o

Bem-vindo à Era do Capital Humano!

*O homem não passa de um caniço, o mais fraco da natureza;
mas é um caniço pensante. (...) Toda a nossa dignidade consiste,
pois, no pensamento. É dele que devemos depender. (...)
Trabalhemos, pois, em bem pensar: eis o princípio da moral.*

Blaise Pascal

O porquê deste capítulo

Pode parecer estranho para alguns a inclusão, neste livro, de um capítulo como este, que apresenta um breve histórico da área de Recursos Humanos nas empresas. Entretanto, ele tem uma razão de ser: quando comecei a trabalhar, há 30 anos, o modo de se lidar com as pessoas nas organizações era profundamente diferente do atual. Naquela época, a vida empresarial não era tão "democrática", por assim dizer: as lideranças eram bem mais "empoderadas" pela hierarquia, assumindo a responsabilidade (talvez se deva dizer, exercendo seu direito) de dirigir de modo estrito as formas de sentir, pensar e agir dos empregados. Naquela época, ser um chefe, supervisor, encarregado ou gerente era ter, sobre um grupo de pessoas (maior ou menor, conforme o nível hierárquico do gestor) tal nível de poder e influência, que o espaço de manobra em que cada empregado podia se mover era minúsculo. As empresas eram, então, mais autoritárias, até porque as informações estavam todas nas mãos dos gestores, e elas só fluíam para baixo (e, ainda assim, filtradas) quando esses gestores permitiam.

Quanto ao órgão de RH, ele funcionava como um intermediário, um mediador dessas relações verticais, cuidando que os processos intervenientes acontecessem com um mínimo de perturbação. RH era, então, uma engrenagem — em alguns casos, grande e intrincada, mas de qualquer forma uma engrenagem de natureza administrativa e operacional.

Todavia, o mundo mudou, as informações passaram a circular livremente em todos os sentidos, transformaram-se profundamente as expectativas dos empregados e suas formas de se vincular ao seu chefe e à sua empresa. Horizontalizaram-se as relações, a ponto de, nas melhores empresas, cada empregado ter se tornado, em si mesmo, uma autêntica célula autônoma, articulada com outras células, é verdade, mas em grande parte autogerida. Assim, falar um pouco da história de RH e mostrar como a área atuava em diferentes momentos de sua trajetória pareceu-me algo útil para que o leitor entenda como chegamos ao que o RH é agora.

Mas, de qualquer forma, por que falar em RH? Porque conhecer as transformações havidas na gestão das pessoas nas empresas nos ajuda a pensar em quão profundamente o autoconhecimento se valorizou nesse contexto: o autoconhecimento é atualmente uma prática muito mais reivindicada pelos trabalhadores, muito mais aceita como válida pelos empregadores e muito mais viável em um mundo tecnologicamente orientado como o de hoje.

Nosso trabalho na Fellipelli tem tudo a ver com esse despertar para o autoconhecimento. É a possibilidade de enxergar esse processo em andamento que procuramos, logo a partir de nosso primeiro olhar para uma organização-cliente. Sabemos que, atualmente, o trabalho que fazemos com as empresas destina-se, em primeiro lugar, a levar as pessoas a se conhecer melhor. Nosso trabalho com os líderes das equipes internas visa levá-los a se perceber, a conhecer seu nível de inteligência emocional, as características de sua personalidade. Não era assim nas formas de atuar do RH no passado, quando os testes de seleção destinavam-se muito mais ao papel de diferenciar aqueles que deveriam ficar daqueles que deveriam sair...

○ ○ ○

Nasce o operário

Quando iniciei minha trajetória profissional, no final dos anos 1980, a área de Recursos Humanos passava por uma grande revolução, a terceira e, penso eu, a mais importante antes da atual.

RH sempre pôs o foco nas pessoas, no trabalho que estas fazem e nos comportamentos e atitudes que apresentam nos ambientes de trabalho. Porém, não se pode dizer cabalmente que uma verdadeira área de gestão dos Recursos Humanos existiu, pelo menos até os primeiros anos do século XX, quando Frederick W. Taylor e outros estudiosos criaram a chamada Administração Científica.

Até então, nada parecido havia acontecido. Nos primórdios da Revolução Industrial, na Inglaterra, enormes contingentes de camponeses deixaram as zonas rurais, para povoar desordenadamente as áreas urbanas das maiores cidades inglesas. Foram viver empilhados, em guetos sujos e malcheirosos, nos quais pelo menos poderiam ter alguma chance de sobreviver a partir de seu trabalho, ainda que em empregos precaríssimos.

Nessas condições, não poderia mesmo haver RH ou algo semelhante. Os responsáveis por dirigir as pessoas, naquelas empresas, ou eram os próprios donos ou seus prepostos. Porém, em qualquer caso, raramente deixariam de ser enquadrados na categoria de meros feitores de escravos, abrutalhados, empedernidos, vigiando e controlando os trabalhadores e deles exigindo que se esforçassem mais e mais, nunca reclamassem e jamais criassem problemas para os burgueses donos dos negócios!

Infelizmente, em muitos lugares, as condições de vida e trabalho das pessoas não mudaram tanto em relação a esse quadro, mesmo tendo se passado mais de um século e meio! Com frequência, ainda hoje, sabemos que, na cidade de São Paulo, minúsculos cômodos improvisados em porões úmidos e sem ventilação continuam sendo ocupados por grupos enormes de pessoas (12, 15 delas, frequentemente famílias inteiras), ao mesmo tempo como moradia e como ateliê de costura, obviamente clandestinos.

O sentimento de opressão e angústia desses pobres trabalhadores com certeza tem um forte paralelo com aquele que, em meados do século XIX, experimentavam os trabalhadores daquelas tecelagens, na Londres que inspirou Marx e Engels a pro-

Capítulo 5: Bem-vindo à Era do Capital Humano!

duzirem *O Capital*. E lá, como cá, os chefões dessas pessoas sempre foram capatazes sem qualquer resquício de humanidade.

Seja como for, as empresas foram surgindo, crescendo e, de alguma forma, se tornando entidades mais complexas, passando, portanto, a requerer ao menos alguma racionalidade em sua gestão. Foi essa a principal razão pela qual Taylor, Fayol e outros engenheiros de produção da época tiveram o incrível insight que os levou a estudar e criar um modo racional de estruturar e executar o trabalho nas fábricas.

Esse primeiro estágio de uma industrialização mais "científica" estendeu-se basicamente de fins do século XIX até a década de 1940. Os trabalhadores, de fato, continuavam sendo apenas mão de obra: um contingente de indivíduos fazendo uso de seus resistentes braços ou de suas habilidosas mãos para executar à risca aquilo que os engenheiros de produção determinavam.

Quem assiste ao filme de Charles Chaplin *Tempos Modernos* pode ver bem o que era aquilo — o trabalhador não passava de uma máquina de repetição, semelhante, digamos, a uma metralhadora: uma vez acionado pelo engenheiro de produção, punha-se a "cuspir" continuamente o mesmo tipo de operação fabril que lhe tinha sido designada. Ele nem sabia o que estava realmente fazendo, apenas dava seguimento à linha de produção, com suas operações atomizadas e em sequência distribuídas pelos vários operários. O trabalhador não pensava, não escolhia e não avaliava coisa alguma, apenas fazia, mecanicamente: se devia parafusar, parafusava, interminavelmente, até que o mandassem parar!

No fundo, as coisas não haviam mudado muito quanto às condições que eram dadas ao trabalhador: ele continuava vivendo e trabalhando basicamente como aquele proletário londrino operador das rocas de fiar de então. E era um anônimo, não passava de um item totalmente comum em uma massa de executores iguais a ele, dispensados da aplicação de qualquer qualificação técnica.

A partir de certo momento, evidentemente, os trabalhadores começaram a reagir: queriam melhores condições de trabalho e melhores salários. Houve reações dos donos das empresas, e o conflito capital-trabalho se tornou flagrante. Pouco a pouco, os trabalhadores começaram a reagir e a se unir para ganhar força coletiva. Formaram agrupamentos reivindicantes com força política cada vez maior, transformando-se de turbas ou grupos informais em organizações mais estruturadas: movimentos, associações profissionais, sindicatos e até mesmo partidos políticos. E foram ganhando força representativa nesses seus esforços por melhorias.

Autoconhecimento para um mundo melhor

As leis trabalhistas e previdenciárias, que então vieram e foram sendo aperfeiçoadas ao longo das décadas, são uma óbvia decorrência desse esforço coletivo. Deve-se creditar aos movimentos dos trabalhadores seu aparecimento. E, associadas à crescente complexidade que foram adquirindo as empresas de manufatura e em outros ramos de negócios, estabeleceram-se novas condições para o trabalho assalariado, as quais passaram a exigir que os empregadores começassem a fazer bem mais do que apenas vigiar os trabalhadores e punir os faltosos através de capatazes. As empresas passaram a ter a obrigação de atender a novos dispositivos legais, que requeriam providências, tais como registrar os empregados, dar-lhes um salário previamente combinado, cuidar para que não se acidentassem, oferecer condições ergonômicas mínimas que fossem nas bancadas e linhas de operação, dar-lhes férias e períodos de descanso, oferecer no ambiente de trabalho um mínimo de conforto, aceitar o diálogo com seus representantes etc.

o o o

O chefe de pessoal

Aí se encontra o embrião das práticas de gestão de RH: aquele capataz do passado tornou-se, basicamente, um burocrata. Em vez de circular pelas áreas de trabalho munido de um chicote e com o olhar sempre severo, observando se estaria tudo dentro dos conformes, ele passou a se sentar atrás de uma escrivaninha, manipulando papéis e mais papéis (formulários, contratos, planilhas), certamente ainda tentando saber se estaria "tudo certo", mas agora em um sentido bastante diferente daquele anterior.

Nessas circunstâncias, o profissional de RH tomou outro nome: passou a ser o chefe do pessoal. Era ainda um representante dos donos ou acionistas, é claro, contratando, gerindo e despedindo empregados em nome destes. Sua forma de tratar esses empregados continuou sendo autoritária e vigilante. Mas ele se tornou também um "company man", um homem de escritório, e lidar com a burocracia imensa que se criou nas empresas passou cada vez mais a ser sua principal atividade.

É preciso dizer que muitas empresas ainda estão nesse estágio bastante primário de gestão de RH — o tempo da "velha" Chefia de Pessoal. Principalmente nas pequenas e médias empresas familiares e fora dos grandes centros, o chefe de pessoal é ainda uma espécie de feitor, uma pessoa de total confiança dos donos da empresa,

Capítulo 5: Bem-vindo à Era do Capital Humano!

precipuamente incumbido de "ficar de olho" nos empregados, para que trabalhem direito, não façam bobagens e não roubem o patrão!

De certa forma, empresas nas quais as atividades de RH ainda são cumpridas em um estágio primário, de modo tradicional e conduzidas por um típico "chefe de pessoal" do tipo descrito, são, de qualquer modo, inevitáveis e até mesmo úteis para que possamos ter uma noção mais clara de como a área de RH tem evoluído ao longo dos anos. Não devemos olhar essas empresas de forma tão crítica, mas, sim, com olhos de quem pesquisa e pergunta, entendendo que a complexidade de um setor como o RH é grande e permite, portanto, uma variedade de situações, ambientes, níveis, abordagens e práticas.

Quando penso nessa história, que é bem conhecida, imediatamente me vem de novo à mente uma velha interrogação: por que, afinal de contas, escolhi me formar em Psicologia? E a resposta é reveladora, para mim: eu jamais trabalharia em administração de pessoal naquela época ou nessas condições, porque isso seria incompatível com meus valores, com as ideias que me propus e me proponho defender e praticar.

A profissão de psicólogo, pela própria natureza, é "pró-gente", visa à valorização do ser humano em todos os sentidos. Não há cabimento na ideia de alguém vir a praticar psicologia se essa pessoa não tem um efetivo, puro e incondicional interesse em ajudar seres humanos a se tornar cada vez melhores seres humanos. E quanto a essa primeira fase na história da gestão de pessoas nas empresas, mal ancorada ainda naquelas crenças e princípios arcaicos da Revolução Industrial, ela podia dispensar totalmente a presença de um psicólogo, que seria, nesse contexto, mais que um "peixe fora d'água", uma verdadeira excrescência.

Aquilo que ficou conhecido como a Escola das Relações Humanas, surgida a partir das experiências feitas por Elton Mayo em uma fábrica em Hawthorne, um bairro de Chicago (Illinois, EUA) em 1927, certamente levou um lampejo de humanismo às práticas então vigentes de administração das pessoas no trabalho. Já se falou muito disso, mas não custa relembrar o episódio.

Elton Mayo era um médico que também atuava como sociólogo. Tinha nascido na Austrália, mas vivia nos Estados Unidos. E, estudioso e pesquisador que era das condições de trabalho nas fábricas, foi a Hawthorne com a intenção de saber mais sobre os efeitos de diferentes modificações nos fatores presentes em um ambiente de trabalho (a iluminação do local, a temperatura, o nível de ruído, o efeito de longas horas contínuas de trabalho na mesma posição física etc.) sobre a fadiga ou a disposição para o trabalho e sobre as atitudes e a conduta dos empregados.

Nesse local, Mayo selecionou certo contingente de operárias da fábrica e com elas formou grupos de estudo e grupos de controle; e começou a experimentar o efeito de variações naqueles fatores. Por exemplo: como a maior ou menor luminosidade no local de trabalho afetaria a produtividade?

O que se deu, entretanto, foi um típico caso de serendipidade: Mayo procurava uma coisa e acabou encontrando outra. Começou a descobrir que as pessoas se sentiam muito mais prestigiadas quando eram o centro das atenções, quando lhes era dada a oportunidade de se exibir, de se mostrar-se!

Aquilo era completamente distinto de tudo que Elton Mayo e sua equipe tinham imaginado encontrar. As moças que faziam parte do grupo que ele estudava, segundo se conta, passaram a ter um status algo semelhante ao de celebridades naquela fábrica: amiúde eram apontadas pelos outros, no refeitório, à entrada ou à saída do trabalho, como sendo "as moças do doutor".

Mayo percebeu então quanto era importante dar atenção às pessoas — essa era, sem dúvida, uma poderosa ferramenta de motivação: o trabalhador não queria continuar invisível, e para se obter dele um maior compromisso, maior dedicação ao trabalho e maior produtividade, o que se devia fazer era, sobretudo, prestigiar essas pessoas, olhá-las como seres humanos e dar-lhes, sobretudo, atenção. Foi esse o cerne da Escola das Relações Humanas.

○ ○ ○

As relações industriais

Essa experiência não ficou nisso, mas orientou muito do que veio a acontecer nos anos seguintes em gestão de pessoas nas empresas. Se a primeira grande guinada nessa área veio com a transformação do antigo feitor em um burocrata, a segunda guinada aconteceu durante e após a Segunda Guerra Mundial, com a transformação do agora burocrata em um gestor de técnicos em variadas especialidades. Gerir pessoas no trabalho passou a significar, então, usar um grande sortimento de ferramentas técnicas especialmente produzidas para avaliar, orientar e aumentar, sob diversos ângulos, a atuação no trabalho e a produtividade do trabalhador. O chicote do capataz dos primeiros tempos tinha dado lugar à caneta do chefe de pessoal, mas agora essa caneta tinha se transformado em uma espécie de canivete suíço, um novo equipamento multiuso, dotado de mil e uma utilidades.

Capítulo 5: Bem-vindo à Era do Capital Humano! 67

O que aconteceu foi isto: a indústria norte-americana transformou-se totalmente com a Segunda Guerra Mundial, mesmo antes de os Estados Unidos passarem a participar ativamente da conflagração. Após os difíceis anos da Grande Depressão (anos 1930), as fábricas, no país, foram altamente beneficiadas com a necessidade de produção de armamentos. A indústria cresceu — mais do que isso, ela explodiu — em termos quantitativos, passando a empregar quantidades imensas de novos trabalhadores, sem os quais elas não dariam conta da avalanche de pedidos de produção recebidos.

A mudança foi, em relação à depressão dos anos 1930, da água para o vinho: crescendo a demanda, as fábricas cresceram também, como foi dito antes, na quantidade de empregados. Homens, mas sobretudo mulheres, muitas delas sem experiência anterior como operárias, ou em qualquer outro tipo de trabalho, passaram a frequentar o chão de fábrica, como operários. E as empresas viram-se obrigadas, em decorrência, a criar novas ferramentas e recursos para atender a esse desafio inteiramente novo: maneiras novas de recrutar, selecionar, integrar, pagar, garantir a segurança, treinar, motivar, manter legalmente e, finalmente, dispensar pessoas tiveram de ser criadas, testadas e postas em prática.

Era uma nova era que se apresentava na gestão de pessoas no trabalho, muito diferente daquela do (agora "velho") chefe de pessoal: as empresas tinham crescido em tamanho e complexidade e requeriam novos instrumentos de trabalho à disposição do gestor da área que mais tarde viria a se chamar RH.

Apareceram inúmeras ferramentas que os gestores de RH de hoje conhecem muito bem: testes psicológicos, técnicas de análise e descrição de cargos, sistemas de classificação das funções, pesquisas salariais no mercado de trabalho, formulários e entrevistas próprios para avaliar o desempenho das pessoas no trabalho, técnicas de análise ocupacional para fins de elaboração de treinamentos específicos, treinamentos padronizados para supervisores de operários, métodos de organização e racionalização do trabalho nas fábricas, planos de carreira e sucessão, roteiros para entrevistas de desligamento e inspeções de segurança no trabalho, conceitos novos em segurança no trabalho, como os de inspeção de segurança, ato inseguro, condição insegura etc. Não havia, portanto, mais lugar para o "velho" chefe de pessoal: ele já não conseguiria, mesmo que o quisesse, se adaptar ao novo regime de trabalho, em que deveria lidar com tudo aquilo.

E surgiu, então, um novo gestor de pessoas: um generalista, capaz de compreender cada um desses variados conjuntos de técnicas e métodos e de compreender também como esses vários conjuntos dialogavam entre si e como deveriam ser habilmente entremeados e articulados no dia a dia, para que os trabalhadores da empresa pudessem ser devidamente atendidos, mas também devidamente controlados. E esse novo gestor de pessoas teve, é claro, de montar uma equipe para ajudá-lo nisso: uma equipe de especialistas.

Aí está a origem das famosas "caixinhas" em que a área de RH passou a se dividir. Passaram a existir a "caixinha" de Recrutamento & Seleção, a "caixinha" do Treinamento, a da Administração de Salários, da Segurança no Trabalho, da Medicina do Trabalho, da Comunicação com Empregados, do Serviço Social do Trabalho, e assim por diante. Ser um gestor de pessoas, a essa altura, requeria a experiência de se ter gerido pelo menos algumas dessas "caixinhas". Não vivi pessoalmente essa etapa na história de RH, mas certamente ela precisa ser citada, para sabermos como chegamos aonde estamos hoje, ou por que fazemos, em RH, atualmente, aquilo que fazemos. Mas ainda não havia chegado a hora de dar a esse gestor o título de gerente de Recursos Humanos. Significativamente, o titular da área era então chamado de gerente de Relações Industriais, porque as grandes empresas da época estavam todas no segmento econômico da indústria de produção, da manufatura.

No Brasil a chegada de um verdadeiro capitalismo foi "tardia", promovida pelo presidente Juscelino Kubitschek em meados dos anos 1950. Trouxe a industrialização para o Brasil, fora do âmbito dos investimentos estatais. Vargas havia criado as primeiras grandes empresas nacionais sob controle do Estado (CSN, Petrobrás, Cia. Vale do Rio Doce, FNM, Chesf), em uma época em que o investimento governamental era importante para alavancar a indústria. Mas Juscelino foi quem promoveu a fabricação de veículos automotivos no Brasil, praticamente concentrada no ABC paulista: VW, Renault, Ford, GM, Mercedes-Benz, Simca Chambord, Willy Overland... Com essas montadoras estrangeiras vieram ou se criaram aqui as empresas fabricantes de autopeças, e a industrialização pela iniciativa privada se tornou uma realidade.

É claro que nos anos 1950 e 1960 já existiam outras grandes empresas privadas no Brasil, fora do âmbito da manufatura. Havia os bancos (Banco Brasileiro de Descontos, Mercantil de São Paulo, Lavoura de Minas Gerais e outros); havia as grandes empresas comerciais (Mesbla, Mappin, Sears, Lojas Americanas); havia as companhias aéreas (Cruzeiro do Sul, Vasp, Real Aerovias). Mas essas empresas não tinham uma gerência de pessoas especializada, sendo os processos de Pessoal cumpridos à moda antiga, em grandes DPs (Departamentos de Pessoal). Assim, por algum tempo, tivemos no Brasil tipicamente os gerentes de Relações Industriais como os equivalentes de então dos RHs.

Capítulo 5: Bem-vindo à Era do Capital Humano!

Os desafios da área de Recursos Humanos

Os anos 1980 marcaram um terceiro ponto de inflexão na história da gestão de pessoas nas empresas: com a crise do petróleo de 1973 e 1979, a recessão mundial do início dos anos 1980 e com o advento do microcomputador, os organogramas das empresas foram fortemente desbastados, tendo havido uma drástica redução na quantidade de níveis hierárquicos nas empresas. Em formidáveis *downsizings*, em poucos anos vários níveis intermediários nos organogramas foram simplesmente eliminados.

As empresas, então, emagreceram visivelmente, achatando-se as estruturas de organização. Mesmo nas grandes organizações, entre o presidente no alto e o operário braçal lá embaixo, o número de níveis hierárquicos se reduziu basicamente para a metade do que era alguns anos antes.

Esse movimento de enxugamento das empresas não parou mais. Mesmo o retorno do crescimento mundial não trouxe alívio para o Brasil, e os anos 1980 ficaram conhecidos, depois, como "a década perdida". A computação distribuída via PCs, substituindo aquela centralizada nos grandes mainframes do CPD da empresa, reduziram drasticamente o contingente de empregados necessários para se fazer o trabalho burocrático. Agora, o computador pessoal, sozinho, substituía dezenas de calculistas, datilógrafos, arquivistas e auxiliares de escritório em geral.

A maior parte das áreas dentro de RH (as tais "caixinhas") foi sendo desmantelada. Serviços de vigilância, portaria, transporte de empregados, alimentação, seleção, saúde, comunicação com empregados, treinamento... foram sendo terceirizados, mantendo-se na empresa apenas um núcleo básico de funcionários auxiliares do gestor de RH.

Nesse novo contexto, o nome "Relações Industriais" já não cabia. Primeiro porque a expressão "industriais" já não correspondia à realidade: muitas das principais empresas já não eram manufaturas, e, sim, empresas comerciais, financeiras, de serviços. Segundo, porque havia uma grande preocupação em otimizar o uso de recursos — materiais, financeiros e... humanos —, daí o surgimento da expressão Recursos Humanos. Cada trabalhador contratado precisa, agora, nitidamente "agregar valor" ao negócio. Surge entre os recrutadores e selecionadores, e também entre os candidatos a emprego, uma expressão que esteve muito em voga nos anos seguintes: empregabilidade.

Paralelamente, com a ascensão econômica do Japão no início dos anos 1980, que coincidiu, por sinal, com um tempo de dificuldades econômicas nos EUA, maravilhas começaram a ser ditas sobre as práticas de gestão das empresas japonesas, especialmente nas áreas de fabricação e especificamente nas questões relativas à qualidade dos produtos e processos fabris. os Círculos de Controle de Qualidade, a Qualidade Total, o Toyotismo tornaram-se ideias a serem imitadas por todos no mundo ocidental.

Um consultor e escritor nipo-americano, William Ouchi, pôs no mercado um best-seller, *Teoria Z*, propondo que o futuro da indústria americana estaria na adoção das técnicas de gestão dos japoneses, expostas nesse livro. Estudiosos de geopolítica e geoeconomia diziam que era uma questão de tempo a substituição do que chamavam de Pax Americana por uma nova Pax Niponica.

A automação chegava com força às fábricas e às empresas de outros ramos (comerciais, de serviços). Agora — e este é um ponto muito importante — os recursos tecnológicos começavam a competir com os recursos humanos na elevação da produtividade: sistemas automatizados de trabalho cada vez mais substituíam o trabalho humano. Ainda não os robôs, tal como os conhecemos hoje, mas as máquinas de controle numérico passaram a povoar a paisagem das áreas de produção das empresas industriais.

Cada vez mais passou-se a reconhecer a importância dos recursos humanos não nas atividades manuais, mas especialmente em cargos e funções que requeriam de seus executores uma especial capacidade de pensar, os que as máquinas de então — automáticas, rápidas e eficientes, mas ainda apenas repetindo uma mesma operação — não conseguiam fazer.

A empregabilidade, já mencionada, passou a designar a capacidade que um profissional deveria ter de aportar conhecimento ao contexto do trabalho — ser capaz de pensar, refletir, ponderar alternativas de solução, tomar decisões e implementá-las.

Já, portanto, aproximadamente a partir de 1995, às portas do novo milênio, o trabalho humano que valia a pena passava a ser aquele em que se usasse a mente, não as mãos. No início do século XX, as empresas precisavam de dois tipos de trabalhadores: aqueles que sabiam planejar e aqueles que apenas executavam as operações planejadas. Agora, próximo ao início do século XXI, novamente os dois tipos de

Capítulo 5: Bem-vindo à Era do Capital Humano!

trabalhadores eram considerados, só que os últimos eram agora as máquinas, não seres humanos.

Quase meio século atrás, Peter Drucker já havia previsto que o trabalho evoluiria para este novo estágio, em que teríamos de considerar duas categorias distintas de trabalhadores humanos: aqueles que apenas processam informação e aqueles que criam conhecimento. Os primeiros viriam a ser cada vez mais rapidamente substituídos por máquinas, capazes de realizar o trabalho com muito maior eficiência que seus equivalentes humanos. Apenas os trabalhos requerendo o uso de inteligência, que as máquinas não conseguiriam apresentar, é que seguiriam sendo executados por seres humanos.

Porém, há algo mais: o avanço da tecnologia é cada vez mais rápido, e a fronteira entre os trabalhadores da informação e os trabalhadores do conhecimento vai também se deslocando. Cada vez mais trabalhos que antes estavam "do lado de cá" (eram trabalhos de pensar, trabalhos requerendo pessoas com conhecimentos superiores) foram se transferindo para "o lado de lá" (passando a ser cumpridos com muito maior eficiência e velocidade por máquinas automáticas).

Hoje se vê que, sem sombra de dúvida, as máquinas são capazes de cumprir as tarefas próprias de mais e mais trabalhos que bem pouco tempo antes ainda eram um território privativo dos humanos. É como se, no "almoxarifado" de tarefas a executar no mercado de trabalho, algumas dessas tarefas estivessem em uma prateleira A e etiquetadas com a indicação "privativa dos humanos", enquanto outras, com a indicação "disponível para máquinas", estivessem na prateleira B. Nesse "almoxarifado", a cada dia que passa, mais tarefas rotuladas com a primeira etiqueta vão tendo sua etiqueta trocada pela segunda, mudando da prateleira A para a B, no "almoxarifado"!

A inteligência artificial e o aprendizado de máquina permitem hoje que robôs pesquisem informações, organizem-nas em formatos coerentes, escrevam textos e tirem conclusões a partir de dados. Dessa forma, muitos trabalhos (mesmo de profissionais que trabalham em produção de conhecimento, tais como advogados e jornalistas) que até bem pouco tempo atrás pareciam a salvo do assalto da automação já se encontram sob o risco de passar para a prateleira B.

Assim, dentro do atual quadro de atividades, mesmo para os trabalhadores do conhecimento em geral as oportunidades de trabalho vão se tornando mais escassas. O que resta é a expectativa de que novas atividades venham a ser criadas pelas próprias inovações — o que, aliás, sempre aconteceu no passado, quando dos avanços havidos em quaisquer tecnologias (a eletricidade, o motor a explosão, o telégrafo, o cinema ou a fotografia, por exemplo, apenas para ficarmos nas tecnologias que apareceram nos anos da virada do século XIX para o século XX).

Penso que até a chegada desta terceira fase na história da gestão de pessoas, em que esta passou a ser preferencialmente a "gestão do conhecimento das pessoas", a área de RH ainda vinha tendo um papel menor nas organizações, sobretudo burocrático — mesmo que já comandasse atividades de conteúdo bastante técnico, na fase das Relações Industriais, como acontecia com os setores internos de RH de Administração de Salários, Treinamento & Desenvolvimento ou Recrutamento & Seleção.

Ainda assim, porém, o maior volume de trabalho do RH continuava a ser, inegavelmente, o processamento de dados sobre os empregados da empresa: a contagem das horas trabalhadas; o processamento da folha de pagamento; a papelada a ser produzida, organizada e arquivada, relativa a admissões, férias, avisos prévios, demissões dos empregados; os formulários de avaliação; os registros de entrevistas; os laudos dos testes de seleção; as apostilas usadas em T&D...

A papelada não havia verdadeiramente, até então, saído de cena. Não havia como, portanto, uma área de trabalho que estivesse focada nesse tipo de atividade, realmente chamar minha atenção — e muito menos despertar minha paixão e meu desejo de investir minha vida profissional naquilo.

Mas, como disse, aquele ambiente em que o empregado era praticamente uma extensão do equipamento que operava na linha de montagem acabou por ser substituída, com o passar dos anos e a evolução da tecnologia, por outro, marcado pela clara noção de que o que realmente contava era o *capital humano* (o ser humano, dotado de conhecimento relevante para o trabalho, como uma forma de capital).

E, por incrível que pareça, essa noção ainda não foi completamente assimilada por muitos empresários e dirigentes — ou mesmo por alguns profissionais de RH: existe ainda muita gente que continua vendo apenas "mão de obra" no corpo de empregados de sua empresa! Felizmente, esses já não são a maioria. Para a maior parte dos atuais dirigentes, os trabalhadores da empresa são sua grande riqueza, seu "pote de ouro" — pelo menos assim pensam os empresários bem afinados com o espírito de nosso tempo.

○ ○ ○

Capítulo 5: Bem-vindo à Era do Capital Humano!

A gestão do capital humano

Esse novo status de detentores de um capital intelectual, cada vez mais visivelmente atribuído aos trabalhadores do conhecimento, trouxe uma profunda transformação no modo como os gestores de RH enxergam seu papel: estes se veem, agora, como tendo uma verdadeira função estratégica nos negócios da empresa.

Cabe ao RH, por exemplo, não apenas selecionar profissionais, mas qualificá-los. E fazer isso nesta Era do Conhecimento é profundamente diferente de fazê-lo quando a qualificação profissional significava apenas habilidades manuais automaticamente postas em prática (a destreza manual, ou a capacidade de executar um trabalho seguindo uma rotina apropriada), mesmo que essas habilidades fossem relativamente complexas e comportassem um bom número de variantes.

Atualmente cabe também ao RH motivar os quadros da empresa, muito especialmente os talentos que esta emprega, a fim de que trabalhem inteligentemente e deem o máximo de si para levar a empresa à lucratividade, à perenidade e à boa reputação. Também isso se tornou bem mais complexo e difícil de fazer. No passado, as práticas para incentivar as pessoas no trabalho consideradas adequadas eram técnicas de motivação extrínseca, aquelas em que se usavam reforçadores externos para incentivar o trabalhador (ou seja, meios que, décadas atrás, Frederick Herzberg chamou de "fatores higiênicos", tais como salário, benefícios, camaradagem, boa supervisão, conforto, bom ambiente físico etc.).

Esses fatores externos continuam sendo úteis, sem dúvida, porém, eles já não são satisfatórios como fatores para a motivação da maioria das pessoas no trabalho. Millennials — e mesmo os trabalhadores mais maduros, das gerações Y ou X — já não se sentem tão impelidos a se comprometer com seu trabalho com base apenas nesses fatores.

Tomemos, por exemplo, a questão do salário do empregado: chegam a nos deixar confusos certos depoimentos de jovens de hoje, que abandonam posições de prestígio em que recebem altos salários, ocupando cargos elevados na pirâmide organizacional de uma grande empresa, para se atirar- de corpo e alma à realização de um sonho, tentando construir uma startup baseada em princípios e modelos de negócios originais e inovadores jamais tentados antes.

O RH de hoje, portanto, tem de ser capaz de entender muito bem o que é e como funciona essa motivação intrínseca, como ela opera na mente das pessoas. O RH não conseguirá ajudar sua empresa a conquistar e reter verdadeiros talentos para as posições-chave que ela tem de preencher se não tiver uma percepção realmente aguda do que isso significa.

O novo papel do RH envolve uma participação ativa e contributiva para a estratégia da empresa. Um diretor de RH, nos dias de hoje, precisa funcionar como um verdadeiro "copiloto" do presidente: o RH apontará ao presidente onde se encontram as dificuldades humanas e sociais a serem evitadas na trajetória da empresa; é quem antecipará problemas políticos dentro do quadro diretivo, que poderão advir de tensões nas relações internas, assim como ajudará o presidente a entender como o quadro político externo e as transformações culturais do meio ambiente deverão impactar os negócios da empresa. Enfim, com oportunismo e inteligência, o RH apontará ao presidente, e debaterá com ele, as ações mais adequadas frente a tais situações.

O consultor norte-americano Dave Ulrich, que é também professor da Universidade de Michigan e reconhecido como um dos mais competentes especialistas do mundo em Recursos Humanos, vê o executivo de RH como um autêntico "arquiteto da estratégia" da empresa. Para Ulrich, o novo RH precisa ter uma clara visão de como a empresa vencerá seus desafios no futuro e, a partir disso, trabalhar junto às lideranças da empresa no desenho de uma estratégia válida para se chegar lá. Isso significa que o RH precisa ter competência para reconhecer as tendências do mercado e seus impactos sobre o negócio, antecipar os obstáculos potenciais que poderão ser enfrentados no futuro e facilitar os processos de gestão, deixando a estratégia clara visível e inteligível para todos.[1]

Os jovens que atualmente ingressam no mercado de trabalho, com suas novas crenças e valores tão fortemente marcados pela cultura digital, representam um desafio à parte para os gestores de RH. Entre outros aspectos, o que esses jovens de hoje pensam e creem pode requerer de uma empresa que ela tenha de criar um projeto único e específico, fora de todos os padrões vigentes, para motivar e reter em seus quadros um verdadeiro talento.

No limite, pode-se dizer que, atualmente, cada pessoa precisa ser suficientemente conhecida e motivada a seu próprio modo, recebendo para si, da empresa, um tipo de atenção que é único e distinto daquele que a empresa oferece a qualquer outro profissional. Estamos nos aproximando, assim, de uma era da "motivação um a um", que requer esforço especial por parte dos gestores de profissionais que sejam realmente talentosos.

---

1 DINIZ, Daniela, em "O novo papel do RH envolve a estratégia da empresa", artigo publicado na revista *Exame*, edição online. In: <https://exame.abril.com.br/carreira/o-novo-papel-do-rh/>. Postado em: 08/05/2015, 13h59. Acesso em: 10/03/2019, 05h18.

Capítulo 5: Bem-vindo à Era do Capital Humano!

Quanto ao gestor de RH, ele deve ser capaz de promover a educação desses gestores das áreas de linha para que entendam esse novo quadro, para que saibam o que realmente move cada membro de sua equipe e como agir para levá-lo a se comprometer com a empresa em que trabalha e com as funções que exerce. Para tanto, a empresa precisa ser muito bem informada sobre seu quadro de funcionários: ela precisa dispor de uma base de dados apreciável sobre eles e de meios para processá-la, explorá-la e extrair dela inferências sobre o quadro de funcionários que levem a boas decisões estratégicas a respeito.

Naquela época pré-internet e pré-tecnologia da informação que descrevi antes, o então gerente de Relações Industriais era, sobretudo, um gestor de processos: era seu papel fazer com que todos os processos envolvendo os recursos humanos da empresa fluíssem individualmente com rapidez e eficiência, enquanto, ao mesmo tempo, funcionassem harmonicamente entre si. Conseguindo isso, a produtividade dos serviços internos voltados para os empregados e os bons resultados dos programas e projetos de gestão de pessoas estariam garantidos. Os gerentes de Relações Industriais, na época, dificilmente ocupavam posições de diretoria nas empresas, por maiores e mais complexas que pudessem ser as organizações de então. Isso não era necessário — eles geriam o dia a dia e pouco se envolviam com o direcionamento estratégico da empresa. Podiam, portanto, ser um gerente de nível médio, quase sempre respondendo a um diretor administrativo ou controler (comptroller, na grafia original).

Mas com o advento da automação das fábricas e dos escritórios, tudo mudou: os processos foram se tornando cada vez mais automatizados, cumpridos por sistemas computadorizados que não requeriam a intervenção humana, exceto em situações de exceção. As áreas internas das empresas se tornaram muito mais enxutas. Gestores de processos, por mais eficientes que fossem, rapidamente perderam o prestígio que tinham e o lugar que ocupavam no organograma. O papel do gestor de RH mudou completamente: ele deixou de cuidar do dia a dia para olhar para a frente, operando como "olhos e ouvidos" do presidente, como expliquei antes. Ele passou a ser responsável por desenhar estratégias de como a empresa implementará competências que são essenciais para seu sucesso. E nesse design de ações estratégicas envolvendo os recursos humanos, a tecnologia é o diferencial. Quanto aos processos de RH no dia a dia, estes já se encontram automatizados e não precisam de uma atenção especial do gestor de RH.

Essa acentuada transformação no que deviam ser as ações mais eficazes em gerenciamento de pessoas se deveu, então, ao forte e acelerado desenvolvimento tecnológico que vem marcando o ambiente dos negócios nas décadas mais recentes, que transformou totalmente os ambientes de trabalho introduzindo mais e mais inteligência nos processos. Assim, funções antes cumpridas por operadores humanos migraram para as máquinas — e, dessa forma, empregos antes estáveis, de prestígio e que remuneravam bem evaporaram sem deixar pistas, enquanto outros tantos, agora requerendo um uso intensivo da inteligência humana, foram sendo criados.

Nesse processo dinâmico, é esperado que haja uma valorização cada vez maior daquelas atividades que ainda possam ser executadas com exclusividade pelos seres humanos, aquelas que nenhuma máquina seja capaz (pelo menos até o momento) de tomar para si. Talento, criatividade, capacidade de tomar decisões complexas, fazer análises críticas de situações, encontrar novos paradigmas — qualidades ainda não identificáveis em um robô — tornaram-se, portanto, uma valiosa moeda de troca para os trabalhadores que têm essas habilitações.

Enfim, as empresas estão procurando cérebros privilegiados, e os remunerando bem; assim como disputam com afinco profissionais com excelentes currículos e trajetórias cheias de realizações e diversificadas experiências.

Mas quando uso o termo "cérebro", não estou me referindo apenas à capacidade de processamento cognitivo (ou o QI — quociente de inteligência) das pessoas ou à sua capacidade de acumular conhecimento técnico e acadêmico.

○ ○ ○

Inteligência Emocional e desenvolvimento humano

Nos últimos 30 ou 40 anos, enquanto experimentava uma evolução tecnológica que se dava em ritmo alucinante, o mercado de trabalho passou cada vez mais a dar valor também a habilidades socioemocionais ou inte- e intrapessoais, entre as quais as de: atuar bem em equipe, ter iniciativa, empatizar com os outros, comunicar-se com clareza, relacionar-se bem com as outras pessoas, mostrar-se persuasivo, manter o autodomínio em situações tensas, recuperar-se rapidamente de situações inesperadas e surpreendentes, reagir positivamente às mudanças...

Uma boa parte dessas qualidades está embutida em um amplo conceito, o de Inteligência Emocional (IE), que tem ganhado divulgação e notoriedade cada vez maiores no mundo. Um dos autores mais importantes nessa área é Steven J. Stein,

Capítulo 5: Bem-vindo à Era do Capital Humano!

psiquiatra e psicólogo clínico canadense, fundador e presidente da MHS (Multi-Health Systems), uma empresa especializada na produção e publicação de instrumentos de *assessment* psicológico. Por exemplo, em seu livro *EQ Edge*,[2] escrito em coautoria com Howard E. Book, Stein define, descreve e exemplifica 15 habilidades ou competências-chave relativas à Inteligência Emocional.[3]

A expressão IE também já havia sido utilizada, anos antes, em pesquisas, por exemplo, por Peter Salovey e John D. Mayer. E, além desses estudiosos, as bases para a formulação do conceito de Inteligência Emocional já eram percebidas em trabalhos mais antigos, de cientistas tão separados no tempo e no espaço como Reuven Bar-On, Edward Thorndike e Howard Gardner.

Reuven Bar-On, um psicólogo israelense, desenvolveu uma hábil forma de medição da inteligência socioemocional de uma pessoa, com isso contribuindo para a criação da expressão "quociente emocional". Thorndike, um pesquisador do comportamento animal e criador da teoria da "tentativa e erro na aprendizagem", utilizou o termo "inteligência social" para descrever as habilidades de compreensão e de gestão de outras pessoas. E Gardner, o criador da tese das "inteligências múltiplas", deu grande ênfase às inteligências intra e interpessoal, que, mais tarde, Daniel Goleman levou em conta em seus trabalhos e em seu livro sobre o tema da IE.

Uma boa definição de Inteligência Emocional foi apresentada por Daniel Siegel, diretor do Mindsight Institute, na UCLA (Universidade da Califórnia, *campus* de Los Angeles). Segundo ele, trata-se da "capacidade que nossa mente tem de enxergar tanto a si própria quanto a mente do outro". Em outras palavras, IE é a aptidão que uma pessoa venha a demonstrar de que enxerga e compreende a realidade interna dos outros, sendo ao mesmo tempo capaz de compará-la à sua própria.

Pesquisas realizadas nas últimas décadas provaram que o principal elemento definidor do bom desempenho de um profissional no trabalho não é seu QI (quociente de inteligência) ou o conhecimento técnico que possa ter em uma dada área de atuação, mas, sim, seu QE (quociente emocional). Esse é, aliás, o principal motivo pelo qual esse conceito vem sendo tão fortemente trabalhado pelos profissionais de RH atualmente.

As pesquisas que demonstram isso foram confirmadas por estudos recentes em neurociência. Goleman, um dos divulgadores do conceito, aponta que "os antigos

---

2 EQ é a sigla em inglês para *Emotional Quocient* (Quociente Emocional), referência a uma imaginada medição da Inteligência Emocional emulando a tradicional expressão criada no passado para medir a inteligência humana: QI (Quociente de Inteligência).

3 STEIN, Steven J.; BOOK, Howard E. *EQ Edge: Emotional Intelligence and Your Success Paperback*. 3ª ed.[S. l.]: Jossey-Bass, 2011.

Autoconhecimento para um mundo melhor

centros cerebrais das emoções são os que abrigam também as habilidades de que necessitamos para conduzir nossa própria vida de maneira efetiva e para desenvolvermos um real sentido de convivência social". Essas habilidades estão enraizadas em nossa herança evolutiva e são ingredientes essenciais para nossa sobrevivência e adaptação, afirma ele.[4]

Bem, se a inteligência emocional é um elemento a tal ponto decisivo para nós, pode-se obviamente deduzir ser essa uma das razões pelas quais a função de selecionar profissionais talentosos, de que se encarrega a área de RH desde seus primórdios, está se tornando cada vez mais complexa: para encontrar verdadeiros talentos, já não é suficiente apenas analisar os dados constantes dos currículos, avaliar sua adequação aos cargos, a preencher e checar se as informações oferecidas pelos candidatos correspondem à realidade. Bem além disso, é preciso também habilmente entrevistar o candidato e testá-lo, para verificar se seus traços de personalidade se harmonizam com as atividades do cargo, com as características específicas deste, com o contexto em que esse cargo será exercido e com o tipo e o nível do desempenho que se espera do ocupante.

Com o RH assumindo uma função estratégica, portanto, esse setor de atividade nas empresas teve de passar a se dedicar muito mais a planejar e a utilizar-se de ferramentas modernas e eficientes para escolher bem os profissionais que trarão os melhores resultados, bem como para desenvolver e reter esses profissionais.

Uma verdade que é conveniente nunca esquecer é que são as pessoas que movem as empresas. Por isso, é importante investir o máximo que se possa em gente. E, nesse caso, temos de ter um conceito apropriado do que é central no desenvolvimento humano.

Desenvolver pessoas requer identificar seus potenciais ainda não realizados, ajudá-las a corrigir suas deficiências, estimular o aperfeiçoamento de seus pontos fortes e levá-las a fazer novas experiências com habilidades e competências que tenham e que possam ser úteis à organização da qual essas pessoas são parte.

O processo do desenvolvimento das pessoas na empresa deve ocorrer em paralelo e em sintonia com os desdobramentos de boas políticas organizacionais. As políticas estabelecidas pela empresa são como que um amplo "guarda-chuva" a proteger a gestão de pessoas.

No entanto, o estabelecimento dessas políticas organizacionais não é uma atribuição do órgão de RH, muito embora este deva participar ativamente, com seus

---

4 GOLEMAN, Daniel. *Trabalhando com a Inteligência Emocional.* Rio de Janeiro: Objetiva, 1999.

Capítulo 5: Bem-vindo à Era do Capital Humano!

pares, de sua formulação. Orientadas pelas políticas mais amplas da empresa, é papel — agora, sim — do RH a formulação das políticas internas relativas à gestão das pessoas.

Essas políticas de RH devem ser amplamente divulgadas e ensinadas. Todo o corpo diretivo e gerencial da empresa precisa conhecê-las e praticá-las. Não é diferente disso dizer que todo gestor dentro de uma empresa, não importa qual área esteja sob sua responsabilidade, deve ter competência para gerir as pessoas que tem como subordinados, já que estas são seu ativo mais precioso. Cada gestor precisa ser capaz de entender muito bem a relação que existe entre a qualidade da atuação dos profissionais de sua área e o suprimento das necessidades do negócio — e deve ser capaz de agir nessa direção em total parceria com a área de Recursos Humanos.

Ao compreender que esse passava a ser o quadro de referência a ser observado em uma empresa, creio ter encontrado meu caminho profissional. Foi a conclusão de que todo gestor é, fundamentalmente, um gestor de pessoas, precisa sê-lo e pode e deve ser ajudado a sê-lo que me levou à certeza da correção das escolhas que fiz à frente da consultoria Fellipelli.[5]

As empresas jamais precisaram tanto quanto hoje que seus quadros profissionais dessem tudo de si — e, para tanto, se sentissem plenamente capacitados e desejosos de fazê-lo. Porém, o paradoxal nesta questão é que, paralelamente a essa atual valorização do capital humano, o processo de globalização, que vem se acentuando continuamente desde os anos 1980, trouxe também outro fenômeno que opera no sentido inverso. Refiro-me ao também contínuo (e, ao que tudo indica, inexorável) enxugamento dos quadros de pessoal e do acirramento da competição.

Gente é tudo, isso é certo, mas parece inevitável ter de aceitar igualmente a visão dos dirigentes de que as chances de um negócio dar mais lucro passam pela redução na quantidade de pessoas que ali trabalham, substituídas pela inteligência artificial.

Essa gente que estará ali, portanto, trabalhando na empresa e para a empresa, deverá ser sempre, quantitativamente, o menor contingente possível de pessoas, ao mesmo tempo significando, qualitativamente, o que de melhor a empresa possa obter no mercado, em termos de talento. Quem deve permanecer na empresa, tem-se a impressão, é tão somente o superprofissional, ninguém mais: as organizações não querem mais em seus quadros o "pessoal mediano" — elas precisam que todos os que permanecem justifiquem seu mérito para tanto, mostrando que são "outliers", "pontos fora da curva" no mercado de trabalho.

---

5 Veja em <https://www.fellipelli.com.br/>.

É um sinal dos tempos, destes tempos atuais de alta tecnologia substituindo gente e avançando celeremente. E nem é preciso dizer quanto essa circunstância acrescenta à já enorme responsabilidade técnica, política, social e econômica do gestor de RH e de suas ações no sentido de contratar, desenvolver, manter e dispensar pessoas.

Estes anos que tenho atravessado acolhendo e tentando ajudar os profissionais a conviver com esse quadro, alguns deles muito machucados emocionalmente pelo prolongado desemprego, ensinaram-me mais: que nos processos de desenvolvimento humano, é possível e desejável trabalhar com as pessoas adotando uma abordagem, digamos, "holística".

Que quero dizer com isso? As pessoas podem e devem ser ajudadas a alcançar o melhor de seu desempenho, tal como é esperado por suas empresas, mas podem e devem buscar um crescimento pessoal mais amplo, em suas carreiras profissionais e em sua própria vida. Para tanto, é necessário e auspicioso que possamos ajudá-las utilizando todas aquelas ferramentas a que me referi no capítulo anterior, além de estender a elas os muitos benefícios que lhes são proporcionados por uma boa atuação junto a elas em trabalhos de coaching e de consultoria.

Mas as próprias pessoas também devem fazer sua parte: precisam ser capazes de cultivar certo nível de iniciativa e busca independente em relação a tudo isso. Por independência quero dizer que as pessoas precisam desenvolver a capacidade de confiar em si mesmas, de conhecer e usar suas melhores qualidades e de acreditar em sua própria capacidade de encontrar alternativas ao seu plano A de vida e carreira, caso a vida assim exija.

O processo de desenvolvimento humano no qual acredito, portanto, é aquele que não se resume na oferta de técnicas e práticas para burilar os talentos para que sejam úteis e atendam plenamente aos objetivos da empresa. O processo de desenvolvimento humano deve ir muito além disso — chamando as pessoas para entender e vivenciar plenamente suas próprias condições e, a partir das constatações que fizerem a respeito, trabalhar elas próprias para se constituir como sujeitos, em toda sua inteireza.

Por isso bato tanto na tecla do autoconhecimento como requisito necessário ao desenvolvimento das pessoas. Na internet, o endereço eletrônico da Rede Fellipelli (*www.fellipelli.com.br*) disponibiliza bom material sobre esse tema. Acessando-o, o leitor poderá constatar que, em nossa empresa, nos empenhamos especialmente em fazer com que os profissionais a que atendemos busquem autoconhecimento e tratem de realizá-lo em nível de excelência. Entendemos ser esse um decisivo primeiro

Capítulo 5: Bem-vindo à Era do Capital Humano!

passo que cada um de nós precisa dar para ter autodesenvolvimento e conquistar uma vida melhor.

Por sua vez, reflito que "vida melhor" é aquela que alcançamos quando nos tornamos protagonistas de nossa própria história, quando estamos em uma profunda conexão com nossa essência. Mas chegar a isso não é tarefa fácil (como, de resto, nada é fácil quando se trata de desenvolvimento humano).

Penso que ajudar as pessoas a se desenvolver significa trabalhar com afinco junto a elas, incentivando-as para que olhem sob todos os ângulos possíveis para si mesmas, "holisticamente", como mencionei. O resultado disso deverá ser uma visão pessoal muito mais plena, rica, informada, segura e, por fim, feliz — e, de quebra, isso resultará igualmente em um melhor profissional em seu trabalho, onde quer que o exerça.

○ ○ ○

De que precisamos para ter um mundo melhor?

Tudo que é feito no mundo é movido pela esperança.
Martin Luther King

O universo tem, para além de todas as misérias, um destino de felicidade.
Gaston Bachelard

O porquê deste capítulo

Neste capítulo, o leitor terá contato com algumas reflexões que faço sobre felicidade e desenvolvimento humano. São temas que considero dos mais candentes, para quem acredita que o melhor que se pode fazer com o conhecimento que se adquire e o autoconhecimento que se constrói é, afinal de contas, conseguir empregá-lo para tornar o mundo um melhor lugar para se viver. Assim, faço neste capítulo uma associação entre o conhecimento e a proposta do FIB (Felicidade Interna Bruta), do IDH (Índice de Desenvolvimento Humano) e atuais avanços científicos associados a esses temas. Falo também do atual momento do capitalismo, com o intuito de refletir um pouco sobre o que o conhecimento tem a ver com ele.

Assim como no capítulo anterior mostrei ter sido a área de RH a porta de entrada para se falar do desenvolvimento das pessoas dentro das organizações, neste capítulo quero lembrar de que não basta que o empresário se preocupe apenas com o ebitda de seu negócio, com sua lucratividade e com o crescimento do valor de suas ações na Bolsa. É necessário bem mais que isso: que ele observe igualmente outro conjunto importante de coisas: a qualidade dos relacionamentos, a felicidade das pessoas, a qualidade de vida destas... e valores que cada vez mais se destacam como importantes na vida de uma organização em sua interface com a sociedade.

○ ○ ○

Um mundo coletivamente melhor...

Disse antes que acredito estar a humanidade como um todo experimentando um avanço em seu processo civilizatório, e que isso está profundamente relacionado às lutas por direitos humanos, civis e sociais que temos presenciado, bem como ao avanço de uma consciência das pessoas sobre o coletivo. A "consciência sobre o coletivo", a que me refiro, significa que, por vezes, de uma forma até mesmo pouco perceptível, as pessoas estão cada vez mais captando a mensagem de que estamos todos "no mesmo barco" — e, nesse sentido, o que quer que queiramos e façamos, não poderemos escapar de nosso destino comum enquanto espécie.

Precisaremos, portanto, cuidar bem do que fazemos, a fim de contribuir para um direcionamento mais contributivo para a humanidade, na direção de um ponto-futuro, de algum estágio à frente que nos faça ser melhores enquanto coletividade. Não conseguiremos isso nos mantendo alheios uns aos outros, nos isolando ou, pior ainda, nos sabotando uns aos outros, com cada um querendo o melhor para si e os outros que se danem! Temos todos de cuidar muito bem do nosso "barco", de forma unida, colaborativa, se quisermos continuar a fazer em boas condições esta "travessia" a bordo da Mãe-Terra.

Ao dizer isso, não posso deixar de lembrar a canção de John Lennon, "Imagine", de 1971, que embalou os sonhos de muitos jovens que atravessavam naquela época os tempos atemorizantes da Guerra Fria. A canção fez parte do disco que Lennon lançou com o mesmo nome e virou uma espécie de hino para a paz entre os homens. Dizia a letra: "Imagine se não houvesse mais os países, nada pelo que se matasse ou se morresse, nenhuma religião... Imagine todas as pessoas vivendo a vida em paz!". E Lennon completava: "Você pode achar que sou um sonhador, mas saiba que não sou o único! Talvez um dia você também se una a nós; e então verá que o mundo é um só."

A canção é romântica, utópica, falando de um mundo que estava (e ainda está) muito longe de acontecer, na verdade. Mas é compreensível que uma letra como essa brotasse da mente de um jovem idealista como Lennon, de fato um grande sonhador. Ao concebê-la e gravá-la, ele respondia a dois grandes estímulos que simplesmente o possuíram naquela época: um deles, grande, nobre, próprio de um cidadão do mundo, era seu desejo de paz para um mundo que vivia uma época de enormes tensões, que parecia estar na iminência de uma conflagração nuclear entre EUA e URSS; e o outro era sua perfeita comunhão afetiva e espiritual com a mulher que conhecera dois anos antes, Yoko Ono, também ela uma militante pela paz mundial e em quem ele via sua alma gêmea.

Ainda assim, a mensagem de Lennon tinha sido formada, obviamente, de puro sentimento, de uma ampla dose de *wishful thinking*: não tinha base factual, decorria apenas do desejo do cantor, que não podia (e nem pretendia, de fato) apresentar argumentos válidos para apontar que o mundo estaria caminhando para ser mesmo um lugar melhor para todos vivermos.

Lembro, porém, que existe uma outra mensagem, ainda anterior, diferente dessa expressa por Lennon, mas apontando na mesma direção. Neste caso, mais do que apenas um desejo moldado em emoção, algumas décadas antes o teólogo e palentólogo francês Pierre Teilhard de Chardin (1881-1955) havia defendido que a humanidade realmente estava se preparando para atingir um novo e fundamental estágio de evolução, em que haveria uma maior consciência planetária e uma aplicação superior do intelecto por parte das pessoas em geral.

Chardin criou a expressão "ponto Ômega" para descrever um hipotético ponto de chegada da humanidade, que seria "o máximo nível da consciência humana", segundo dizia. O "ponto Ômega" seria, assim, um estágio superior na trajetória do

Capítulo 6: De que precisamos para ter um mundo melhor?

homem, em que ele finalmente confirmaria que teria sido moldado à semelhança de Deus!

Para Teilhard de Chardin, o planeta Terra estava (está) em um processo de contínua transformação, saindo do que ele chamava de estágio da *biosfera* (em que a vida é o grande determinante do que acontece no planeta) para um novo estágio, o da *noosfera* (em que, para além da própria vida individual, a consciência e o conhecimento coletivos seriam esse grande determinante). Em certo sentido, portanto, Chardin foi um genial precursor do que vemos hoje acontecer, algo que ele previu ainda na primeira metade do século XX: a entrada em cena da Era do Conhecimento.

Para Chardin, o planeta Terra, em sua evolução, estaria se movendo na direção de um crescente acréscimo de complexidade e de consciência. O "ponto Ômega" era, em sua concepção, uma espécie de ponto final dessa evolução humana, quando todas as consciências se fundiriam em uma só e a humanidade se veria como um só ser habitando o planeta — em um estado coletivo em que até mesmo nosso próprio corpo teria menor relevância. De certa forma, penso que, talvez sem o saber, Lennon retomou Chardin quando disse em sua canção que o mundo se tornaria "um só".

Jung tem uma visão parecida sobre a evolução da humanidade:

A transformação espiritual da humanidade ocorre de maneira vagarosa e imperceptível, através de passos mínimos no decorrer de milênios, e não é acelerada ou retardada por nenhum tipo de processo racional de reflexão e, muito menos, efetivada numa mesma geração.[1]

Mas um dos que advogam atualmente que o mundo está desenvolvendo uma autêntica consciência coletiva é outro pensador francês, o professor Pierre Lévy, da Universidade de Paris-VIII e um especialista em Ciências da Informação e Hipermídia, atualmente se dedicando ao estudo do impacto da internet sobre as sociedades.

Filósofo e sociólogo por formação, Lévy fala muito, em suas palestras, de seu tema preferido, a "inteligência coletiva". Ele chama assim a uma espécie de inteligência compartilhada, que surge da colaboração entre os indivíduos de todo o planeta, que trazem, para formar essa consciência coletiva, suas próprias temáticas pessoais, especialidades e visões de mundo.

Essa inteligência coletiva está em toda parte e, ao mesmo tempo, em lugar algum. Incorpórea, ela se distribui pelas mentes humanas e pelos sistemas virtuais produzi-

---

1 JUNG, Carl G. *Presente e Futuro*. Petrópolis: Vozes, 1989.

dos e operados por essa mentes. Estamos todos sendo ao mesmo tempo fornecedores e consumidores dessa consciência coletiva, que não pertence a nenhum indivíduo ou organização em particular e que influenciamos e pela qual somos influenciados. Para Lévy, a trajetória do homem aponta inevitavelmente para o desenvolvimento humano, mais rápido ou mais lento aqui ou ali, mais rico ou mais modesto acolá... mas na qualidade de algo que acontecerá com todos nós, pelo simples fato de estarmos presentes, vivendo neste mundo tal como hoje se apresenta.

○○○

... Seria mesmo possível?

No entanto, paradoxalmente, o que vemos acontecer no mundo atual, neste exato momento, parece ser, bem ao contrário de tudo isso, muita incompreensão e pouca tolerância, muito discurso de ódio, muita fake news, muito radicalismo, muita corrupção, cupidez e descaso pelo semelhante, não? Geopoliticamente, nos deparamos, no momento, com perplexidade, com um mundo em que as polarizações à esquerda ou à direita são evidentes! Há nele muito nacionalismo e fundamentalismo exacerbados, e muito pouca aceitação do outro. Como então se explica esse paradoxo?

Muitos estudiosos da geopolítica e da geoeconomia dizem isso que apresentei no parágrafo anterior. Não se trata de uma constatação original, portanto, e muito menos minha. Tomo apenas um depoimento para exemplificar esse ponto: o do economista venezuelano Moisés Naím, que vive em Washington e é membro do Carnegie Endowment, organização internacional que trabalha pela paz mundial.

Naím amiúde fala com indignação sobre como o mundo atual se encontra em um estágio de forte rejeição ao que é estrangeiro, por exemplo. Em muitos países, diz ele, a sociedade está tomada por uma "enfermidade política autoimune": uma parte do seu ser está em guerra contra o restante do corpo social. É um sinal dos tempos, ele diz, que haja nas sociedades uma polarização política. Não é que não houvesse polarizações políticas em épocas anteriores; porém, agora, as situações excepcionais de paralisia e caos governamental que essa polarização está provocando tornaram-se a norma. A paralisação do governo dos EUA é apenas o mais recente e mais revelador exemplo desta tendência.

Sigo citando Naím, agora textualmente: "Antes, os governos democráticos conseguiam chegar a acordos com seus oponentes ou armar coalizões que permitiam a

Capítulo 6: De que precisamos para ter um mundo melhor?

tomada de decisões. Agora os rivais políticos com frequência se tornam inimigos irreconciliáveis, situação que impossibilita qualquer acordo, compromisso ou coalizão entre adversários. A polarização é uma pandemia que se globalizou: suas manifestações são evidentes na maioria das democracias do mundo."

"A que se deve a tendência de fragmentação das sociedades em partes que não se toleram? O aumento da desigualdade, a precariedade econômica e a sensação de injustiça social são, sem dúvida, algumas das causas da polarização política. A propagação das redes sociais e a crise do jornalismo e dos meios de comunicação tradicionais também contribuem para estimulá-la." E ele completa: "A polarização política não vai abrandar tão cedo. Muitas de suas causas são poderosas e incontroláveis."[2]

Naím não deixa de ter razão: observador atento que é da geopolítica, ele enxerga no mundo os sérios conflitos entre posições ideológicas, religiosas, étnicas, nacionais e outras, que de fato têm se dado nos últimos anos. E esses conflitos são mantidos e ampliados por meio de frequentes discursos de ódio destilados pelas facções envolvidas, que se atacam entre si e enviam o tempo todo, às toneladas, cápsulas de veneno informativo fake contra seus adversários.

É a pura verdade, sim. Mas, entenda-se o seguinte: Naím (e outros que falam como ele) está se referindo a um estado de coisas conjuntural; às reverberações que se dão no mundo, no momento atual — ele não fala de questões estruturais. E há uma grande diferença entre uma e outra condição: a conjuntura é condição apenas atual, ela descreve o panorama vigente aqui e agora. Mas é um quadro que pode se alterar, e comumente é isso mesmo que acontece, inclusive em pouco tempo.

Perdemos a perspectiva mais ampla, quando estamos imersos na conjuntura, no "olho do furacão", por assim dizer. Achamos, então, que o que está nos acontecendo é definitivo. Não é bem assim: as coisas podem mudar, e geralmente mudam mesmo. Depoimentos desalentados de inúmeros europeus que sofreram as agruras da Primeira (ou da Segunda) Guerra Mundial mostram quanto as pessoas, frequentemente, tomam o momentâneo pelo definitivo quando estão submetidas ao pior do momento atual; quando elas, vendo o que se dá no aqui e agora, quando estão sendo colhidas pelo vendaval, tomam isso como o padrão que vigorará daqui para a frente. É preciso discernimento e inteligência para não se deixar enganar pela conjuntura.

Outro alerta importante para nós de um grande pensador da atualidade contra o perigo de se ficar apenas na conjuntura vem de Peter Diamandis, um dos fundadores da Singularity University (SU). Ao elogiar a genialidade do pensamento "fora

---

2 NAÍM, Moisés. "A polarização é global", São Paulo, *O Estado de S. Paulo*, edição de 21/01/2019, p. A12 (tradução de Terezinha Martino).

Autoconhecimento para um mundo melhor

da caixa" de grandes empreendedores, como Elon Musk (PayPal, Tesla, SpaceX), Larry Page (Google) e Jeff Bezos (Amazon), Diamandis comenta que as pessoas se fixam excessivamente na conjuntura ao tomar decisões, por não conseguir ter uma visão mais ampla da realidade, como conseguiram essas personalidades do mundo dos negócios citadas. Diz Diamandis: "Os seres humanos não captam a larga escala. Nosso cérebro evoluiu para processar um mundo mais simples, onde tudo o que encontrávamos era [apenas] local e linear."[3]

Não custa repetir o que foi dito antes: realmente, quando estamos em meio à conjuntura, sem nos dar conta de ser essa uma forma muito limitada de olhar para a realidade, ela nos parece definitiva. No entanto, por pior que ela possa ser, a conjuntura é apenas temporária e acabará mudando. Por exemplo, celebridades (artistas, atletas, políticos...) percebem bem isso — e sofrem muito, a propósito, quando notam que seu tempo de notoriedade se foi e os fãs já as esqueceram. *Sic transit gloria mundi* (Assim passam as glórias do mundo), adverte a primeira epístola de São João!

As mudanças estruturais são mais demoradas, obedecem a ciclos muito mais longos, e era nessa dimensão que Chardin ou Lévy estavam pensando quando formularam suas respectivas teses, ou Diamandis, quando homenageou em seu livro aqueles três grandes empreendedores.

o o o

Um Novo Iluminismo

Um estudo substancioso a respeito de como o mundo está se transformando em um lugar melhor para se viver (mesmo que a atual conjuntura pareça mostrar o contrário) é o do cientista cognitivo canadense Steven Pinker. Ele constata que está florescendo no seio da humanidade um novo Iluminismo.

Consequência da "revolução científica" havida no final do século 17, o Iluminismo foi um grande movimento em favor da razão e da ciência e contra a superstição e a fé cega em dogmas religiosos que atravessou o século seguinte, até resultar no Liberalismo Clássico, na primeira metade do século XIX. É chamado também "Esclarecimento" (*Enlightment*, em inglês), sendo o século XVIII o "Século das Luzes". Ao homem, até então preso a concepções divinas sobre a Natureza e tudo o que

---

3 DIAMANDIS, Peter H.; KOTLER, Steven. *Oportunidades Exponenciais*. São Paulo: HSM, 2016.

Capítulo 6: De que precisamos para ter um mundo melhor?

acontecia no mundo, o Iluminismo trouxe, enfim, a perspectiva da razão e da ciência como uma nova forma de olhar para tudo que o cercava.

A atual apresentação do livro de Pinker sobre o "novo Iluminismo" é reveladora: "O mundo está realmente desmoronando? O ideal do progresso está obsoleto? Nesta original avaliação da condição humana no terceiro milênio, o cientista cognitivo Steven Pinker nos incita a rechaçar manchetes alarmistas e profecias apocalípticas que vicejam nos dias atuais e influenciam nossa visão de mundo. Basta olhar os dados. Com 75 gráficos impressionantes, o autor demonstra que a vida, a saúde, a prosperidade, a segurança, a paz, o conhecimento e a felicidade estão em ascensão, não apenas no Ocidente, mas em todo o mundo. Para Pinker, esse progresso não é consequência de alguma força cósmica, é uma herança do Iluminismo: a convicção de que a razão e a ciência podem impulsionar o florescimento humano. Longe de ser uma esperança ingênua, o pensamento do Século das Luzes perdura e se desenvolve em nossa sociedade."[4]

Se, com o passar do tempo, o mundo está mesmo se tornando um lugar melhor para se viver, então é inevitável também que discutamos a questão transcendental da universalidade dos direitos humanos, civis e sociais. Refiro-me a direitos do homem que têm tudo a ver com o que vimos analisando aqui. Precisamos cuidar que esses direitos sejam seguidos e respeitados universalmente — o que, infelizmente, ainda não acontece. Mesmo com tantas ocorrências na contramão desses direitos, entretanto, é essencial batalhar por eles, porque é nesse sentido que se dá o movimento planetário, como acreditamos e já discutimos antes.

Direitos humanos só fazem sentido diante da premissa básica de que somos todos iguais, independentemente de gênero, idade, raça, religião, nacionalidade, etnia, cor da pele etc. Mas não esqueçamos que essa ideia — a de que todos os seres humanos são iguais e como tal devemos ser tratados — é, de fato, bastante recente na história de nossa civilização, ainda que por vezes tenhamos a impressão de que ela é tão antiga quanto a própria humanidade. Como mostra a historiadora Lynn Hunt,[5] a concretização da ideia dos Direitos Humanos se apresenta de modo explícito primeiramente na Constituição dos Estados Unidos da América, de 1776, tendo sua confirmação vindo poucos anos depois, na Declaração dos Direitos do Homem, quando da Revolução Francesa, em 1789.

A base dessa ideia encontra-se na noção de que a igualdade é um valor tão fundamental quanto a democracia — e que ambos esses princípios não poderiam ser

---

4 PINKER, Steven. *O Novo Iluminismo — Em Defesa da Razão, da Ciência e do Humanismo*. São Paulo: Companhia das Letras, 2018.

5 HUNT, Lynn. *A Invenção dos Direitos Humanos*. São Paulo: Companhia das Letras, 2012.

devidamente compreendidos em separado da noção de Direitos Humanos — direitos que começam justamente pela aceitação das pessoas umas pelas outras, ou seja, pela nossa aceitação incondicional de qualquer outro ser humano diferente de nós.

Direitos Humanos são direitos que todas as pessoas têm por princípio. Eles são o direito à vida e ao viver com dignidade. Mas acrescentemos a esses também os direitos civis e políticos, que se referem à liberdade das pessoas de ir e vir, de dar à própria vida o rumo que quiser, de escolher sua profissão, de dispor do próprio corpo, de expressar-se livremente, de ter sua privacidade resguardada, de receber tratamento equânime perante a lei, de poder participar politicamente, de votar e ser votado... E acresçam-se a esses, ainda, os direitos sociais, que se referem ao direito de ter um trabalho, de receber por ele um salário digno, de ser proprietário de bens, de acumular riqueza para si e dela usufruir, de ter uma moradia e de ter acesso a saúde, alimentação, educação e lazer.

O direito a tais escolhas essenciais quanto à própria vida e a oportunidades para desenvolver todo seu potencial como ser humano é, portanto, algo bem sofisticado e, historicamente, bastante recente, como vimos. Mas atualmente não temos mais dúvidas de que poder fazer nossas próprias escolhas com liberdade é uma condição *sine qua non* para nosso bem-estar. E é precisamente nessa ideia de liberdade de escolha que repousa meu conceito de desenvolvimento humano, de que falei mais atrás.

O desenvolvimento humano que é possível ter na sociedade tornou-se, enfim, uma efetiva medida de quanto somos evoluídos como povo — uma medida que é, no entanto, diferente da perspectiva oferecida pelo crescimento econômico, que é baseado apenas na renda e na economia. Esta nova medida leva em conta mais que crescimento econômico: leva em conta a amplitude das escolhas possíveis, além da presença, na sociedade, de outras características sociais, culturais e políticas que interferem diretamente na qualidade de vida das pessoas.

Dois economistas de grande percepção, o indiano Amartya Sen (Nobel de economia em 1998) e o paquistanês Mahbub ul Haq, criaram, em 1990, um índice, o IDH (Índice de Desenvolvimento Humano), que é desde 1993 aplicado pelo PNUD (Programa das Nações Unidas para o Desenvolvimento), com as finalidades de avaliar as iniciativas de promoção do desenvolvimento e eliminação da pobreza no mundo e de oferecer orientação às nações nesse sentido.

O IDH se apresenta como uma importante complementação ao PIB (Produto Interno Bruto), indicador utilizado mundialmente para avaliar o crescimento das economias nacionais, isto é, o total de riqueza material produzida por um país a cada ano.

Capítulo 6: De que precisamos para ter um mundo melhor?

Como bem explicam os criadores do IDH, respaldados em dados robustos e nas ponderações da quase totalidade da comunidade de estudiosos dos problemas humanos no mundo, esse tradicional indicador econômico, pode-se ir bem além do PIB para mostrar quão bem vive a população de um país — qualquer país. O PIB pode mostrar que a economia de um povo tem robustez, mas isso não significa que as pessoas que são esse povo estejam tendo suas necessidades plenamente supridas.

Expressões tais como "A economia vai bem, mas o povo vai mal" e alegações usadas para retardar a distribuição mais justa da riqueza no país (do tipo "Primeiro é preciso fazer o bolo crescer, para depois poder dividi-lo") foram bastante ouvidas no Brasil, em diferentes governos e ditas por diferentes czares da economia, ao longo das décadas de república do século XX e início do século XXI. Essas expressões mostram muito bem quão convictamente se cometeu, por tanto tempo no Brasil, o grande erro de atribuir ao PIB a capacidade de avaliar a qualidade da vida da população.

Assim, embora não tenha sido criado, é óbvio, para aplicação no Brasil, e sim como um alerta para revelar o que seria importante para o desenvolvimento da população em qualquer país do mundo, o IDH de Sen e Haq deve ser recebido como um instrumento precioso para uso em nosso país.

O IDH classifica os países em quatro níveis de desenvolvimento humano: "muito alto", "alto", "médio" e "baixo". Inclui nos cálculos que levam a esse classificação dados tais como expectativa de vida da criança ao nascer, educação e PIB per capita. O IDH é também aplicado a entidades subnacionais, tais como estados e municípios.

O PNUD (Programa das Nações Unidas para o Desenvolvimento) sistematicamente avalia o IDH de 188 países, publicando de tempos em tempos, a respeito, o "Relatório de Desenvolvimento Humano (RDH)". No mais recente relatório, divulgado em fins de 2017, projetava-se que em 2018 o Brasil permaneceria na mesma classificação que havia ocupado no ano anterior, a de número 79, situando-se, portanto, no terço intermediário da classificação, com um índice IDH de 0,754, em uma escala de zero a 1 (quanto mais próximo de 1 é o índice, mais significativo se considera o desenvolvimento humano naquele país).[6]

No relatório citado, para efeito de comparação, a Noruega ocupava a primeira colocação no ranking, com índice de 0,949, sendo seguida por Austrália e Suíça, ambas com índice de 0,9397.

Para mim, o IDH é por demais importante, por mostrar que outros fatores, para além dos dados econômicos, também contam, e muito, quando se quer falar de de-

---

6 Cf. *El Pais*: <http://brasil.elpais.com/brasil/2017/03/21/politica/1490112229_963711.html>. Acesso em: 21/01/2019, 11h03.

senvolvimento. Com um tal índice sendo levado em conta pelos governantes, pelos dirigentes de empresas e pelas pessoas em geral, tem-se mais fortemente disseminada na opinião pública a noção de que o bem-estar das pessoas e a qualidade de vida são condições que precisam ser sempre mais valorizadas.

○ ○ ○

À procura da felicidade

Poderíamos valorizá-la ainda mais, entretanto, indo mais fundo na busca dos fatores a partir dos quais se elabora o IDH. Também com o apoio do Pnud, surgiu no Butão, pequeno país localizado no sul da Ásia, na região da Cordilheira do Himalaia, um outro índice de grande importância simbólica: o FIB — Felicidade Interna Bruta.

Como o IDH, também o FIB lastreia-se na ideia de que o bem-estar humano não depende apenas do crescimento econômico do país, mas deve levar em conta igualmente o desenvolvimento psicológico, cultural e espiritual do povo, bem como a relação harmônica desse povo com seu meio ambiente. O FIB é uma declaração inequívoca de que relações sociais saudáveis e um forte senso de pertencimento à comunidade em que se vive são fatores claramente conducentes à felicidade das pessoas.

O índice FIB também se baseia em uma série de fatores; de fato, nove.[7] São eles:

- O bem-estar psicológico, que avalia o grau de satisfação e de otimismo que cada indivíduo tem em relação a sua própria vida, levando em conta sua autoestima, sensação de competência, nível de estresse e atividades espirituais.

- A saúde, que mede a eficácia das políticas de saúde da nação e os hábitos de saúde da população, incluindo-se aí a alimentação e exercícios.

- O uso do tempo pelas pessoas, ou seja, o equilíbrio entre o tempo destinado ao trabalho e o destinado a outros afazeres, tais como o trânsito, o lazer, a socialização com a família e os amigos.

---

7 Cf. < http://www.felicidadeinternabruta.org.br/sobre.html>. Acesso em: 21/01/2019, 11h06.

Capítulo 6: De que precisamos para ter um mundo melhor?

- A vitalidade das comunidades, que avalia os relacionamentos e interações entre as pessoas dentro de suas comunidades, considerando a sensação de pertencimento e iniciativas de voluntariado das pessoas.

- A educação, levando em conta fatores tais como presença de oportunidades de educação formal e informal e o envolvimento dos pais na educação dos filhos.

- A cultura, que avalia eventos e outras manifestações artísticas e festivas, bem como valores, preconceitos e discriminações observados localmente.

- O meio ambiente, verificando-se o acesso à coleta de lixo, à preservação de áreas verdes etc., além da própria consciência ambiental das pessoas.

- A governança, levando em conta a forma como a população enxerga os poderes constituídos e o grau de manifestação da cidadania e do envolvimento da população nos processos políticos.

- O padrão geral de vida, que avalia a renda individual e familiar, a segurança financeira das pessoas, o nível de endividamento, a qualidade das habitações, entre outros itens.

O FIB põe em relevo várias dimensões relacionadas ao autoconhecimento das pessoas, que me interessam especialmente e às quais terei a oportunidade de retomar aqui e ali ao longo deste livro.

O índice permite ver, ainda, que o desenvolvimento individual de uma pessoa, seu bem-estar psíquico e sua felicidade estão fortemente relacionados à sua inteligência emocional, o grau em que cultiva sua espiritualidade, o nível de segurança econômica que tem e seu grau de envolvimento pessoal com as questões mais candentes em sua coletividade e a sociedade em que vive.

É significativo que os Estados Unidos, até o momento a nação mais rica do mundo, não detenha, necessariamente, o mais elevado índice de FIB, muito ao contrário. Isso pode ser verificado, aliás, pela constatação de inúmeros problemas que se verificam nessa sociedade, relativos a consumismo exacerbado, sérios problemas de saúde pública, como a obesidade endêmica e a incidência no uso de substâncias tóxicas e viciantes, o elevado grau de desigualdade de renda, o alto índice de criminalidade em alguns estados, para citar alguns dos problemas mais visíveis.

○ ○ ○

Os avanços científicos e tecnológicos

Entretanto, nossa época pede um olhar mais criterioso, nos países em geral, para o que são ainda outros interesses coletivos também abarcados pelo índice FIB. E, nesse sentido, ao lado daqueles problemas todos, os Estados Unidos são igualmente uma nação que detém um alto índice de produção científica e tecnológica — é dali que sai a grande maioria das inovações que enchem os olhos dos empresários e mexem com a sensibilidade dos empreendedores.

Mesmo nos Estados Unidos, entretanto, vemos que valores muito arraigados, por exemplo, a busca de acumulação de riqueza sem limite, estão gradativamente cedendo lugar a outros valores, como a priorização do conforto e o desenvolvimento de tecnologias que estão em sintonia com um uso racional e consciente dos recursos da natureza e combate ao desperdício.

Mesmo ali, a competitividade a todo custo também passa cada vez mais a conviver com um aumento da solidariedade e a busca de soluções de compartilhamento e exercício do bem comum. Um exemplo bem atual e sintomático disso são iniciativas como as de condomínios, em Nova York, que já disponibilizam veículos elétricos de uso coletivo para seus moradores.

É claramente desestimulada, nesses condomínios, a prática tão consagrada (e até bem pouco tempo atrás insistentemente procurada) de cada morador possuir um ou mais automóveis para uso próprio e exclusivo. Ao contrário, os condôminos são instados a agir de outro modo: devem simplesmente desfrutar de um serviço que lhes é altamente conveniente, por reduzir seus custos, economizar seu tempo e eliminar várias de suas preocupações do dia a dia. Enquanto isso, ao mesmo tempo, eles estarão dando uma contribuição à sociedade e ao meio ambiente, em um exercício de conforto compartilhado e ambientalmente correto e em uma nova e lúcida forma de lidar com o espaço urbano.

Outros exemplos podem ser vistos em diversas grandes cidades do mundo, e também eles certamente configuram tendências já observadas. Em muitas dessas grandes cidades, os habitantes locais já compartilham normalmente bicicletas nas ruas, casas de moradia, táxis e helicópteros.

A SU (Singularity University, do qual um dos fundadores, Peter Diamandis, foi citado antes neste capítulo) é mundialmente conhecida pelos cursos que realiza sobre temas de educação e de tecnologia.[8] A instituição também promove anualmente uma importante conferência global, chamada Singularity Summit. Em cada evento

---

8 Cf. < https://su.org/>. Acesso em: 21/01/2019, 11h39.

Capítulo 6: De que precisamos para ter um mundo melhor?

desses, a SU gera um relatório, que é muito apreciado e valorizado pelas informações, considerações e tendências para o futuro, que apresenta.

No relatório produzido a partir do Summit de 2018 (realizado no Brasil, por sinal), a SU faz previsões para um futuro não muito distante (pouco mais de 20 anos à frente, até 2040), revelando detalhes sobre o que já se convencionou chamar de Indústria 4.0, ou Quarta Revolução Industrial. Mais adiante, em um dos capítulos deste livro, farei referência também a esse importante tema.

O que vale a pena dizer a respeito neste momento, entretanto, é que os avanços em tecnologia poderão vir a nos permitir, por mais paradoxal que isso possa parecer a princípio, uma relação mais salutar com a natureza, enquanto, ao mesmo tempo, virão a dotar as comunidades humanas de maior autonomia para encontrar soluções apropriadas para seus problemas locais — por exemplo, o problema da geração de energia.

A propósito desse ponto, segundo a SU, dentro de 10 a 20 anos, as vendas de veículos elétricos significarão cerca de metade das vendas totais de automóveis no mundo, sendo que a maioria das pessoas não mais terá um veículo de sua propriedade, vindo a recorrer ao transporte solidário via automóveis de posse coletiva.

Em grande parte, esses veículos serão também autônomos, isto é, se autoguiarão, sem a necessidade de atuação humana direta na condução. E mais: haverá entre esses veículos aqueles que circularão não mediante rodas girando sobre o leito carroçável de ruas e estradas, e, sim, dotados de decolagens e aterrissagens verticais e percorrendo as vias de circulação deslizando acima das pistas, sobre uma camada de ar de alguns centímetros, ou mesmo metros, do solo. Se isso parece maravilhoso para muitos, preciso dizer que essa não é uma tecnologia exatamente nova: já nos longínquos anos 1970, grandes barcos de transporte de passageiros, os "hovercrafts", atravessavam o Canal da Mancha, da Inglaterra para a França ou a Bélgica e vice--versa, deslizando sobre as águas, separados desta por um colchão de ar.

Nesse "admirável mundo novo" que se descortina, a energia não poluente (solar, eólica) representará quase 100% do consumo mundial. Robôs domésticos serão comumente empregados nas residências de famílias de classe média, cumprindo tarefas bastante sofisticadas e fazendo leitura labial e reconhecimento facial dos moradores e de visitantes. Enquanto isso, robôs equivalentes estarão sendo úteis em lojas e escritórios, exercendo várias funções, por exemplo, a de recepção e prestação de informações a visitantes.

As impressoras 3D também terão (já têm, na verdade) importante parte ativa nesse novo mundo: sabidamente, elas servem a uma amplíssima gama de propósitos, desde a produção de próteses ósseas sob medida para pacientes de ortopedia ou dentística até a construção de pontes e prédios, passando pelas indústrias da confecção de roupas e a elaboração de protótipos dos mais diversos tipos para toda sorte de indústrias. A consequência mais imediata da tecnologia da impressão em 3D é uma decisiva contribuição para a redução drástica de produtos e bens em circulação, que atravancam o planeta, desperdiçam energia e produzem enormes emissões de gases poluentes na atmosfera.

○ ○ ○

Um capitalismo que leva em conta o homem

Podemos, sim, estar ingressando em uma nova era, em que, cada vez mais, o FIB contará mais do que o PIB. Nas gestão das empresas e nos governos, aliás, isso começa a acontecer a cada vez que dirigentes decidem que precisam de um propósito maior por trás daquilo que fazem ou deixam de fazer.

O que é um propósito? É aquilo que se identifica quando se pensa que qualquer atividade humana deve ser um veículo de bem-estar para outras pessoas, além de apenas seus agentes e pacientes imediatos. Se, por exemplo, um pequeno pecuarista decide fabricar queijos em sua fazendola, onde mantém meia dúzia de vacas leiteiras, seu primeiro pensamento provavelmente será o de aproveitar a matéria-prima que tem à mão — o leite — para fabricar queijo, que fornecerá a vizinhos e moradores da localidade em que reside, quem sabe também a estabelecimentos comerciais da região e, quem sabe ainda, até mesmo a comerciantes de outras regiões mais distantes.

Tudo bem até aí. Como um pequeno empresário, esse pecuarista estará visando obter algum lucro honesto com seu produto — isto é, ele almeja vendê-lo em quantidades e a preços adequados, mas suficientes para compensar os custos tidos para fabricar, conservar, embalar e transportar seus queijos e ainda obter uma margem adicional de rendimento que considere satisfatória.

Isso é bom. Um sujeito como esse nosso personagem hipotético pode ser considerado um empresário legitimamente interessado em ganhar a partir de seu empreendimento, tocado com seu próprio esforço e oferecendo aos seus consumidores um

Capítulo 6: De que precisamos para ter um mundo melhor?

produto que lhes trará um valor apreciável em termos de sabor, qualidade nutritiva, disponibilidade no mercado, informações úteis sobre o produto, preço etc.

Mas se o nosso pecuarista resolver pensar um pouco além do limite estabelecido pelo seu consumidor, talvez comece a se fazer algumas perguntas que usualmente não fariam parte da lista de perguntas que se fazem os empresários em geral quando pensam em produtos, serviços, clientes e mercado, tais como:

- Minhas vacas, que dão esse leite, estão sendo bem cuidadas?

- Os queijos que produzo são fabricados de modo a não causar nenhum prejuízo material ou imaterial a quem quer que seja?

- Estou praticando preços justos no mercado?

- Pago meus impostos religiosamente em dia?

- As pessoas que contrato para me ajudar estão sendo contratadas de acordo com o que reza a lei?

- O lucro que obtenho pelo produto que ofereço é compatível com o que se pratica no mercado?

- Minhas operações protegem o ambiente, ao invés de prejudicá-lo de algum modo?

- Os consumidores e mesmo os distribuidores de meus queijos estão recebendo informações oportunas e necessárias sobre meu produto?

- Qual é meu diferencial neste negócio? Estou efetivamente contribuindo, de forma direta ou indireta, para a comunidade?

Essas são apenas algumas das perguntas que é necessário fazer quando se é um empresário, nos dias de hoje, para se chegar a um propósito, uma causa, um princípio moral que deve governar os negócios.

Em resumo, já não é possível pensar em externalidades em relação ao seu negócio, qualquer que seja este: seu negócio sempre impactará de alguma forma, em maior ou menor grau, outros públicos e outros ambientes que estão além daqueles que parecem ser os imediatamente interessados e implicados.

Algumas décadas atrás, a expressão "ganha-ganha" apareceu no vocabulário dos empresários, consultores e dirigentes de empresa, com um princípio essencial nas negociações: toda negociação deveria ser "ganha-ganha", isto é, beneficiar adequadamente a ambos os lados.

Entretanto, a expressão encerra uma falácia, pois não leva em conta a necessidade de que também "ganhem" aqueles que estão, não direta, mas apenas indiretamente envolvidos no negócio — pois como é possível aceitar, atualmente, que os que negociam possam obter vantagens em detrimento de um terceiro?

Por exemplo, se você questionar o dono de um restaurante que armou suas mesas na calçada à frente da entrada, pensando em tornar o ambiente de seu estabelecimento mais agradável e convidativo para seus clientes, ele poderá responder argumentando que essa é uma medida "ganha-ganha": ele ganha, porque chama mais clientes, e cada cliente ganha, porque tem mais conforto e bem-estar. No entanto, *não* ganha (e, sim, perde), com essa medida, o transeunte, que é obrigado a transitar pela rua, onde passam os veículos. Além do transeunte, tampouco ganha (e, sim, perde) a própria cidade, cujo espaço é usado indevidamente por um usuário que não paga imposto por isso.

O mundo capitalista tradicional é useiro e vezeiro em ignorar custos adicionais obrigatórios que as empresas, sem o saber (ou sabendo-o, mas fingindo não saber), chamam de externalidades — custos que não querem que caiam em sua conta.

Milton Friedman (1912-2006), o famoso economista da Universidade de Chicago, era um ferrenho defensor das externalidades. Com outras palavras, o princípio básico que ele costumava defender era essencialmente este: se o empresário paga seus impostos, contrata seus funcionários dentro da lei, oferece produtos e serviços úteis à sociedade, então que contribuições mais se pode esperar que ele venha a oferecer à sociedade? Ele já *está* oferecendo a esta tudo que deve oferecer!

Mas, de fato, não é bem assim: cada vez mais os compromissos do empresário — e do governante, do legislador e, em última análise, do próprio cidadão, *Homo politicus* que é —, vão além daqueles que são imediatamente visíveis. No mundo interconectado de hoje, em que tudo está entrelaçado, já não existem realmente externalidades em relação às quais o *Homo politicus* possa, em sã consciência, dizer algo como "isso não tem a ver comigo". Sempre tem!

Algumas décadas atrás, nos anos 1970, um economista alemão de origem inglesa, E.F. Schumacher, já havia externado, em uma época em que poucos enxergavam o problema, seu ponto de vista totalmente contrário a esse exposto. O livro de Schumacher a respeito, que se tornou um best-seller no mundo todo, chamava-se *Small*

Capítulo 6: De que precisamos para ter um mundo melhor?

Is Beautiful: A Study of Economics as if People Mattered, traduzido no Brasil com o título muito pouco elucidativo *O negócio é ser pequeno*.[9]

O livro é uma coleção de ensaios sobre os problemas envolvendo o capitalismo e a natureza. Schumacher consagrou essa frase, ouvida por ele de seu professor e mentor, Leopold Kohr, usando-a para nomear seu livro: "Small is beautiful".

O que ambos queriam dizer com isso era que as sociedades não deveriam perseguir tão alvoroçadamente as novas tecnologias por si mesmas, mas sempre escolher tecnologias que fossem apropriadas a suas necessidades — e essas necessidades passavam, obrigatoriamente, pelo empoderamento das pessoas, não das organizações e instituições. Esse seria o grande propósito de qualquer organização. Em outras palavras, não era verdade, dizia Schumacher, que "quanto maior o lucro, melhor", como pregavam (e ainda pregam, em muitos casos) os defensores de um capitalismo não consciente.

Levando em conta a época em que foi publicado, é compreensível que o livro de Schumacher — e suas ideias — tenha recebido uma saraivada de críticas vindas de luminares da economia ocidental, especialmente quando se pensa que o próprio ano de seu lançamento (1973) foi também o ano que marcou o início do próprio processo de globalização, além de ser, ao mesmo tempo, o ano em que o mundo enfrentou o primeiro choque do petróleo, com a crise econômica que veio em seguida. Hoje, entretanto, vemos que Schumacher foi profético em suas análises e previsões!

Assim, a busca de um propósito para nossos negócios ou empresas é um "must", nos dias atuais. É nessa expectativa que muitos estudiosos do capitalismo hoje se apoiam, buscando ingredientes que efetivamente contribuam para uma maior felicidade das pessoas na sociedade.

No plano individual, também as pessoas estão em busca de um propósito. Cada vez menos gente entende que vive e trabalha para ganhar dinheiro e acumular bens — e cada vez mais pessoas estão dispostas a abrir mão disso para, em seu lugar, buscar a espiritualidade, a paz interior e a convivência harmônica com a família, a comunidade e a sociedade como um todo.

Uma pessoa que encontra para si um propósito na vida cotidiana e no trabalho realmente parece, a si mesma e aos outros, bem mais realizada do que a média das pessoas. E a busca de um propósito nesses dois planos, o individual e o organizacional, tem, em última análise, um mesmo ponto de partida, que é, volto a enfatizar,

---

9 SCHUMACHER, E.F. *O Negócio É Ser Pequeno*. Rio de Janeiro: Zahar, 1979 (tradução de Otávio Alves Velho).

o autoconhecimento — sendo essa premissa, no caso das organizações, a que deve mover prioritariamente o trabalho do seu líder máximo.

Acredito tanto na promoção do autoconhecimento pelas pessoas, que fiz disso, convictamente, meu propósito — muito além de fazer disso meu ganha-pão. Sobre esse ponto, lembro-me frequentemente de uma frase que ouvi do professor Harry Palmer, autor do best-seller *Vivendo deliberadamente*,[10] no Curso Avatar de Desenvolvimento Pessoal: "Um indivíduo, uma organização ou mesmo uma civilização continuarão a crescer fortes, contanto que tenham metas claras e convidativas. Quando se envolvem em ações não alinhadas com seus verdadeiros propósitos, eles começam a morrer, primeiro espiritualmente, em seguida mentalmente e, finalmente, fisicamente."

O autoconhecimento, que é o ponto de partida para acharmos o propósito que nos norteará e dará sentido a tudo o que fazemos, pode e deve ser trabalhado no processo de desenvolvimento humano. Nesse trajeto, um amplo conjunto de valores deve ser discutido; mas igualmente há ferramentas que terão de ser usadas para nos auxiliar no desenvolvimento de nossa inteligência emocional.

A inteligência emocional pode ser desenvolvida de várias maneiras, inclusive por processos de coaching, em que podemos trabalhar e burilar nossos pontos fortes e frágeis, enquanto ao mesmo tempo descobrimos maneiras de melhorar nossas competências, nossa flexibilidade em sua utilização e a produtividade que obtemos por meio delas.

○ ○ ○

Ensinamentos fundamentais de Jung

Muitas das técnicas que apareceram como fruto apenas de intuição dos profissionais de coaching e há décadas são utilizadas, bem como muitas teorias psicológicas desenvolvidas há muito tempo, tiveram sua eficácia comprovada pela neurociência, tema de nosso próximo capítulo.

Um exemplo de como conhecimentos já antigos se renovaram por essa via são as recentes pesquisas que comprovam a teoria dos oito tipos psicológicos de Jung, os quais serviram de base para o teste de avaliação de personalidade MBTI®.

---

10 PALMER, Harry. *Vivendo Deliberadamente: A Descoberta e o Desenvolvimento do Avatar*. São Paulo: Gente, 2001.

Capítulo 6: De que precisamos para ter um mundo melhor?

Em 1921, Jung escreveu um de seus mais importantes trabalhos nessa área, um livro chamado *Tipos Psicológicos*.[11] Nele, o autor apresenta duas predisposições básicas das pessoas em relação ao ambiente em que vivem: extroversão e introversão. Há indivíduos mais propensos a direcionar sua atenção para o mundo externo, das outras pessoas e objetos (os extrovertidos), ao passo que outros são mais propensos a focar em seu mundo interno, nas próprias impressões e representações psíquicas (os introvertidos).

Esses dois tipos de propensão são bem mais do que apenas preferências pessoais — não se trata de algo que as pessoas escolham voluntariamente, de acordo com seus desejos. São realmente disposições físicas, inscritas em nossos neurônios, que presidem em cada um de nós a forma natural de nos relacionarmos com o mundo, algo semelhante, por exemplo, à nossa propensão para um tipo de lateralidade — o uso da mão direita ou da mão esquerda.

Embora didaticamente aplique essas classificações às suas análises sobre as pessoas, Jung ressalta que ninguém pode ser considerado exclusivamente introvertido ou exclusivamente extrovertido: "Ambas essas inclinações coexistem nas pessoas, embora quase sempre uma delas predomine, por ter sido mais treinada e mais reforçada como prática adaptativa, nas situações do dia a dia. A extroversão cochila no fundo do introvertido, como uma larva — e vice-versa", reflete Jung (p. 48).

Além dessas características (os tipos extrovertido e introvertido), Jung sugere também quatro funções psicológicas fundamentais do ser humano, que são: pensar, sentir, intuir e perceber. Todo indivíduo apresenta essas quatro funções em maior ou menor proporção. Ao combinar a tendência à extroversão ou à introversão com essas funções, Jung apresentar oito perfis de personalidade, que são:

- **Reflexivos extrovertidos:** pessoas objetivas e racionais, que gostam de identificar, classificar e ordenar fatos, visando entender a realidade. Acreditam basicamente apenas no que podem comprovar. Podem se tornar insensíveis e manipuladoras em seus relacionamentos pessoais e profissionais.

- **Reflexivos introvertidos:** pessoas inteligentes e imaginativas, mas sem grande habilidade social. Costumam ser teimosas, obstinadas, e muitas vezes podem ser vistas como interessantes ou excêntricas.

- **Sentimentais extrovertidos:** pessoas gentis, afetuosas, empáticas e comunicativas. Cultivam amizades facilmente e adoram companhia. Sofrem quando se sentem ignoradas ou rejeitadas e tendem a desenvolver dependência emocional em relação às pessoas mais próximas.

---

11 JUNG, C.G. *Tipos Psicológicos*. Petrópolis: Vozes, 1971 (tradução de Álvaro Cabral).

- **Sentimentais introvertidos:** pessoas retraídas, quietas e solitárias. Geralmente preferem passar despercebidas e podem apresentar traços de melancolia. Apesar disso, são muito éticas, fiéis e sensíveis aos problemas dos outros.

- **Perceptivos extrovertidos:** pessoas que costumam apresentar uma veia mais mística, bem como têm forte identificação com objetos que lhes pertencem. São muito atentas a detalhes e priorizam a busca pelo prazer. Não apreciam rotinas, nem se interessam por ideias muito subjetivas.

- **Perceptivos introvertidos:** pessoas dotadas de grande capacidade sensória, que valorizam as formas, as cores e as texturas como meio de expressão. Têm personalidade pendendo fortemente para o lado artístico, estando sempre dispostas a experimentar coisas novas e estimulantes. Costumam também ser distraídas, indisciplinadas e imediatistas.

- **Intuitivos extrovertidos:** pessoas reconhecidas por sua agitação e seu espírito aventureiro. Gostam de estabelecer metas e as atingir em sequência. Podem se mostrar bastante indiferentes aos desejos e necessidades dos outros.

- **Intuitivos introvertidos:** pessoas hipersensíveis a estímulos, que praticamente "adivinham" ou preveem o que os outros pensam ou sentem. São indivíduos sonhadores, idealistas e criativos. Dada sua imaginação fértil, é muito difícil para essas pessoas agir de forma prática ou compenetrada.

Embora não seja uma unanimidade absoluta, o fato é que a teoria junguiana dos tipos conquistou inúmeros adeptos ao redor do mundo, vindo a proporcionar, ao longo do tempo, inestimáveis contribuições para a compreensão do ser humano e de suas atitudes, preferências e condutas.

Segundo o MBTI®, que se baseia nessa teoria de Jung, esses oito tipos se organizam em quatro pares opostos — ou dicotomias —, que configuram maneiras específicas de pensar e agir. São elas:

1. Extroversão x introversão

2. Sensação x intuição

3. Pensamento x sentimento

4. Julgamento x percepção

Capítulo 6: De que precisamos para ter um mundo melhor?

Essas dicotomias definem, respectivamente: (1) o modo como nos motivamos na vida; (2) o modo como buscamos e assimilamos informações; (3) o modo como tomamos decisões; e (4) o modo como organizamos nosso dia a dia e o curso de nossa existência.

Descrevendo rapidamente cada uma dessas instâncias, temos:

1. A extroversão define aquelas pessoas que se alimentam mais fortemente da energia do exterior, interagindo com os outros; em oposição à introversão, em que se encaixam aquelas pessoas que encontram sua vitalidade internamente, por meio da reflexão.

2. Ao buscar informações, podemos agir com base em dados e fatos que nossos sentidos nos trazem (sensação), ou procurando, por meio de uma espécie de "sexto sentido" (intuição), o conhecimento, em sistemas, padrões e interrelações.

3. Quando tomamos decisões, podemos ser lógicos e objetivos (pensamento), ou nos basear em crenças e valores, priorizando, por exemplo, a harmonia com as pessoas e fugindo a confrontos (sentimento).

4. Por fim, quanto à forma de levar a vida, podemos nos mostrar organizados e metódicos, com pouca margem para improviso (julgamento), ou então flexíveis e adaptáveis (percepção).

A partir desses quatro pares, na versão de assessment MBTI® Step I (que nos auxilia sobremaneira no autoconhecimento e no conhecimento dos outros) são apontados 16 possíveis perfis. A tabela apresentada a seguir mostra esses perfis.

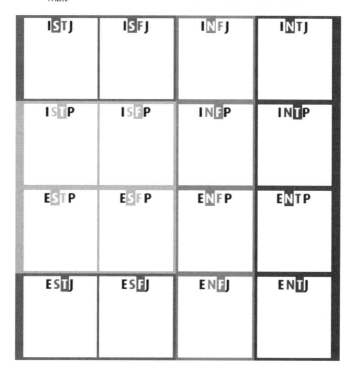

Figura 6.1

Na versão Step II, o MBTI® vai além da definição básica do tipo psicológico do indivíduo, procurando traçar de maneira mais aprofundada e detalhada a dinâmica de sua personalidade, com suas nuances e gradações específicas.[12]

O professor Dario Nardi, da Universidade da Califórnia, *campus* de Los Angeles (UCLA), estabeleceu uma conexão entre a neurociência e a psicologia, tendo descoberto que esses 16 perfis correspondem, na realidade, a diferentes maneiras de as pessoas usarem o cérebro.

Exames realizados com o auxílio da eletroencefalografia, que mede a atividade elétrica no neocórtex do indivíduo, mostraram que cada perfil ativa mais diretamente determinadas regiões cerebrais — muito embora o cérebro humano seja ainda mais flexível que isso, podendo, mesmo as pessoas que apresentam o mesmo perfil, exibir preferências até certo ponto distintas.

---

12 Ver mais informações no Anexo, ao final.

O auspicioso, todavia, é que aquilo que antes eram características pessoais apenas intuídas e observadas agora podem ser visualizadas a partir de instrumentos mais precisos. Determinadas regiões do cérebro "acendem" naquelas pessoas que fazem escolhas com base em dados concretos e são racionais nas decisões, enquanto outras regiões do cérebro é que se destacam no caso das pessoas que decidem respaldadas por valores pessoais e usando predominantemente a empatia, ou quando o decisor é alguém metódico, que age sistematicamente com base em planejamento e controle, e assim por diante.

Apoiados por esses recursos tecnológicos, nos é possível hoje constatar com muito maior precisão as diferenças no uso do cérebro por parte de pessoas que recaem em diferentes categorias propostas pelo asssessment através do MBTI®.

Ficou bem mais fácil e objetivo, consequentemente, o processo de desenvolvimento da inteligência emocional das pessoas, como condição auxiliar (mas de grande importância) na busca do autoconhecimento — o que, por seu turno, é condição essencial para que encontremos, cada um de nós, um verdadeiro propósito na vida.

Não temos dúvida de que nós, seres humanos, vimos tendo em mãos, à medida que os anos passam, ferramentas cada vez mais competentes para nos avaliarmos e para evoluirmos como indivíduos e como coletividade.

No próximo capítulo, abordaremos com algum detalhe algumas questões importantes que têm sido desvendadas a partir dos estudos feitos sobre o cérebro humano e seu funcionamento e a contribuição que tais estudos têm representado para a Psicologia e outras ciências humanas. A ciência cognitiva, ou neurociência, é uma das disciplinas que mais têm avançado a partir de intensas e produtivas pesquisas recentes. E seus achados e conclusões vêm diretamente ao encontro do propósito deste nosso livro, de discorrer sobre os conceitos, as teorias e as práticas que podem nos ajudar a melhor entender a desenvolver o autoconhecimento.

○ ○ ○

Neurociência: via para o conhecimento do conhecimento

Existo, logo penso!
F. Nietzsche, em ***A Gaia Ciência***

O porquê deste capítulo

Falar de neurociência é muito importante neste ponto do livro, como o é no momento tão especial que vivemos na sociedade humana. E penso que uma questão essencial a respeito é nossa franca tendência a viver mergulhados em hábitos. Nosso cérebro usa o tempo todo mecanismos muito eficientes para nos levar a ser quase sempre totalmente "automáticos" em nossas respostas a praticamente tudo. Assim, é essencial entender como o cérebro funciona e como usa essa forma de lidar com a realidade.

Nosso cérebro é, sobretudo, imediatista e acomodado, preferindo sempre fazer o que já fez antes e seguir a lei do mínimo esforço, por isso prefere dirigir nossos atos por meio de vícios, e não virtudes: desenvolver virtudes dá muito trabalho! Desenvolver vícios não: trata-se meramente de uma questão de inércia, de se deixar levar!

O que acontece é que o córtex pré-frontal tem uma severa limitação de espaço para as memórias e, por causa disso, sempre corre o risco de não absorver muito do que lhe é enviado pelo meio exterior e ter de deixar de lado a maior parte dos estímulos vindos de fora e que podem ser importantes para nossa sobrevivência. Assim, o que faz o cérebro? Ele simplesmente grava tudo que pode, para poder reproduzir de forma automática. Esse é um sério viés de nosso cérebro: fazer tais generalizações entre coisas que parecem significar o mesmo que já vivemos antes.

É fácil exemplificar esse fenômeno mostrando o que acontece em muitos momentos com a tecnologia que temos embarcada nas mídias sociais (já que em boa parte essa tecnologia é baseada em analogias com o funcionamento de nosso cérebro): digamos que você escreva a alguém pelo WhatsApp e use uma palavra nova, digamos D'Avila (o sobrenome de alguém). Em uma primeira vez, segunda, talvez a terceira em que digita esse nome, você terá de tomar cuidado ao escrever "D'Avila", porque o algoritmo do seu Zap não reconhece a palavra como um padrão. Mas ele aprende logo. E, assim, aí pela quarta ou quinta vez que você põe na telinha do celular um "D" seguido de um apóstrofo ('), seu Zap imediatamente reconhece que você vai escrever "D'Avila" e já completa a palavra. O problema é que você talvez não queria escrever D'Avila desta vez, e, sim, D'Alessandro, D'Alembert ou D'Artagnan. O que aconteceu vem do fato de que o algoritmo de seu WhatsApp "aprendeu" a completar o nome "D'Avila" quando se defronta com a sequência de signos "D'A".

O mesmo acontece com os algoritmos neuronais de nosso cérebro, que nos induzem a repetir o que já fizemos antes, a fim de gastarmos o mínimo de energia em nossos pensamentos, sentimentos e ações. O cérebro, portanto, automatiza tudo que pode, para economizar energia: salva todas as conexões disponíveis, para acessá-las sempre que pareça ser o momento de usá-las. Por isso é que a gente segue distraidamente o mesmo trajeto todo dia para o trabalho, ou não percebe os movimentos que faz quando se veste, ou toma banho, ou dirige o carro na rua, ou leva a comida à boca e mastiga nas refeições. Está tudo automatizado!

O problema é que a gente não automatiza apenas esses atos em que a automatização nos é benéfica. Para o cérebro, aliás, "benéfico" significa uma única coisa:

108   Autoconhecimento para um mundo melhor

"aquilo que gasta menos energia", nada mais que isso. Assim, o cérebro nos leva a automatizar também nossas percepções, nossos sentimentos e nossas crenças.

Desde os primeiros momentos da infância, em que começamos a observar o mundo, vamos guardando imagens e impressões que recebemos, vindas de nosso ambiente familiar, de nossa comunidade, da escola, e tudo aquilo acaba tendo para nós um valor de verdade. Se, ainda pequeno, experimento o sabor do quiabo na refeição e não gosto, mas mamãe me obriga a comer porque "faz bem", posso, com o tempo, vir a ter um tipo de relação bem estranha com o quiabo, que inclui um conjunto complexos de hábitos acerca desse legume: (1) não gostar dele, mas (2) obrigar-me a comê-lo e (3) justificá-lo com a alegação de que quiabo "faz bem", o que quer que isso possa significar. Pode ser até que eu repita esse padrão na educação alimentar do meu filho, anos depois!

É assim que a gente acaba assumindo reações meramente automáticas também em questões que se tornam valores para nós, sem que tenhamos feito qualquer reflexão consciente sobre tais valores e sem considerar se, de fato, esses são "valores", ou avaliar se quero ou preciso deles atualmente. Pode ser que não precise! Pode ser que hoje eles não passem de crenças limitadoras de minha capacidade de agir ou progredir ou aprender!

Uso alguns exemplos com meus clientes quando quero mostrar isso. Por exemplo, posso perguntar qual é a cor de camisa de que ele (ou ela) mais gosta. A essa resposta, a pessoa quase invariavelmente apresenta uma cor, sem dificuldade. Mas quando lhe peço que classifique em uma escala de 0 a 10 quanto ela gosta dessa cor de camisa, geralmente a pessoa embatuca. Depois de um momento, poderá apresentar um número, com convicção ou de forma hesitante. Mas não importa; o importante é que ela não conseguiu responder sem pensar antes!

É disso que estou falando: para a primeira pergunta, a pessoa tem uma resposta automática, mas para a segunda, não. O que acontece quando faço a segunda pergunta? Retiro a pessoa de um uso automático de uma imagem mental, requerendo dela que raciocine, isto é, que coloque energia na busca de uma resposta, pois esta não lhe vem à mente automaticamente, não está pronta, como na primeira pergunta. Ou seja, quanta coisa fazemos no dia a dia que não avaliamos, não consideramos, mas apenas lançamos como atos automáticos?

Entender processos como esse, da neurociência, é fundamental para nos conhecermos. Entendendo melhor os mecanismos pelos quais o cérebro funciona, poderemos perceber quanto a gente, de fato, *não* se conhece, oculto que nosso verdadeiro

Capítulo 7: Neurociência: via para o conhecimento do conhecimento

ser está por trás de uma espessa camada de hábitos! Por conseguinte, o autoconhecimento passa também pela neurociência.

Voltando à questão de nossos automatismos, se eu não souber que esse mecanismo existe, ou se não o entender bem, provavelmente não perceberei tampouco que eu mesmo possuo percepções automatizadas das pessoas e de suas ações, sem estar de fato exercendo meu pensamento crítico a respeito. Posso, por exemplo, concluir precipitadamente (e sem tomar consciência de que o faço) que não devo confiar em uma pessoa só porque ela usa bigode, ou tem barba bem aparada, ou é careca, ou tem sobrancelhas grossas, ou emite um ruído característico quando ri... apenas porque meu cérebro me habituou a associar esses traços fisionômicos com uma atitude de rejeição.

Inúmeras vezes, portanto, nossos julgamentos estão completamente desatualizados, não valeriam mais nos dias de hoje, mesmo que algum dia tenham nos protegido de perigos ou feito algum sentido para nós. Pessoas podem, por exemplo, assustar-se em um cruzamento quando um indivíduo maltrapilho se aproxima do seu carro, mas não se proteger quando se aproxima um sujeito bem vestido, simplesmente porque seu cérebro automatizou a percepção de que assaltantes são gente pobre e maltrapilha — quando, de fato, não existe mais qualquer padrão referencial aceitável quanto à aparência de um bandido!

Assim como, quanto aos estímulos externos, não exercemos nosso espírito crítico, mas permanecemos no hábito, também exercemos poucos pensamentos críticos sobre nossa própria pessoa. Frequentemente não consigo distinguir quem de fato sou de quem estou acostumada a achar que sou! E isso influencia diretamente as escolhas que faço em minha vida.

E este é um assunto muito importante, porque escapar a esses automatismos nos ajuda a elucidar a qualidade de muitas de nossas escolhas mais importantes, fazendo com que deixemos de lado sentimentos vãos de orgulho, por exemplo, ou vaidades inúteis, autovalorizações egoicas burras, frequentemente tão determinantes em nossas piores decisões!

o o o

A mente e a consciência

Conhecer um objeto qualquer é ter as informações apropriadas sobre ele, bem como dominar as práticas de se lidar com esse objeto sempre que for necessário. Se estamos falando de autoconhecimento, então esse objeto que devemos conhecer é... a nós mesmos! Isto é, se temos autoconhecimento, isso pressupõe que temos algum conhecimento relevante sobre nós mesmos, conhecimento por certo decorrente de reflexões que fizemos sobre aquilo que pensamos, sobre como agimos, sobre como nos sentimos...

Mas não estamos interessados aqui em discutir exatamente o conhecimento, e, sim, o metaconhecimento, isto é, o conhecimento do conhecimento. Por exemplo, digamos que lemos em uma revista um artigo sobre talentos nas empresas. Se conhecemos algo do assunto, ponderamos sobre as ideias e teses apresentadas pelo autor e concordamos ou não com elas. Se conseguimos fazer isso, podemos dizer que temos algum conhecimento desse objeto de que o artigo trata: talentos nas empresas.

Podemos ir além e concordar ou não com o que diz o autor. Nesse caso, tiramos nossas conclusões sobre a questão de que ele está tratando no artigo, e damos a nós mesmos uma demonstração de que conhecemos ao menos razoavelmente aquele tema. Poderemos até criticar e fazer correções sobre o que o autor está dizendo sobre o tema. Nesse caso, mudamos o objeto de nosso conhecimento: esse objeto já não é o tema "talentos na empresa", mas, sim, a qualidade ou capacidade de argumentação do articulista.

Mas vamos dar um passo mais além: poderemos agora fazer julgamentos sobre a qualidade de nossas próprias críticas aos argumentos do articulista: nós nos perguntamos se aquilo que estamos dizendo sobre a fala dele é relevante ou irrelevante. Ou colocamos em dúvida se nossos comentários pessoais fazem algum sentido. Podemos confiar nisso que estamos dizendo sobre a argumentação do articulista? Podemos afirmar que estamos sendo imparciais no que dizemos? Que não estamos contaminados por eventuais preconceitos que temos sobre essa pessoa (ou sobre essa revista, ou sobre o tema tratado)?

Nesse terceiro caso, nossas observações já não versam sobre o primeiro objeto mencionado (o tema "talentos nas empresas"), e também não versam sobre o segundo objeto (as opiniões do articulista que discorre sobre "talentos nas empresas"). Nossas observações versam sobre um terceiro objeto: a qualidade de nossas próprias ponderações sobre os argumentos apresentados pelo articulista a respeito do tal assunto.

Capítulo 7: Neurociência: via para o conhecimento do conhecimento

Ser objetivo e imparcial a respeito deste terceiro objeto é muito mais difícil e complexo do ser objetivo e imparcial acerca dos dois outros objetos. E por quê? Porque, neste terceiro caso, somos tanto sujeito quanto objeto de nossa fala: sou eu quem fala, e sou eu também aquele sobre quem se fala!

Aí está: chegamos à questão crucial da *consciência*, como nos mostra um grande estudioso do assunto, o neurocientista português radicado nos Estados Unidos, António R. Damásio. Damásio fez da consciência o grande tema de suas pesquisas. Mas deixemos que o cientista apresente a questão em suas próprias palavras:

> *A consciência é um fenômeno inteiramente privado, de primeira pessoa, que ocorre como parte de um processo privado, de primeira pessoa, que denominamos mente. A consciência e a mente, porém, vinculam-se estreitamente a comportamentos externos que podem ser observados por terceiras pessoas. Em todos nós ocorrem estes fenômenos — mente, consciência na mente e comportamentos — e sabemos muito bem como eles se correlacionam entre si, primeiro graças à autoanálise, segundo em razão de nossas propensão natural a analisar os outros.*[1]

Nessa breve fala de Damásio, dois termos merecem atenção especial: um deles é "autoanálise", o outro é "mente".

O exemplo que escolhi dar antes, no início do capítulo, é de um caso de... autoanálise: se eu critico minhas próprias críticas sobre as críticas do articulista, então é a mim próprio que estou analisando. Estou, portanto, fazendo autoanálise.

Freud não confiava nesse método: por um lado, não confiava na capacidade da mente consciente (a mente consciente de *qualquer* pessoa) de conseguir acessar devidamente o inconsciente, a fim de extrair dele o que fosse mais importante na história pregressa do paciente. Freud não acreditava que a mente consciente tivesse esse poder.

Por outro lado, ele também desconhecia os limites do inconsciente. Ele não sabia que profundidade teria esse misterioso repositório de antigas e fundamentais memórias cognitivas e afetivas tão complexas, pouco compreensíveis e em grande parte inacessíveis. Freud nem pensava que algum dia seria possível mapear todo o conteúdo desse incomensurável depósito de rememorações de que cada um de nós dispõe. Ao apontar três modos de acesso ao inconsciente (o sonho, o lapso e a associação

---

1 DAMÁSIO, António R. *O Mistério da Consciência — Do Corpo e das Emoções ao Conhecimento em Si*. São Paulo: Companhia das Letras, 2015, p. 22 (tradução de Laura Teixeira Motta, revisão técnica de Luiz Henrique Martins Castro).

Autoconhecimento para um mundo melhor

livre), o gênio da psicanálise estava ciente de que, com essas ferramentas, tão somente arranharia a superfície do inconsciente de seus pacientes, colhendo conteúdos que estivessem já bem aflorados, podendo até mesmo ser considerados "subconscientes", em vez de "inconscientes". Mas, para ele, isso já parecia satisfatório, caso fosse possível, dessa forma, livrar seu paciente do sofrimento psíquico que vivia e construir com ele uma história pessoal coerente e plausível.

Uma de suas discípulas, que nesse sentido ousou pensar diferente do mestre, foi Karen Horney, que via na autoanálise, sim, algum proveito: essa variante do método psicanalítico poderia ser utilizada com instrumento auxiliar do paciente, na construção de sua identidade psíquica. Autoanálise era, aliás, o que de fato o paciente acaba mesmo fazendo, no tempo que passava entre as sessões de psicoterapia:[2] nas sessões propriamente ditas, o psicoterapeuta escutava o inconsciente do paciente e selecionava um material vindo diretamente desse inconsciente, para ser refletido pelo próprio paciente nos dias que se seguiriam. Assim, até a chegada da próxima sessão, o próprio paciente fazia uma "lição de casa": sua autoanálise sobre esse material.

A outra palavra-chave para a qual chamei a atenção do leitor antes foi "mente". O que é mente? Um impressionante conjunto de imagens, de inúmeros objetos, eventos e relações entre objetos e eventos, vivenciados no espaço e no tempo, e que são configurados no cérebro pela intensa atividade de células nervosas, em algum layout elaborado pelos circuitos neurais.[3]

Voltarei mais adiante a este assunto. Porém, é importante destacar desde já, com base nessa definição, que a mente não é propriamente um *lugar*. O lugar em si é, na realidade, o sistema nervoso central; a mente é um produto virtual das operações que se dão nesse sistema. Mal comparando, a mente está para o sistema nervoso assim como um software está para o hardware: o conteúdo da mente é como que o conteúdo produzido por um software, que é abrigado por um hardware, o nosso sistema nervoso.

Em seu livro *A Estranha Ordem das Coisas*, Damásio nos põe em contato com o grande mistério da consciência, que somente existe no homem, e não nos outros animais. Essa consciência é produto da complexidade que nosso sistema nervoso atingiu em sua trajetória evolutiva. Essa complexidade levou nosso sistema nervoso a se tornar algo muito, muito mais sofisticado do que o sistema nervoso de qualquer outro animal, inclusive os vertebrados, inclusive os mamíferos e inclusive os quatro

---

2 HORNEY, Karen. *Conheça-se a Si Mesmo*. Rio de Janeiro: Bertrand Brasil, 12ª edição, 1991.

3 DAMÁSIO, António R. *A Estranha Ordem das Coisas — As Origens Biológicas dos Sentimentos e da Cultura*. São Paulo: Companhia das Letras, 2018, p. 91 (tradução de Laura Teixeira Motta).

Capítulo 7: Neurociência: via para o conhecimento do conhecimento

outros primatas considerados mais inteligentes de todos (excetuando-se o homem), quais sejam: chimpanzés, gorilas, orangotangos e bonobos.

Um "voo rasante" que Damásio efetua sobre o processo evolutivo, no quinto capítulo desse seu último livro, nos ajuda a entender melhor a complexidade da mente:

Por fim, vieram os organismos com muitas células. Seus movimentos eram mais precisos. Órgãos internos começaram a surgir, tornaram-se mais diferenciados. Uma inovação foi o aparecimento de sistemas gerais, de corpo inteiro. (...)

Saltemos alguns bilhões de anos: agora existiam organismos muito complexos, e igualmente complexo era o sistema nervoso, que os ajudava a tratar da subsistência e manter-se vivos. Esse sistema era capaz, agora, de sentir diferentes partes do ambiente — objetos físicos, outros seres vivos — e de responder com movimentos apropriados de membros complexos e do corpo inteiro. (...)

Em algum ponto do tempo, muito depois de o sistema nervoso ser capaz de responder a numerosas características dos objetos e movimentos que sentia, teve início a capacidade de mapear os objetos e eventos que eram sentidos. Isso significava que, em vez de meramente ajudar a detectar estímulos e responder de maneira adequada, o sistema nervoso passou literalmente a desenhar mapas das configurações de objetos e eventos...[4]

○ ○ ○

Ciência cognitiva ou neurociência? Ambas!

O que expus já permite definir qual é o papel de um cientista cognitivo, como o próprio Dr. Damásio: trata-se de alguém que estuda em profundidade os mecanismos do sistema nervoso, que permitem a aquisição, o armazenamento, a manipulação, a transformação, a recuperação e a utilização dos conteúdos cognitivos da mente, e que extrai desses estudos conclusões que permitam aprofundar ainda mais esse

---

4 DAMÁSIO, António R. *Op. cit.*

conhecimento justamente sobre o sistema de produção de conhecimentos do ser humano.

Por essa definição fica claro que a distinção conceitual entre *ciência cognitiva* e a *neurociência*, embora não seja apenas retórica, é, de fato, apenas uma questão de ponto de vista: ambos os cientistas — o cientista cognitivo e o neurocientista — focam o mesmo objeto. O que há de diferente na atuação de um e de outro é o ângulo de visão: enquanto a ciência cognitiva busca entender como se formam os conteúdos da mente, a neurociência busca entender os mecanismos que geram esses conteúdos. Uma ciência tem o software como ponto de partida; a outra, o hardware, por assim dizer. Mas, tendo distintos pontos de partida, ambas têm o mesmo ponto de chegada.

Penso que é muito importante mencionar isso. Sim, porque, enquanto a literatura sobre uma ciência chamada neurociência é profusa e abundante, a literatura sobre a outra, a ciência cognitiva, dá a impressão de que se está falando de uma ciência-fantasma! Nada se diz sobre ela, diretamente.

Um exemplo disso: nos índices remissivos dos livros de António Damásio (ou mesmo no índice remissivo daquele calhamaço de 600 páginas que o autointitulado cientista cognitivo Steven Pinker escreveu sobre o novo iluminismo dos dias atuais[5]) a expressão "ciência cognitiva" nem sequer aparece, ao passo que a expressão "neurociência" é mencionada com enorme frequência. E, sabidamente, esses dois pesquisadores estão entre os mais conceituados cientistas cognitivos do mundo.

Feito esse esclarecimento, podemos prosseguir, tendo em mente que, ao falar de uma dessas ciências, estaremos falando, na verdade, de ambas. Gostaria agora de combinar com o leitor que passarei a usar, daqui por diante, neste capítulo, apenas uma dessas expressões, deixando de lado a outra, simplesmente por não ser necessário empregá-la, a não ser quando isso vier a ser manifestamente útil. Optarei, então, pela expressão "neurociência".

A neurociência é um fascinante campo de estudo, ainda muito novo, mas já extremamente importante, como já foi possível perceber nos parágrafos anteriores. Para quem precisa ou quer entender melhor o que é o autoconhecimento, trata-se de uma disciplina central, básica.

A própria palavra "neurociência" é bastante jovem: a Society for Neuroscience, associação que congrega os neurocientistas mais destacados do mundo, foi fundada há apenas poucas décadas, mais precisamente em 1970. Mas, mesmo sendo tão

---

5 PINKER, Steven. *Op. cit.*

Capítulo 7: Neurociência: via para o conhecimento do conhecimento

jovem, esse novo campo de estudos já proporcionou ideias e conclusões essenciais, que vieram iluminar algumas de nossas áreas de estudo mais caras, cujos conceitos há muito pediam um necessário aprofundamento.

Cito, entre essas disciplinas necessitadas de um revigoramento, trazido pela neurociência, as seguintes: a psicologia, em suas várias ramificações, inclusive as psicoterapias de modo geral; a biologia e, nesta, a genética; a medicina, em particular a neurologia, a neurocirurgia e a psiquiatria; a educação e, nela, os processos de aprendizagem de modo geral.

O que temos a fazer agora, portanto, é penetrar ainda mais nesse campo da neurociência e tratar de conhecê-lo melhor, naquilo que seja relevante para este nosso estudo exploratório sobre o autoconhecimento. E a pergunta inicial terá de se referir à história: de onde vêm as principais teses da neurociência, afinal de contas? Como e quando surgiram e o que fez com que aparecessem no cenário das ciências e das tecnologias? Façamos, então, um rápido esboço da história dessa disciplina, a fim de melhor conhecermos o terreno em que estamos pisando.

○ ○ ○

Breve história do estudo do cérebro

Sempre que nos mostram uma imagem do cérebro humano, o que vemos é, em última análise, aquilo que se conhece por *encéfalo*. Encéfalo é um termo de origem grega, que significa "aquilo que se encontra dentro da caixa craniana". O encéfalo, formado pelo cérebro, o cerebelo e o tronco encefálico, é, então, o centro e a parte mais identificável de nosso sistema nervoso. É um órgão de grande complexidade, que, entre outras características, contém cerca de 86 bilhões de neurônios, que se manifestam nas inúmeras imagens mentais que formulamos acerca do mundo ao nosso redor!

Há evidências de que mesmo nossos ancestrais de muito tempo atrás já aceitavam, intuitivamente, ser o encéfalo um órgão vital para a vida. Registros arqueológicos mostram que há 7 mil anos, os egípcios já faziam trepanações, uma espécie de intervenção cirúrgica no cérebro, realizada por meio de um orifício que era feito no crânio do paciente. Não se conhecem, entretanto, as razões que justificariam, na época, a escolha dessa estratégia de cura.

Até o século IV a.C. na Grécia Antiga, acreditava-se ser o coração a sede da consciência no homem. Entretanto, Hipócrates, chamado o "pai da medicina", tornou obsoleta essa crença ao demonstrar ser a cabeça, e não o coração, o órgão que realmente nos sintonizava, por meio dos sentidos, com o que acontecia a nossa volta. Hipócrates não apenas entendeu ser o encéfalo o órgão-chave para a vida, como também viu nele a própria sede da inteligência, o que quer que se chamasse assim para ele.

Durante a fase greco-romana da Antiguidade, a figura mais importante na medicina foi o médico grego Galeno (130–200 d.C.) que, como Hipócrates, via no encéfalo o órgão mais importante do corpo humano. Galeno havia sido médico de gladiadores, tendo provavelmente testemunhado muitas infelizes consequências de lesões cerebrais e da medula espinhal desses escravos lutadores.

Contudo, suas opiniões acerca do encéfalo foram certamente muito influenciadas também por suas frequentes pesquisas dissecando animais, por exemplo, ovelhas. A partir de suas observações assim feitas, o médico conseguiu chegar a importantes associações que existiriam entre as sensações e o cérebro, bem como conseguiu evoluir bastante em seu entendimento sobre o cérebro humano, chegando mesmo à conclusão de que era (notável!) um repositório de nossas memórias.

Para Galeno, aliás, essas descobertas ajustavam-se perfeitamente à sua teoria de que o bom funcionamento do corpo dependia do equilíbrio entre os quatro humores, ou fluidos vitais, com suas respectivas qualidades: o sangue (quente e úmido, vindo do coração), a fleugma (fria e úmida, vinda do cérebro), a bílis amarela (quente e seca, vinda do fígado) e a bílis negra (fria e seca, vinda do baço).

Por quase um milênio e meio, essas teses prevaleceram na medicina, até que, no século XVI, portanto, já na era da Renascença, o anatomista Andreas Vesalius (1514–1564) conseguiu aprofundar o conhecimento sobre o encéfalo e adicionou outros importantes detalhes à sua estrutura.

Com isso, Vesalius deu ensejo, mais tarde, já no início do século XVII, ao aparecimento de trabalhos bastante criativos por parte de inventores franceses, que pretendiam simular os movimentos corporais do ser humano. Esses engenheiros, cujos nomes se perderam no tempo, chegaram a construir máquinas mecânicas com aparência humana ("robôs" rudimentares e apenas mecânicos, dir-se-ia, mas avançados para a época) que tinham movimentos controlados hidraulicamente e, dentro do possível, davam a impressão de ter vida.[6]

---

6 ROONEY, Anne. *A História da Neurociência — Como Desvendar os Mistérios do Cérebro e da Consciência*. São Paulo: M.Books, 2018, 208p.

Capítulo 7: Neurociência: via para o conhecimento do conhecimento

Essas máquinas apoiavam-se justamente na teoria então vigente de que o encéfalo funcionaria de modo semelhante a uma máquina, em sua função de bombear um fluido para fora, através dos nervos, dessa forma levando aos movimentos — dos membros, por exemplo. Argumentava-se, então, que seria justamente por essa razão que os músculos "incham" quando se contraem.

○ ○ ○

A velha e boa alma...

Não é difícil ver um paralelo entre essas ideias e aquelas do filósofo e matemático francês René Descartes (1596–1650), que via os animais não como seres dotados de vida, mas como máquinas, e entendia ser o pensamento, ao contrário, a manifestação por excelência da própria alma. Ao identificar o pensamento com a alma, Descartes mostrava que o homem era, inegavelmente, uma criatura de Deus. O famoso slogan desse filósofo — o "Penso, logo existo" (que aparece invertido na epígrafe deste capítulo, como uma genial ironia criada por Nietzsche: "Existo, logo penso"!) — resume a convicção profundamente religiosa de Descartes, de que a existência humana, diferentemente do que acontecia com os animais irracionais, dependia da alma e era, portanto, uma obra de Deus.

É importante salientar que, em Descartes, a "alma" era considerada uma entidade tão fundamental, que se acreditava que o homem somente existisse em função dela. De maneira muito clara, portanto, Descartes estava estabelecendo uma importante separação entre corpo e mente (ou alma).

Os estudiosos da filosofia cartesiana mostram que, na verdade, embora tenha se inspirado nas teses de seus conterrâneos, que se basearam, por sua vez, em Vesalius, Descartes bebeu também em fontes mais antigas: essa visão dual do homem é originária dos antigos gregos, repousando sobre as teses de Parmênides, de Heráclito e, sobretudo, de Platão, que viam o mundo desdobrado em dois: o sensível e o inteligível.

"Para além do universo visível e móvel", diz o escritor Gonzaga Truc interpretando aqueles filósofos gregos, "existe simultaneamente no seu interior

outro universo invisível, fixo, perpétuo e perpetuamente presente e atuante: o universo das ideias...".[7]

Dessa especulação sobre a dualidade das coisas apropriou-se o próprio Cristianismo, em busca de conceitos que fundamentassem sua doutrina. E, associado à antiga crença judaica na imortalidade da alma, aquele princípio da filosofia grega tornou-se a base para o florescimento de uma nova dicotomia, que se espalhou pelo mundo de então: a separação entre matéria e espírito, novamente, entre corpo e alma. Criada por Deus, a alma, imortal, passaria a ocupar o corpo no momento da concepção.

Essa alma cristã, que Descartes (para muitos o próprio "fundador da modernidade") via como sendo una e indivisível, outros que vieram depois dele começariam, entretanto, a ver de outra forma: hereges (ou indivíduos vistos como tal pelos religiosos) queriam entender melhor o que era essa parte imaterial de nós — e não estavam tão dispostos a aceitar a tese de que nossas ideias viessem da alma, fossem produto de um sopro divino. Achavam que elas poderiam ser, afinal de contas, algo bem menos celestial, de origem talvez meramente terrena. Para ser mais claro, foi pouco a pouco se criando a imagem de outra versão mais "mundana" da alma: uma "alma não divina", que obrigaria, ao se defender essa ideia, a necessidade de se adotar um novo paradigma para explicar o que é o pensamento ou como produzimos nossas ideias. Um tal novo paradigma acabaria levando à geração de outras teses, que se afastariam, em uma trajetória independente, daquela então vigente, de que haveria dentro de nós uma alma-matriz celestial indivisível e inquestionável que nos aproximaria de Deus.

Não resta dúvida de que as teses de Galeno, que salientavam a importância das memórias e sua localização no cérebro (no encéfalo como um todo, de fato), contribuíram muito para a construção, no imaginário de muitas pessoas, dessa imagem de uma "alma B" terrena, não divina. Essa ideia se somou a tantas outras consideradas perigosamente heréticas pelo Cristianismo, e, portanto, ferrenhamente combatidas pela Santa Inquisição.

A sugestão de que já na Idade Média as pessoas ... tinham ideias não condiz muito com o que o senso comum diz a respeito dessa época da história: não foi a Idade Média a "era da escuridão", da "obscuridade"? Não foi essa a época em que o mundo ocidental conhecido tão somente obedeceu cegamente às teses da Santa Madre Igreja, sem exercer, minimamente que fosse, a capacidade de pensar?

---

7 TRUC, Gonzaga. *História da Filosofia — O Drama do Pensamento através dos Séculos.* Porto Alegre: Globo, 1968, p. 45 (tradução de Ruy Flores Lopes e Leonel Vallandro).

Capítulo 7: Neurociência: via para o conhecimento do conhecimento

O especialista em criatividade e autor do conceito de Pensamento Lateral, Edward De Bono, pensa assim: acredita que a sociedade estática que se instalou na Grécia Antiga, o dogma da Crucificação de Cristo, a vida repetitiva da Idade Média e também do Renascimento foram os grandes obstáculos que impediram o homem ocidental de efetivamente desenvolver sua capacidade intelectiva.

É certo que o Renascimento retirou a mente dos homens da rotina imutável da Idade das Trevas. Durante a Idade Média, pensar por si era sumariamente proibido, se não impossível: pensar era apenas repetir *ad aeternum* as mesmas ideias de sempre, invariavelmente. E, quanto a agir, o homem nada mais fazia do que repetir já sabidos rituais automáticos, ou reagir supersticiosamente a mistérios insondáveis e a sensações momentâneas que o próprio indivíduo era incapaz de explicar.

Mas o que fez a Renascença ao retirar o homem dessa repetição interminável? Apenas recolocou, em lugar dela, outro tipo de eterna repetição: aquela dos antigos gregos, com sua busca por verdades universais, por ideais absolutos e por uma ordem cósmica fixa, que deveria manter tudo caminhando dentro de um ordenamento pré-estabelecido.[8]

Todavia, o grande historiador Jacques Le Goff pensava de modo diametralmente oposto. Como se depreende dos estudos do consubstanciados em seu livro *A Civilização do Ocidente Medieval*[9], é falsa essa imagem da Idade Média como sendo uma época de domínio absoluto do Cristianismo, marcada pela superstição e o obscurantismo. Muita criatividade e muitas ideias divergentes e até mesmo progressistas apareceram nessa era, tendo estas sido, entretanto, em grande parte abafadas ou ignoradas pelos potentados aristocratas ou religiosos do Ocidente.

Por exemplo, excepcionais contribuições à ciência, à filosofia, à medicina, à engenharia e à arquitetura foram dadas pelos mouros na Península Ibérica, embora muito desse conhecimento tivesse se perdido nas dobras do tempo. Não se deve, portanto, insistir, depois de Le Goff, naquele entendimento raso de que o Medievo era tão somente uma "era das Catedrais, da Fé e da queima de bruxas nas fogueiras".

o o o

---

8 DE BONO, Edward. *Po: Beyond Yes and No*. Middlesex: Penguin Books, 1972, p. 18.

9 LE GOFF, Jacques. *A Civilização do Ocidente Medieval*. Petrópolis: Vozes, 2016 (tradução de Monica Stahel).

... e sua versão terrena!

O fato é que, ao longo dos séculos XVI e XVII, aquela outra versão da alma, bem terrena, foi se fortalecendo, até desaguar nos Oitocentos — o grande Século das Luzes! — com o status de grande instrumento intermediador das relações do homem com o mundo à sua volta: um mundo a ser definitivamente desvendado e inteiramente conquistado pela razão e pela ciência. A Luz passa a ser, neste ponto, a grande metáfora da Racionalidade, o inigualável meio pelo qual as pretensas Trevas (o obscurantismo filosófico, político, moral e religioso) seriam finalmente vencidas.

Mas, enquanto, por um lado, isso se dá, por outro, aquela outra visão celestial da alma permanece, impávida, em seu caminho. Ganha especial destaque, aliás, com a Reforma Protestante, com a veemente recusa de Lutero em aceitar a oferta de cadeiras cativas no céu para as almas dos ricos, aqueles que pudessem pagar por indulgências.

O Cristianismo sofreu um baque com a Reforma, sem dúvida. E sofreu, bem mais tarde, um outro, quando, em meados do século XIX (em 1857, para ser mais precisa), Allan Kardec publica *O Livro dos Espíritos* e produz nova cisão na doutrina da Igreja. Outras mais viriam. Mas destaco o Espiritismo de Kardec porque, neste caso, mais uma vez a alma teve um papel central no episódio: o que se vislumbrava agora era seu aperfeiçoamento gradativo e eterno ao longo das reencarnações, bem como sua permanência, nos estágios de transição desencarnada, em algum universo paralelo, povoado de boas e más almas.

Mais adiante no tempo, essa mesmíssima alma humana, tão real para Kardec, passou a ser, bem mais recentemente, um ponto de apoio poderoso para o crescimento do pentecostalismo. A partir de meados do século XX, a alma passa a ser, mais dramaticamente do que nunca, um objeto de disputa, em titânica batalha entre o Bem e o Mal: pastores e pregadores, nos templos, alistam-se nas hostes do Bem e, munidos de armas extremamente eficazes (passes dramáticos, orações altissonantes, cânticos fervorosos e exorcismos espetaculares), sumariamente expulsam Satanás do coração dos homens! Instala-se no Brasil e no mundo uma inovadora e altamente eficaz estratégia de perpetuação dessas seitas e variantes do evangelismo: o "culto de resultados".

Não devemos nos esquecer de que estamos tratando, neste livro — e neste capítulo em particular —, de neurociência e autoconhecimento. Se estou me afastando um pouco dessas questões centrais, o leitor não deve pensar que elas tenham sido abandonadas. De modo algum: apenas acredito que essas considerações podem nos ajudar a situar melhor essas questões historicamente.

Capítulo 7: Neurociência: via para o conhecimento do conhecimento

De qualquer modo, encerro aqui minha reflexão sobre a trajetória percorrida por aquela "velha" alma do Cristianismo, à qual Descartes, no século XVI, associou o pensamento humano. A essa altura, essa alma celestial está muito distante, a anos--luz, da outra, que se despegou dela depois de Descartes: a alma terrena. De fato, elas nunca mais se encontraram e já nem conseguiriam reconhecer que tiveram uma origem conceitual única.

Passemos então, agora, a essa "segunda alma": o que aconteceu com ela? Experimentou um movimento de afastamento de igual intensidade, em relação à outra, a "alma celestial". Impulsionada pela "morte de Deus", apregoada pelo Iluminismo e por Nietzsche na filosofia em fins do século XIX, essa alma "terrena", além de se afastar de sua coirmã celestial, já não era mais confundida, tampouco, com o muito concreto cérebro. Agora essa alma "terrena" tem outro nome: mente! E novamente vai se subdividir, com Freud: passa a ter uma porção prosaica, banal, chamada "consciente"; e outra misteriosa, em grande parte impenetrável, o grande enigma do "inconsciente".

Para designar essa "alma terrena", recupera-se o arcaico termo grego "psyché" (que permanecera por séculos em completo desuso). Ele volta a figurar em novos e fascinantes rótulos, que servem para descrever novas e fascinantes ciências humanas que falam da tal "alma terrena": a psicologia, a psicanálise, a psicotécnica. Agora são estas, aliás, as vanguardas das chamadas "soft sciences", nas quais se arquitetam experimentos de laboratório e formulações teóricas ambiciosas, buscando o aprofundamento do conhecimento desse novo e fascinante objeto de estudo: o psiquismo.

Entrementes, os avanços no conhecimento da anatomia do cérebro e das funções cerebrais vão acontecendo. Já no final do século XVIII, o sistema nervoso humano terá sido completamente dissecado e grandemente mapeado, sendo sua anatomia geral, a partir de então, passível de descrição em maior detalhe. Já se reconhece, então, que o sistema nervoso comporta uma divisão central, entre encéfalo e medula espinhal, assim como uma divisão periférica, que consiste na rede de terminais nervosos que percorrem o todo o corpo.

Duas novas e importantes vertentes no estudo do sistema nervoso desenvolvem--se a partir de então: uma delas voltada para a compreensão da *energia* que move o corpo, inclusive o encéfalo, assim como as memórias e os pensamentos humanos; e a outra, voltada para a *arquitetura* do próprio encéfalo (e nele o cérebro, com suas saliências e reentrâncias). Tratemos separadamente desses dois temas, iniciando pelo primeiro: a questão da energia.

○ ○ ○

A energia que move a mente do homem

Em 1751, nos Estados Unidos, o cientista e político Benjamin Franklin (inventor do para-raios) publicou um panfleto intitulado *Experimentos e Observações em Eletricidade*, que levou a uma nova compreensão, avançada para a época, dos fenômenos elétricos. Na virada para o século XIX, outros dois cientistas, os biólogos Luigi Galvani (italiano) e Emil du Bois-Reymond (alemão), mostraram que os músculos podiam ser movidos quando os nervos eram estimulados por aquela mesma eletricidade identificada por Franklin, além do fato de que o próprio encéfalo podia funcionar, em certas circunstâncias, como um gerador de eletricidade.

Essas descobertas derrubaram em definitivo a antiga teoria segundo a qual os nervos estabeleceriam uma comunicação entre encéfalo e músculos por via "hidráulica", por meio de fluidos, e também retiraram de pauta a antiga teoria dos quatro humores que condicionariam a personalidade do homem. O novo conceito era outro: o de que os nervos, em vez de dutos, seriam como que "fios" condutores de sinais elétricos, do encéfalo para o corpo, e vice-versa.

A essa altura, entretanto, tornava-se evidente a importância e a urgência de se explicar que relação existiria entre cérebro e corpo. As perguntas, sem resposta alguma, sobre isso se acumulavam. Elas já não se resumiam a dúvidas relativas aos movimentos musculares ou aos sentidos humanos. Simplesmente não estava ainda respondida a grande maioria das questões suscitadas pela constatação de que o ser humano tinha uma *mente*, com seus pensamentos, suas memórias, suas associações de ideias, suas manifestações emocionais (tais como o medo, a agressividade ou a melancolia), ou as questões referentes a como seriam essas manifestações decorrentes de pensamentos ou lembranças do passado, geradoras de angústia na pessoa. Pouco ou nada se sabia sobre tantas coisas!

Mas, sem explicações todavia, sabia-se que corpo e mente dialogavam de alguma forma, se interinfluenciavam. Estava nessa dúvida o embrião, aliás, de uma nova disciplina, a psicossomática (que, de fato, nunca chegou a adquirir o status de disciplina autônoma e destacada em si mesma).

Ainda em fins do século XVIII, o médico e pesquisador alemão Franz A. Mesmer fundou uma nova disciplina, que chamou de metapsíquica, em que afirmava a existência de uma força, um tipo de energia de que o homem se apropriaria (ou

Capítulo 7: Neurociência: via para o conhecimento do conhecimento

que, pelo menos, alguns homens especialmente dotados poderiam apresentar): o "magnetismo animal". Essa força teria propriedades curativas e seria aplicável a literalmente todas as doenças. Detentores dessa qualidade especial (a capacidade de usar o "magnetismo animal)" poderiam atuar como curadores em diferentes circunstâncias.

A separação entre corpo e mente começava a produzir, então, uma nova área de estudo. Essa separação existia, sem dúvida, mas ficava claro que haveria situações em que o que acontecia na mente poderia influenciar o que acontecia no corpo, e vice-versa.

Embora o mesmerismo tivesse, depois de algumas décadas, entrado em decadência, estando praticamente desacreditado como teoria já em meados do século seguinte, ele foi o precursor do hipnotismo ("uma nova maneira de se obter de alguém o chamado 'sono nervoso'"), técnica primeiramente desenvolvida pelo também médico inglês James Braid, na década de 1840.

Todos sabemos da importância do hipnotismo nos primeiros estudos de Freud, baseados nas experiências de Charcot. Prestigiado médico do Hospital Salpentrière, em Paris na década de 1870, Charcot interessou-se pelo hipnotismo como forma de tratamento da histeria, que atestava cabalmente a interação entre energia mental e energia corporal. A grande contribuição de Charcot foi, por sinal, retirar a histeria daquela atmosfera de misticismo e superstição em que estava envolta, até então confundida com possessão demoníaca.[10]

Trazendo esse distúrbio psíquico para o campo das moléstias tratáveis pela psiquiatria, Charcot fez com que avançassem muito as buscas de algum método para seu tratamento, nas quais, aliás, Freud envolveu-se intensamente. A partir de então, passou a já não haver dúvidas sobre a importante influência da mente sobre os processos corporais. Nascia a psicanálise!

Breuer (1842–1925), outro médico vienense, como Freud, também teve grande importância na fundação da psicanálise! A famosa paciente Bertha Pappenheim (ou Anna O., nos relatos cifrados da psicanálise) foi sua paciente, e, ao tratá-la de histeria, Breuer recorreu à hipnose. Mas acabou se envolvendo emocionalmente com a paciente, e foi isso, basicamente, que deu ensejo à criação dos conceitos de transferência e contratransferência, centrais no arcabouço conceitual da psicanálise.

---

10 AKOUN, André *et al. Os 10 Grandes do Inconsciente.* Paris/Lisboa/São Paulo: Centre d'Études et de Promotion de la Lecture (Paris, França) e Ed. Verbo (Lisboa, Portugal; São Paulo, Brasil), 1979, p. 12 (tradução de Geminiano Cascais Franco).

Breuer era um admirador de Helmholz, físico e também médico alemão, estudioso da termodinâmica (a parte da Física que estuda o calor) e do princípio da conservação da energia, que esse cientista elaborou no contexto de seus interesses como médico: estudando os movimentos musculares, Helmholz procurou demonstrar que nenhuma energia é perdida em tais movimentos. Além de poder estar em ação produzindo trabalho, a energia existe também — o que já não é tão claramente observável — em estado potencial, o que foi demonstrado por Einstein na teoria da relatividade: a energia se encontra "presa", por assim dizer, na massa dos objetos, e a esse tipo chamamos *energia potencial*, em oposição à energia em movimento, a *energia cinética*.

Breuer aplicou esses conceitos aos seus estudos de psiquiatria, entendendo que, como em qualquer outro sistema físico, também no sistema nervoso se aplicaria alguma forma de energia potencial, que ele chamou de "energia quiescente" (isto é, "energia que se encontra em descanso").

A imagem que Breuer fazia a respeito era de um sistema nervoso que, sendo, de fato, uma imensa rede de fibras nervosas, funcionaria como um reservatório de energia represada, disponível para uso pelo organismo, de alguma forma, em algum momento. Excitações diversas, internas ou externas, provenientes das próprias células nervosas, ou das necessidades fisiológicas no interior do corpo ou de "afetos psíquicos" (deflagrações de emoções e sentimentos), produziriam descargas dessa energia "quiescente" represada, em atividades motoras, intelectuais e outras, gerando trabalho e transformando, portanto, energia potencial em energia cinética.[11]

Breuer formulou também, a propósito desse conceito, o "princípio da constância",[12] no qual se identifica perfeitamente a aplicação, aos processos nervosos, da Primeira Lei da Termodinâmica, de Helmholz: um tipo de energia se transforma em outro; porém, a quantidade total dessa energia não se altera.

Trabalhando com Breuer entre 1892 e 1895 em estudos conjuntos sobre a histeria, Freud transferiu essas ideias, dos processos nervosos (aos quais Breuer havia antes se limitado) para os processos psíquicos. Recorremos mais uma vez a Laplanche e Pontalis para dar essa explicação:

---

11 LAPLANCHE, D.; PONTALIS, J. B. *Vocabulário da Psicanálise.* São Paulo: Martins Fontes, 1994, p. 146 (tradução de Pedro Tamen).

12 Princípio que poderá ser reconhecido também em Freud e em Eric Berne e John Dusay, ambos psicoterapeutas utilizando Análise Transacional.

Capítulo 7: Neurociência: via para o conhecimento do conhecimento

Limitamo-nos a aplicar à psicologia o princípio de conservação de energia, segundo o qual, em um sistema fechado, a soma das energias se mantém constante. Submeter a esse princípio os fatos psíquicos redunda em postular a existência de uma energia psíquica ou nervosa cuja quantidade não varia através das diferentes transformações e deslocamentos que sofre. Enunciá-lo é o mesmo que fundamentar a possibilidade de traduzir os fatos psicológicos em linguagem energética.[13]

O "princípio da constância" podia ser entendido como a tese da permanente autorregulação do aparelho psíquico: este tendia naturalmente à homeostase (isto é, tudo correndo bem, o aparelho psíquico se manteria em um nível ótimo ou estável de energia potencial). Sempre que caísse, esse nível energético ótimo seria restabelecido: (a) por meio de *des*cargas de energia (por exemplo, explosões emocionais ou hiperatividade corporal), quando o nível de energia represada ultrapassasse um limiar aceitável, tornando-se excessivo; mas também (b) por *re*cargas de energia (particularmente por meio do sono), quando esse nível se encontrasse demasiado baixo.[14]

Esse processo de autorregulação, que é, de fato, um conceito central da cibernética, pode ser entendido dando-se um exemplo bem simples: depois que experimentamos uma forte emoção — seja positiva ou negativa —, a tendência é nos sentirmos exauridos, experimentando uma necessidade de nos isolar e descansar. Inversamente, sempre que nos mantemos afastados por um tempo excessivamente longo de estímulos que nos são usuais, nossa tendência é nos agitarmos ou nos tornarmos mais ansiosos, almejando um pouco mais de "ação", deixando o tédio.

Voltando ao tema central, Freud introduziu na psicanálise os termos *energia livre* e *energia ligada*. A energia livre é aquela preferencialmente utilizada pelo psiquismo nos processos inconscientes e que, provavelmente, é primeiro utilizada nas manifestações psíquicas do indivíduo. Ainda provavelmente, somente depois de esgotada essa energia livre, a energia ligada (entenda-se por esse termo a energia acumulada, represada ou dedicada a uma instância específica do psiquismo) é posta em ação.

Aliás, o termo "catexia" (*cathexis*), usado em psicanálise (em grego, κάθεξις = *retenção, conservação*), refere-se, na proposta de Freud, à energia que, em um dado momento, encontra-se depositada em uma representação mental, um conjunto de tais representações, uma parte do corpo do paciente ou um objeto qualquer; e tanto

---

13 LAPLANCHE, D.; PONTALIS, J. B. *Op. cit.*, p. 356.

14 LAPLANCHE, D.; PONTALIS, J. B. *Op. cit.*, p. 357.

Autoconhecimento para um mundo melhor

inclui a energia represada ou dedicada quanto a energia livre, desligada, que está nesse momento localizada naquele objeto.

Na verdade, Freud não usava o termo *catexia*, que foi arbitrariamente criado por psicanalistas ingleses (mais especificamente por James B. Strachey, um dos primeiros a traduzir as obras do mestre de sua língua original para o inglês). O termo do alemão empregado por Freud é *Besetzung* (literalmente *investimento*). *Soma de excitação, valor afetivo* e *quantum de afeto* são outras expressões aproximadas também empregadas por Freud.[15] Quando uma paciente de histeria é solicitada a mover as pernas e não consegue fazê-lo, por exemplo, isso se deve à alta "catexia" (o quantum de energia) nessa parte de seu corpo.

Freud precisava explorar, da forma como lhe fosse possível e com os recursos teóricos de que dispunha na época, a questão da dinâmica da energia vital das pessoas. Nem o processo de adoecimento psíquico do paciente e nem o processo de sua cura psicanalítica poderiam ser descritos sem se abordar adequadamente essa questão do investimento de energia, razão por que é importante examinar bem de perto esse assunto.

Na psicanálise, o paciente geralmente permanece "em terapia" por um longo tempo, durante o qual aprende a se conhecer melhor e consegue fazer em si mesmo uma verdadeira "ressignificação da personalidade". Não precisamos nos aprofundar na descrição do processo psicanalítico para identificar que essa "reeducação" somente se consegue com uma efetiva realocação da energia psíquica nas profundezas da mente do paciente.

Freud coloca, portanto, uma grande ênfase nessa energia. Ele define a libido (que significa, em latim, "vontade" ou "desejo") como sendo essa energia das pulsões[16] que está presente em qualquer situação que envolva amor[17] (Freud, 1915). Essa energia é sugerida por ele, inclusive, em termos quantitativos, embora reconhecidamente não seja algo mensurável.

O criador da psicanálise diz ainda que existem dois modos de investimento pessoal na libido: existe a "libido do ego", ou "narcísica", em que a energia se volta para dentro da própria pessoa, e a "libido objetal", em que ela se volta para objetos externos. Portanto, uma pessoa vaidosa, que se esmera em aparecer bem em qualquer ambiente, desejosa de ser vista como bonita e elegante, estará investindo sua energia,

---

15 LAPLANCHE, D.; PONTALIS, J. B. *Op. cit.*, p. 254.

16 Isto é, pressões ou cargas energéticas.

17 Amor = Eros, deus grego que personifica a força da vida e os instintos sexuais.

Capítulo 7: Neurociência: via para o conhecimento do conhecimento

narcisicamente, em si própria. Ao mesmo tempo, ela poderá sentir-se fortemente estimulada a comprar roupas da moda, por exemplo, mostrando que esses objetos lhe são importantes (libido objetal).

Anos depois de Freud, a energia psíquica e como ela se relaciona com a energia corporal continuam sendo temas importantes na psicologia, na psicoterapia e na neurociência. Em meados do século XX, Wilhelm Reich, embora tivesse sido, de início (nos anos 1920), um ardoroso partidário das teses de seu conterrâneo Freud, começou a questionar vários dos postulados de seu primeiro mestre. Para Reich, a energia psíquica não seria *como* a energia corporal, conforme apregoava a psicanálise, e, sim, a *mesma* energia. A neurose não estaria na sexualidade, mas na própria genitalidade, razão por que sua cura se iniciaria na satisfação sexual.[18]

Reich é o criador do conceito de "couraça muscular do caráter", que deu origem à bioenergética, uma prática terapêutica desenvolvida a partir da tese da necessidade de um redirecionamento da energia corporal, criada por Alexander Lowen, um de seus discípulos. Na verdade, Reich é o ponto de partida para duas práticas em psicoterapia que partem dessa busca de um uso ótimo da energia no corpo e na mente e que foram bastante populares nos anos 1960 e 1070: a bioenergética e o grito primal.

É fácil perceber que essa questão da energia psíquica, sua interação com a energia corporal, as relações objetais, o narcisismo, a homeostase e outros conceitos pelos quais os parágrafos anteriores passam rapidamente, instituem um corpo de conhecimentos que não pode ser desprezado por quem trabalha com coaching, counseling, mentoring, advising, influencing, aconselhamento, tutoria, educação — enfim, com qualquer tipo de trabalho orientativo dirigido a pessoas, independentemente de ser ou não o condutor desse processo um profissional da psicologia e independentemente de estar ou não atuando como psicoterapeuta. O trabalho de um tal orientador — por exemplo, de um coach orientando um executivo em uma empresa — é por demais importante para que seu praticante esteja em ação ignorando esse tipo de conhecimento.

○ ○ ○

---

18 *Apud* AKOUN, A. *et al. Op. cit.*, p. 185.

Autoconhecimento para um mundo melhor

A arquitetura do cérebro

Porém, deixemos agora esse ponto. A outra importante vertente no estudo do sistema nervoso veio a ser aquela direcionada para o desvendamento da arquitetura do cérebro. Um importante avanço em neuroanatomia veio com a observação de que o encéfalo podia ser analisado em lóbulos, o que conduziu à especulação de que diferentes funções poderiam estar localizadas em diferentes partes do encéfalo. Estava armado o cenário para uma importante área de debates na neurociência, que se dá ainda hoje: entre os chamados "localizacionistas" (cientistas que entendem serem os diferentes locais do encéfalo especializados em diferentes funções) e os "distribucionistas" (cientistas que entendem que as muitas e importantes funções cerebrais não estão adstritas necessariamente a determinadas e específicas áreas físicas do encéfalo).

Obviamente, quando nos referimos aos chamados "hemisférios cerebrais" esquerdo e direito, atribuindo-lhes funções distintas, estamos sendo localizacionistas; e quando dizemos que feixes de neurônios, independentemente de onde se encontram localizados no cérebro, podem participar do mapeamento de diferentes memórias que se formam em nossa mente, estamos sendo "distribucionistas". Ambas as informações estão corretas, entretanto.

Sobre diferentes funções de distintas áreas cerebrais, é importante fazer menção às pesquisas de um jovem médico austríaco, Franz Joseph Gall, no início do século XVII, em 1809, acreditando que as saliências e reentrâncias observadas na superfície do crânio refletiriam circunvoluções na superfície do encéfalo, Gall formulou a ideia de que a propensão de uma pessoa a apresentar certos traços de personalidade (como a generosidade, de um lado, ou a destrutividade, de outro) estaria relacionada com a conformação da cabeça. Gall deu o nome de "frenologia" a essa nova "ciência" da conformação do crânio.

Para sustentar sua hipótese, Gall e seus seguidores coletaram e mediram criteriosamente o crânio de centenas de pessoas, representando uma ampla variedade de tipos de personalidades, dos gênios aos criminosos psicopatas. Contudo, as "conclusões" dos frenologistas nunca chegaram a ter plena aceitação da comunidade científica da época.

Contrariamente a esse modelo fortemente "localizacionista", que situa com certa rigidez em cada região do cérebro uma dada função cerebral, não tardou que outras pesquisas mostrassem que a maioria das regiões cerebrais de fato participam da grande maioria das funções cerebrais, embora certa concentração de funções realmente exista em determinadas áreas cerebrais.

Capítulo 7: Neurociência: via para o conhecimento do conhecimento

O refinamento dos microscópios como instrumentos de observação e diagnóstico, no início do século XIX, proporcionou aos cientistas uma primeira grande oportunidade de examinar tecidos do cérebro em tamanhos apropriados para se obterem melhores conclusões. A partir dessas inovações, por volta de 1900, as células nervosas individuais (os neurônios) puderam ser estudadas e reconhecidas como a unidade funcional básica do sistema nervoso. Pudemos saber, por exemplo, que os neurônios realizam computações: constelações deles formam circuitos complexos que realizam uma função em comum, como a visão ou os movimentos voluntários.

O médico canadense Dr. Wilder Penfield foi um pioneiro e personagem destacado no cenário da neurofisiologia e da neurocirurgia mundial. Suas mais marcantes experiências, iniciadas em 1951, consistiam em tocar com um eletrodo certas regiões corticais do cérebro do paciente: conforme o ponto em que o córtex fosse estimulado, o paciente tinha recordações detalhadas de determinados acontecimentos passados, evocando, além destes, também as emoções que experimentara na ocasião.

Esses relatos impressionaram muito a comunidade médica em meados do século XX, em particular aqueles estudiosos que procuravam avidamente encontrar alguma evidência de correspondência entre mente e cérebro, ou alguma pista de que nossos pensamentos e sentimentos estariam de fato alojados em algum lugar físico, em nossa cabeça.

Hoje, embora ainda não tenhamos muitas das respostas necessárias, as pesquisas em neurofisiologia e ciência cognitiva já não deixam qualquer dúvida de que a mente é criada pelo cérebro, por meio de manifestações complexas de redes de neurônios espalhadas por todo seu volume.

Principalmente a partir de meados do século XX, novas tecnologias de diagnóstico cerebral passaram a permitir aos cientistas observações há muito sonhadas por tantos que se dedicaram à construção da neurociência ao longo da história, mesmo quando essa disciplina nem mesmo existia com esse nome: após o advento do EEG (eletroencefalograma), vieram o magnetoencefalograma (MEG), a ressonância magnética funcional (RMF), a tomografia computadorizada (TC) e a tomografia por emissão de pósitrons (PET).

Essas tecnologias, hoje de uso corriqueiro, permitem enxergar imagens detalhadas do interior do cérebro e, neste, o movimento em tempo real das correntes elétricas. Tornou-se possível, então, saber que o cérebro não é um órgão uniforme, mas que regiões cerebrais específicas ficam ativas quando do exercício de diferentes funções mentais.

Autoconhecimento para um mundo melhor

Os diagnósticos por imagem oferecidos por essas tecnologias foram fundamentais para que encontrássemos respostas adequadas acerca da dinâmica dos circuitos cerebrais, que se formam e se modificam a partir de novas experiências que vamos tendo, assim como de estímulos que nos chegam do ambiente. Em outras palavras, pela primeira vez na história humana foi possível observar o que se passa *dentro* do cérebro no momento em que sentimos medo, tensão, alegria, ou quando meditamos, ou quando fazemos sexo.

Essas experiências abriram novas frentes de compreensão do comportamento humano, além de oferecer novas e importantes perspectivas para a descoberta de curas para doenças neurológicas e psiquiátricas.

As tecnologias de imagem do cérebro vêm, além disso, confirmando teses que muito tempo atrás eram apresentadas apenas como hipóteses não comprovadas, em grandes temas da psicologia e da psicanálise. Por exemplo, por essa via, os neurocientistas conseguiram explicar biologicamente a amnésia infantil que fora descrita por Sigmund Freud, típica dos primeiros anos de vida do paciente. Segundo os estudiosos do tema, as estruturas cerebrais que são essenciais para a formação de memórias conscientes ainda não estão ativadas no sujeito nesse período da vida, motivo pelo qual as pessoas não conseguem reter lembranças apreciáveis de episódios da primeira infância, ainda que suas experiências pessoais nessa fase da vida possam ter sido muito relevantes e sigam influenciando sua vida como adultos, nos anos vindouros.

Pode-se afirmar, portanto, que entre as grandes contribuições da neurociência está a de permitir o mapeamento, de forma visível, por meio dos modernos equipamentos de produção de imagens cerebrais, dos circuitos cerebrais internos que correspondem às nossas reações emocionais e à maneira como cada um de nós se comporta no mundo.

As imagens mostradas por esses aparelhos revelam desenhos específicos e distintos entre si para cada tipo de experiência vivida, e mesmo para cada pessoa em particular, tornando-se, por conseguinte, uma representação visual da personalidade e das disposições referenciais da mente humana.

Não só é verdade que "Dentro da visão moderna, o cérebro funciona como uma espécie de teatro da mente, recriando a realidade física externa a partir de nossos sentidos e percepções; e também que aquilo que chamamos de 'eu' é uma atividade fisiológica do cérebro, resultando num contínuo processamento de informação",-[19]como também isso pode ser, atualmente, minuciosamente mapeado, indicando-se

---

19 GLEISER, Marcelo. As três origens. *Folha de S.Paulo*, suplemento "Mais!", 1º/07/2001, p. 27.

Capítulo 7: Neurociência: via para o conhecimento do conhecimento

cada porção do cérebro envolvida em cada operação dessas. Sabe-se, por exemplo, que a região do córtex pré-frontal — a parte anterior do lobo frontal do cérebro — é aquela que mais claramente opera funções definidoras da personalidade de uma pessoa, estando relacionada à apresentação de condutas associadas diretamente a processos mentais tais como o raciocínio, o julgamento crítico, a tomada de decisões e a formação de pensamentos complexos.

Um pesquisador que precisa ser lido a respeito é (novamente) o renomado neurocientista português radicado nos EUA, Dr. António Damásio, que faz descrições detalhadas e precisas do cérebro humano e de suas partes constituintes em mais de um de seus livros. Por exemplo, e um deles, *O Erro de Descartes*, ele justifica essa preocupação que tem em descrever ao leitor a anatomia do cérebro:

> *Pode ser útil delinear aqui um esboço da anatomia do sistema nervoso humano. Por que perder tempo com esse tópico? No capítulo anterior, quando discuti a frenologia e a relação entre a estrutura e a função do cérebro, mencionei a importância da neuroanatomia ou anatomia do cérebro. Realço-a de novo porque a neuroanatomia é a disciplina fundamental da neurociência, desde o nível microscópico dos neurônios individuais (células nervosas) até o nível macroscópico dos sistemas que se estendem por todo o cérebro.[20]*

Certamente, o maior desafio da neurociência atualmente é a compreensão dos mecanismos neurais responsáveis pelos níveis mais elevados de atividade mental humana, tais como a imaginação, a linguagem e a consciência. A subdisciplina da neurociência que faz pesquisas nesse nível, a chamada "neurociência cognitiva", é a que basicamente estuda como as atividades do encéfalo criam a mente.

Freud tentou insistentemente entender esse processo. Ele procurou situar fisicamente os fenômenos mentais. Todavia, o sábio vienense não conseguiria jamais, com as ferramentas de que dispunha na época, saber exatamente *onde* se encontravam esses processos mentais dentro do cérebro, e nem mesmo em quais segmentos deste localizavam-se esses tantos processos — ainda que ele soubesse muito bem que a mente estava intrinsecamente vinculada ao cérebro e ao corpo:

> *A teoria geral da psicanálise, em sua definição mais abstrata, é uma psicologia de processos mentais e de sua organização. Para tal psicologia, a mente deixou de ser uma estrutura estática ou com coisa substancial, tornando-se*

---

20 DAMÁSIO, António R. *O Erro de Descartes — Emoção, Razão e o Cérebro Humano*. São Paulo: Companhia das Letras, 2012, p. 42 (tradução de Dora Vicente e Georgina Segurado).

uma entidade dinâmica, um nexo de atividades e uma sequência de reações adaptativas.[21]

Para poder dar continuidade aos seus estudos sem se deixar interromper pela falta de comprovação de suas hipóteses, Freud apelou para um artifício, aceitando designar a mente humana por uma expressão propositalmente ambígua: *aparelho psíquico.*

Presumimos que a vida mental é a função de um aparelho ao qual atribuímos as características de ser disposto especialmente e constituído de diversas partes [a saber: Id, Ego e Superego].[22]

Em *A Interpretação dos Sonhos* (1900), aliás, Freud imagina uma metáfora bem concreta para caracterizar seu *aparelho* psíquico: a ideia de que ele funcionaria como se fosse um "aparelho óptico". Procurava, assim, "tornar compreensível a complicação do aparelho psíquico, dividindo este funcionamento e atribuindo cada função específica a uma parte constitutiva do aparelho". Laplanche e Pontalis sugerem que, para Freud, o termo "aparelho", que escolheu, deveria ser tomado aproximadamente na acepção de um *modelo* de funcionamento para a mente.[23]

○ ○ ○

O que a neurociência nos trouxe

A neurociência permitiu-nos entender melhor por que tendemos a repetir tão exaustivamente padrões comportamentais, por que temos tanta dificuldade para alterar nossos hábitos, nossos modos de ser. De acordo com a neurociência, quando uma pessoa processa ideias mais complexas, ela o faz comparando tais imagens mentais com seu próprio sistema já armazenado de conexões mentais.

A maioria das conclusões a que chegamos ou decisões que tomamos, portanto, têm como base nossos padrões já disponíveis internamente em nossa mente — eles

---

21 BRIERLEY, Marjorie (1951), *apud* Charles Rycroft. *Dicionário Crítico de Psicanálise*. Rio de Janeiro: Imago, 1975, p. 151 (tradução de José Octávio de Aguiar Abreu).

22 FREUD, Sigmund. *An Outline of Psycho-Analysis* (1940), *apud* C. Rycroft, *op. cit.* p. 42.

23 LAPLANCHE, D.; PONTALIS, J. B. *Op. cit.*, p. 31.

Capítulo 7: Neurociência: via para o conhecimento do conhecimento

não são novos e frescos, vindos de fora. Poucas vezes, portanto, nossas ponderações são realmente racionais e conscientes — na maior parte das vezes, já estávamos predispostos para produzir exatamente essas tantas quantas ponderações.

Quando uma nova informação nos chega e não encontra correspondência em nossos mapas mentais, isto é, nos padrões de referência de que já dispomos, é necessário que tenhamos um novo aprendizado — e nosso cérebro precisa despender significativamente mais energia nesse processo do que para simplesmente reagir como sempre, "no automático". Somos então obrigados a fazer um esforço maior, o que tende a disparar em nós um mecanismo de resistência (a alocação de nossa energia ao ato de *não* realizar esse aprendizado, ao invés do ato de realizá-la).

Pura e simplesmente, seguimos a "lei do menor esforço": a tendência a nos mantermos na maneira já arraigada em nós de perceber as coisas e de agir com respeito a elas. Trata-se de um mecanismo comandado pela região do córtex pré-frontal do cérebro, responsável pela conduta racional e pelas funções mais intelectuais do cérebro.

Em uma região mais profunda e nuclear do cérebro estão outras estruturas, como os gânglios basais, associados a funções tais como o controle motor, a cognição, o aprendizado e as emoções. Os gânglios basais integram o sistema límbico, do qual faz parte também a amígdala, onde têm origem emoções primitivas de medo, irritação, raiva. Também está aí o hipotálamo, que aciona nossos instintos, tais como o de preservação, fome e sede.

Se o objetivo do indivíduo é alterar seus comportamentos, como comumente é o caso de alguém que está se submetendo a um processo de coaching, é preciso que esse indivíduo saiba que a mudança será possível caso o processo de treinamento consiga chegar a atuar nos recônditos mais profundos do cérebro, naqueles gânglios basais.

Recentes descobertas da neurociência, que reafirmam a importância de certas práticas de coaching, mostram que mudanças desse tipo são possíveis, uma vez que nossas conexões neurais, embora já estejam configuradas para disparar certos pensamentos e emoções enraizados em nós, são suficientemente flexíveis para transformar tais imagens mentais já disponíveis.

Novos mapas mentais, ou padrões, podem perfeitamente ser criados quando, por exemplo, trazemos ao nível da consciência certos pensamentos, prestando atenção especial neles; ou quando temos um insight (um estalo, uma compreensão repentina) sobre determinada situação ou sobre uma nova ideia a ser elaborada. Novas conexões surgem, então, em nosso cérebro.

Autoconhecimento para um mundo melhor

Para isso, o processo da atenção é de suma importância. Quando focamos nossa atenção em um dado objeto, e observamos nosso próprio processo de pensar nesse objeto, conseguimos que nosso pensamento migre para novas regiões, formando novos mapas mentais, que levarão à experimentação de novas condutas e à formação de novos hábitos, pela criação de novos circuitos neuronais. Isso se chama, em última análise, exercer nossa consciência.

Nesse sentido, certas práticas de coaching podem perfeitamente ser chamadas de práticas de "neurocoaching", uma vez que se baseiam diretamente na utilização de recursos que a neurociência nos permitiu conhecer e usar para fazer coaching.

Sabemos que, quando se presta atenção consciente a certos pensamentos desejados por nós e relacionados a metas que traçamos, conseguimos criar em nosso cérebro novos circuitos neuronais. Mas é importante salientar que isso não é obtido a partir de uma só vez em que fazemos um tal exercício: também é explicado pela neurociência que esse tipo de processo precisa ser repetido e repetido muitas vezes, com muito treino, exigindo muita força de vontade, para que surta o efeito desejado — qual seja, a mudança pessoal.

E manter essas conexões em permanente exercício, embora seja perfeitamente possível, requer o dispêndio de uma alta dose de energia, pedindo que se recorra a uma variedade de expedientes ou estímulos. É o que costuma ocorrer, como sabemos, em um processo de coaching bem conduzido, no qual, como se sabe, uma ampla série de técnicas é utilizada pelo coach para treinar seu coachee a experimentar novas condutas e comportamentos.

O coaching pode ser um processo particularmente indicado para a superação de alguns hábitos e padrões de conduta que estejam limitando o avanço profissional e/ou o bem-estar e o sucesso do coachee em diversas áreas de sua vida. Técnicas para tanto têm sido desenvolvidas por especialistas e estudiosos de tais práticas, os quais frequentemente buscam nos conhecimentos da neurociência modos de ajudar as pessoas a ir além de seus limites atuais.

Muitas dessas técnicas têm me interessado, e tenho procurado conhecê-las de perto, experimentar e treinar-me nelas. Penso ser de enorme importância fazer isso, considerando que dispor de uma variedade de abordagens aumenta nossa capacidade de ajudar nossos coachees em seu processo de autoconhecimento e autodesenvolvimento.

Parece claro que, para produzir uma mudança pessoal, é necessário que o sujeito se condicione, exercitando o novo comportamento até que se torne permanente — o

Capítulo 7: Neurociência: via para o conhecimento do conhecimento

que é conseguido associando-se o prazer ao novo comportamento, como se o sujeito estivesse dessa forma presenteando a si mesmo.

Nas várias técnicas que estão disponíveis para se promover uma mudança de hábito, o ponto de partida é sempre a busca de um entendimento do que está por trás desse hábito, isto é, de descobrir qual desejo alimenta o hábito. Sim, porque invariavelmente há algum ganho para a pessoa na manutenção de um hábito, ainda que se trate de um mau hábito.

No caso de um fumante, por exemplo, não há dúvida de que o cigarro, que tanto mal faz à saúde, deve estar, ainda assim, associado a algo tido pela pessoa como bom, por exemplo, o alívio momentâneo do estresse, a conquista de alguns minutos de pausa para uma reflexão, ou até mesmo momentos de paz para uma saudável conexão da pessoa consigo mesma. Tendo consciência desse lado "bom" do hábito de fumar, o fumante terá melhores condições de buscar algum outro hábito mais saudável que esse e que o possa substituir.

Charles Duhigg, autor de *O Poder do Hábito: Por que Fazemos o que Fazemos na Vida e nos Negócios,*[24] é um dos autores que procuraram, com base em muitas pesquisas realizadas nesse campo, traduzir para um público mais amplo esse importante mecanismo básico presente no hábito e desvendado pela neurociência: o da "recompensa" por trás do hábito.

Segundo Duhigg, a chave para se livrar de um hábito inadequado está em encontrar o principal motivo pelo qual a pessoa o cultiva, o que a leva a praticá-lo, e então, por meio de alguns esquemas que Duhigg elenca e explica, ajudar a pessoa a traçar um plano para mudar essa recompensa.

Por exemplo: se o hábito que você quer mudar é o de dar uma pausa no trabalho toda tarde para ir comprar um doce, Duhigg sugere que você primeiro teste várias hipóteses para substituir essa recompensa. Por exemplo, substituir o doce por outro alimento, substituí-lo por uma conversa cordial com amigos etc.

Quando o sujeito descobre o que realmente o faz comprar e comer o tal doce (seja isso a fome, a necessidade da estimulação pelo açúcar, a oportunidade de socialização com amigos ou simplesmente a pausa no trabalho em si mesma) e identifica a recompensa que o incita a manter o hábito, assim como a rotina que o cultivo desse hábito instala nele, então lhe é possível começar a mudar esse hábito.

○○○

---

24 DUHIGG, Charles. *O Poder do Hábito: Por que Fazemos o que Fazemos na Vida e nos Negócios.* Rio de Janeiro: Objetiva, 2012.

Autoconhecimento para um mundo melhor

Nossos erros de percepção

Em um clássico artigo publicado há quase 20 anos, os psicólogos norte-americanos Dan Wegner e Thalia Wheatley formularam a hipótese revolucionária de que a impressão que temos de que sempre controlamos conscientemente aquilo que fazemos (primeiro decidindo fazê-lo e em seguida empreendendo a ação) não é exatamente verdadeira. O que acontece de fato, dizem eles, é que muitas vezes se dá um "curto-circuito" mental, no qual primeiro empreendemos a ação, e somente depois disso fazemos uma inferência causal sobre esta, interpretando que a teríamos feito em função de um desejo próprio, quando, na verdade, esse desejo não ocorreu, isto é, não guiou aquele nosso comportamento!

Exemplos podem ser dados facilmente: digamos que um sujeito escolhe a gravata azul, em vez da amarela, para usar esta manhã e a tira do armário para pô-la no pescoço. Teria ele se decidido voluntariamente pela gravata azul? Teria a escolhido conscientemente? Teria tido a intenção de usar a gravata azul, e não a amarela, devido a uma série de fatores (a cor do blazer que usaria, a hora do dia, o local aonde iria etc.) que indicavam ser a melhor gravata? O sujeito provavelmente acredita que sim, que fez mesmo uma escolha consciente.

Entretanto, a proposta de Wegner e Wheatley é a de que não houve escolha consciente, mas apenas um impulso (ou algo semelhante) impelindo-o para a ação, não ditado por sua mente consciente. O que o sujeito faz depois, dizem os pesquisadores, é explicar acionalmente, mas *posteriormente*, essa escolha. É como se nós, seres humanos, sendo dotados de uma mente consciente e capaz de raciocinar, estivéssemos obrigados a explicar todas nossas decisões como sendo sempre produto dela, como se tivéssemos sempre de raciocinar de modo lógico e dedutivo![25]

Na verdade, não é assim, e vários renomados pesquisadores do tema mostram isso. Um deles é o psicólogo israelense Daniel Khaneman, que ganhou o Nobel de Economia em 2002 pelos estudos que fez, desenvolvendo a economia comportamental em parceria com Amos Tversky. Khaneman é autor de um importante livro, já um clássico da neurociência, chamado *Rápido e devagar*", em que confronta dois sistemas de pensamento no ser humano: um rápido, intuitivo e não racional (o Sis-

---

25 BEAR, Adam, doutor em Psicologia, pesquisador das relações entre processos mentais conscientes e nãom conscientes. "What Neuroscience says about free will", artigo publicado na *Scientific American*, edição online. In: <https://blogs.scientificamerican.com/mind-guest-blog/what-neuroscience-says-about-free-will/>. Postado em: 28/04/2016. Acesso em: 29/01/2019, 16h19.

Capítulo 7: Neurociência: via para o conhecimento do conhecimento

tema 1), e outro lógico, ponderado, levando em conta fatores envolvidos na situação (que ele chama de Sistema 2).[26]

Tudo indica, portanto, que escolhas como aquela da gravata azul, em vez da amarela, sejam tomadas pelo Sistema 1, e não pelo Sistema 2 de pensamento; e que nosso cérebro está programado para, ao mesmo tempo, nos induzir a pensar que foi o Sistema 2 que operou, levando-nos, portanto, a uma percepção errônea, não exatamente da realidade externa observada, mas de nossa própria conclusão acerca dessa realidade.

O Dr. Oliver Sacks (1933–2015), famoso neurologista e psiquiatra britânico e exímio escritor e contador de histórias envolvendo deficiências perceptivas, tem em seus livros inúmeros relatos sobre como seus pacientes, devido a lesões cerebrais ou outros problemas neurológicos, enxergam a realidade de modo distorcido e interpretam o mundo de modos que parecem muito estranhos. Em um de seus livros, o Dr. Sacks relata:

> *Como explicar a singular incapacidade do Dr. P [um paciente do Dr. Sacks] para interpretar, para avaliar, uma luva como sendo uma luva? Manifestamente, neste caso, ele não conseguia fazer um julgamento cognitivo, embora fosse fértil na produção de hipóteses cognitivas. Um julgamento é intuitivo, pessoal, abrangente e concreto — nós "vemos" como as coisas são em relação umas às outras e a si mesmas. Era precisamente essa disposição, esse estabelecimento de relações que faltava ao Dr. P. (embora sua capacidade de julgamento em todas as outras esferas fosse imediata e normal). Seria isso devido à ausência de informações visuais? (Esta teria sido a explicação dada por uma neurologia clássica, esquemática.) Ou haveria algo errado na atitude do Dr. P., de modo que ele não conseguia relacionar consigo mesmo o que via?[27]*

Outro estudo publicado em meados de 2015 no *NeuroLeadership Journal*, realizado sob a liderança do Dr. Matthew D. Lieberman, da Universidade da Califórnia, apresenta uma classificação das distorções ou erros de percepção que nosso cérebro comete no dia a dia e que nos levam a frequentes falsas conclusões e decisões errôneas.

---

26 KHANEMAN, David. *Rápido e Devagar — Duas Formas de Pensar*. Rio de Janeiro: Ed. Objetiva, 2012 (tradução de Cássio de Arantes Leite).

27 SACKS, Oliver. *O Homem que Confundiu sua Mulher com um Chapéu*. São Paulo: Companhia das Letras, 2016, 272p. (tradução de Laura Teixeira Motta).

Autoconhecimento para um mundo melhor

Os pesquisadores encontraram nada menos que 150 diferentes tipos de percepções distorcidas da realidade que nosso cérebro comete, e, analisando-os, conseguiram agrupá-los em cinco grandes categorias de distorções ou viéses, sendo cada categoria passível de tratamento de uma forma distinta. São estes os seguintes tipos de distorções:

- **Identificação (Similarity):** As pessoas têm forte tendência a sentir-se bem consigo mesmas e a enxergar de uma forma mais positiva aquelas outras pessoas que de alguma forma se parecem com elas, em comparação com as demais pessoas, que são diferentes quanto a algum quesito que lhes pareça relevante.

  Essa visão preferencial sobre quem nos é semelhante é causa frequente de percepções errôneas sobre essas pessoas e mesmo sobre as demais. Nossa atitude parcial tende a ser mais favorável para com nossos semelhantes do que para com os demais, o que pode levar a sérias distorções de percepção sobre nós mesmos, sobre os outros e sobre o mundo.

- **Precipitação (Expedience):** Muitas das decisões, nós as tomamos seguindo "atalhos" mentais, sem uma consideração mais aprofundada dos fatos, causas e consequências. Frequentemente as pessoas agem dessa forma, quando querem ou precisam decidir rapidamente. A grande desvantagem dessa forma de fazer escolhas é que tais decisões, sendo eminentemente intuitivas, podem basear-se em falsas premissas.

  Nesse tipo de viés, o cérebro está processando dados de uma forma que Kahneman (já citado) chama de Sistema 1, fazendo associações rápidas e fáceis, que muitas vezes induzem a erro.[28]

- **Empirismo acrítico (Experience):** Este terceiro tipo de viés é resultante de uma característica de nosso cérebro: ele foi criado para perceber diretamente e reagir prontamente àquilo que nos cerca, e, portanto, é comum acreditarmos sem contestação naquilo que vemos, ouvimos ou tocamos, como se a experimentação dessa realidade através dos órgãos dos sentidos fosse suficiente para decidirmos que se trata de algo real. A essa forma de trabalhar com a mente se opõe frontalmente, por exemplo, o filósofo francês René Descartes, do famoso "Penso, logo existo", que recomenda justamente o contrário: não confiemos em nossos sentidos!

---

28 KHANEMAN, David. *Op. cit.*

Capítulo 7: Neurociência: via para o conhecimento do conhecimento

No entanto, nosso cérebro está constantemente nos fazendo mergulhar nesse "realismo ingênuo" de aceitar como real, sem contestação, o que percebemos pelos sentidos: "Mas eu vi!", dizemos com frequência; ou então: "Eu peguei com minhas próprias mãos!"; ou ainda: "Ouvi nitidamente!". O grande risco do "realismo ingênuo" é virmos a ignorar uma ampla variedade de processos mentais que estão por trás de nossa experimentação pessoal da realidade. E nossas expectativas pessoais, nossa história passada, nossa personalidade ou nosso estado emocional do momento são apenas alguns dos poderosos fatores que influenciam a interpretação que fazemos daquilo que percebemos à nossa volta.

- **Distanciamento (Distance):** A proximidade do fato é outro fator que nos leva a distorcer a percepção e as decisões que tomamos: somos muito mais sensibilizados, por exemplo, por um atropelamento acontecido na esquina de nossa rua do que pelo desmoronamento de um prédio inteiro em outro estado da Federação ou pela guerra que se trava na Síria — muito embora estes eventos afetem uma quantidade muito maior de pessoas, e de forma extremamente mais grave. Também o acontecimento havido hoje de manhã nos sensibiliza mais do que aquele da semana passada, mesmo que este último tenha sido mais sério.

Portanto, parece existir em nosso cérebro uma predisposição para flagrantemente preferir tudo que se encontra mais próximo, física ou conceitualmente, ou mais próximo no tempo ou no espaço. Inconscientemente, atribuímos maior valor ao que está junto de nós do que a algo mais distante. "O que os olhos não veem o coração não sente", diz o ditado. Um exemplo desse viés é nossa tendência a valorizar mais as coisas que possuímos do que aquelas que pertencem aos outros, ou achar que nossa dor de dente foi insuportável, enquanto o vizinho é um fracote por ter urrado tanto por causa da dor de dentes dele.

- **Autoproteção (Safety):** Tomamos mais frequentemente e mais convictamente decisões que nos levem a minimizar perdas, do que decisões para maximizar ganhos — mais do que ganhar, preferimos não perder. Diversos estudos realizados com diferentes públicos e em diferentes épocas e lugares mostram isso. Ou seja, as coisas negativas, os fatos desagradáveis, a possibilidade de virmos a sofrer tendem a ser fatores muito mais poderosos a nos impelir a agir do que os fatos agradáveis ou a possibilidade de virmos a desfrutar ou ter prazer com algo.

Autoconhecimento para um mundo melhor

Isso é atávico, vem de nosso próprio processo evolutivo como espécie: para sobreviver, devemos evitar o perigo. Mesmo Freud, quando estabeleceu em sua teoria psicanalítica os dois princípios básicos de prazer e de realidade, definiu o primeiro não exatamente como a busca do gozo, e sim como a evitação do sofrimento.

Lieberman e seus companheiros criaram um modelo de análise e intervenção para lidar com essas percepções distorcidas, que chamaram de The SEEDS Model. Com ele, pretenderam ensinar as pessoas a atuar sobre esses processos de distorção de suas próprias percepções e decisões. Entretanto, como a maior parte desses vieses opera em nossa mente de forma não consciente, é muito difícil ter êxito no que os pesquisadores gostariam que acontecesse: a pura e simples eliminação de tais distorções. O que propõem é, portanto, uma abordagem menor que isso, em três etapas, a saber:

1. **Aceitação.** Precisamos aceitar com humildade o fato de sermos, todos nós, seres humanos tendenciosos, porque é o que nossa biologia determina.

2. **Identificação.** Precisamos conhecer melhor as subdivisões internas de cada uma dessas cinco categorias de distorções de percepção, a fim de reconhecer quais delas, especificamente, operam em nosso caso.

3. **Abrandamento.** Finalmente, precisamos ser capazes de adotar algumas táticas (que o próprio modelo propõe), se não para eliminar totalmente tais formas de distorção, para ao menos amainá-las ou reduzir seus efeitos sobre nossas percepções, julgamentos e decisões no trabalho e na vida pessoal.[29]

○○○

O que impulsiona nosso comportamento social?

Levando o exemplo para um campo mais amplo, do comportamento individual para o comportamento grupal, também a neurociência nos ajuda a entender quais são os

---

29 LIEBERMAN, Matthew D.; ROCK, David; GRANT, Heidi; COX, Christine. Breaking Bias Updated: The SEEDS Model®. *NeuroLeadership Journal*, vol. 6, edição de novembro de 2015, NeuroLeadership Institute. In: <https://neuroleadership.com/portfolio-items/breaking-bias-updated-the-seeds-model-2/>. Acesso em: 03/06/2019, 18h15.

Capítulo 7: Neurociência: via para o conhecimento do conhecimento

verdadeiros impulsionadores do comportamento social. Cada vez mais o estudo dos processos cerebrais — em especial de sua influência sobre os aspectos sociais, cognitivos e afetivos de nossa conduta — fornece pistas sobre os fundamentos biológicos que explicam como as pessoas realmente se relacionam. Descobertas recentes, por exemplo, questionam alguns paradigmas que orientaram por muito tempo estudos realizados no campo da motivação de equipes em ambientes profissionais.

Hoje sabe-se que, para nosso cérebro, algumas "ameaças sociais" que enfrentamos podem equivaler, em intensidade de sofrimento e em potencial para desencadear em nós quadros de estresse, até mesmo a concretas ameaças a nossa sobrevivência física.

Em outras palavras, por mais incrível que possa parecer, para nosso cérebro, sofrer assédio moral ou não ser tratado com justiça no trabalho pode ser equivalente a coisas tais como sentir fome ou não ter um teto para dormir — uma vez que ambos os tipos de ameaça ativam o mesmo centro cerebral, dos impulsos primários.

Os neurocientistas David Rock (do NeuroLeadership Institute, participante da equipe que conduziu o estudo sobre distorções de percepção que descrevi antes) e seu colega Jeffrey Schwartz propuseram um novo modelo para substituir a clássica pirâmide das necessidades humanas desenvolvida por Abraham H. Maslow.[30] Se o leitor se lembra, a pirâmide foi o modelo usado por Maslow para estabelecer uma hierarquia de necessidades dos seres humanos, na qual as de nível mais baixo são as necessidades básicas (tais como fome, sede, sono, abrigo), que devem ser satisfeitas antes que possam ser satisfeitas as necessidades de nível intermediário (tais como amor, afeto, relacionamento), devendo estas ser satisfeitas, por sua vez, antes daquelas necessidades de nível mais elevado (realização pessoal).

Com base em seus estudos, Rock e Schwartz propuseram um novo quadro de referência: cinco qualidades que corresponderiam às motivações primordiais de qualquer ser humano, que eles denominaram: *status, certainty, autonomy, relatedness* e *fairness* (em português: status, certeza, autonomia, relação e justiça). Para facilitar a

---

30 A Pirâmide de Maslow ou a Hierarquia das Necessidades de Maslow, criada pelo psicólogo norte-americano Abraham H. Maslow, hierarquiza as condições necessárias para que cada ser humano atinja sua satisfação pessoal e profissional ao longo da vida. Ela é composta de cinco níveis: Na base estão os elementos considerados primordiais para a sobrevivência, como fome, sede, sexo e respiração; o segundo nível é o da segurança (desde segurança em casa e no trabalho até ter planos de saúde, por exemplo); o terceiro é o das necessidades sociais, como ter amigos e constituir família; o quarto é o de status e de estima, a necessidade de ser reconhecido e respeitado; e o quinto, no topo da pirâmide, é o da autorrealização, a necessidade de ser independente, desenvolver o próprio potencial, ter satisfação com o que faz. Ver mais a respeito em: SCHULTZ, Duane P.; SCHULTZ, Sydney Ellen. *História da Psicologia Moderna*. São Paulo: Cengage Learning, 10ª ed., 2016.

memorização dessas cinco qualidades, Rock e Schwartz criam, com as iniciais das cinco palavras, o acrônimo SCARF.[31]

Os autores afirmam que essas cinco qualidades representam funções sociais exercidas pelo ser humano quando o cérebro é ativado com alguma ameaça ou alguma recompensa. O *status* se relaciona à importância que o indivíduo acredita ter para os outros e com a forma como a sociedade inclusiva o destaca ou considera; a *certeza* tem a ver com a tranquilidade que lhe é proporcionada por certo nível de previsibilidade dos acontecimentos, inclusive sua possibilidade de vislumbrar aspectos importantes do futuro; a *autonomia* é decorrente do sentimento de controle que o indivíduo tem a respeito de tudo que acontece à sua volta; a *relação* refere-se, por sua vez, ao sentimento de segurança do indivíduo quanto ao jogo social em que se envolve: o relacionamento com amigos, parceiros, colegas etc.; e, finalmente, a *justiça* tem a ver com imparcialidade percebida pelo sujeito nas relações entre as pessoas — sua percepção de que está havendo um tratamento equânime e de que são justas as interações entre as pessoas.

Por exemplo, um ambiente de trabalho poderá promover essas cinco qualidades e, fazendo-o, minimizar situações que possam ser vistas como ameaça ou perigo pelos indivíduos que participam desse ambiente. Ao mesmo tempo, um tal ambiente de trabalho, ao promover essas qualidades, estará maximizando nas pessoas que ali convivem um sentimento de recompensa. Lembremos que o cérebro humano, segundo abundantes estudos nos mostram, tenderá a sempre operar de modo a evitar o sofrimento e a dor (e, por conseguinte, o perigo) e a buscar e a preservar ao máximo o prazer (portanto, a recompensa).

Pesquisas mostram que o peso específico (a importância relativa) de cada uma dessas cinco qualidades varia bastante, de pessoa para pessoa — as pessoas têm diferentes graus de sensibilidade em relação a cada uma delas. E quando uma qualidade em relação à qual a pessoa é especialmente sensível não é atendida, obviamente isso afeta profundamente essa pessoa: via de regra, ela não consegue, nesse caso, pensar criativamente, trabalhar bem em equipe ou tomar decisões adequadas.

Tomemos o exemplo hipotético de um profissional que seja altamente sensível a uma dessas cinco qualidades: a justiça. Digamos que esse profissional está vivendo a situação de se ver obrigado a aceitar um salário significativamente mais baixo que o de um colega que ocupa o mesmo cargo, executa as mesmas funções e tem o mesmo tempo de trabalho na empresa que ele. Com certeza esse profissional se sentirá

---

31 O termo *scarf* existe em inglês e significa cachecol, écharpe, espécie de lenço que se coloca no pescoço, como adorno ou para proteger do frio ou do vento.

Capítulo 7: Neurociência: via para o conhecimento do conhecimento

diminuído, desgostoso, experimentando sentimentos de frustração com a situação. Ele poderá se sentir até mesmo humilhado, tendo sua autoestima perigosamente afetada. Certamente, também, irá diariamente para o trabalho pouco motivado (ou muito desmotivado) e será menos produtivo em suas tarefas.

Conhecendo essas cinco qualidades propostas por Rock e Schwartz, torna-se possível também iniciar uma análise da cultura interna da empresa e, por meio dessa análise, buscar compreender melhor como se dá a relação dinâmica entre ameaças e recompensas que se entrechocam na empresa. Será possível, por essa análise, entender melhor os mecanismos que permitirão extrair o melhor desempenho possível, nas condições dadas, das equipes de trabalho — entendendo-se por melhor desempenho: um maior interesse e engajamento no trabalho pelos membros das equipes;, maior foco colocado nas soluções, em vez de dos problemas; maior disposição para resolver de imediato (ao invés de procrastinar) o ataque aos problemas; uma visão mais ampla e aguda das questões que se colocam no dia a dia da empresa; etc.

Com base nessas considerações em seus estudos, um desses dois autores, David Rock, que é Ph.D. em neurociência da liderança pela Middlesex University de Londres e autor de vários livros sobre o tema, criou o conceito de *neuroliderança* — que ele define como uma forma de treinar líderes para que ajudem a tornar mais saudáveis ambientes profissionais que estejam se mostrando tóxicos para as pessoas.[32]

Para Rock, a neurociência prova que o cérebro pede que se façam processos de coaching para que se efetivem transformações pessoais realmente importantes. A neurociência reforça, também, uma prática que os coaches em geral sempre tiveram, até recentemente com base apenas em intuição, mas agora respaldados por dados científicos: a colocação do foco sempre na solução, e não no problema.

o o o

Mudando o mindset

Outro conceito de enorme importância que a neurociência igualmente reforça refere-se à capacidade que se descobriu ter o ser humano de mudar, transformar-se e evoluir indefinidamente, praticamente sem que haja um limite para tal. Este é um ponto que me interessa particularmente.

---

32 Mais informações sobre o trabalho de David Rock e os temas da neuroliderança e do neurocoaching são dados no site da Fellipelli: <https://www.fellipelli.com.br/neurocoaching/>.

Autoconhecimento para um mundo melhor

Estou falando aqui de um princípio muito especial, um dos eixos centrais deste livro, e que é defendido brilhantemente pela psicóloga Carol S. Dweck, professora da Universidade Stanford. Dweck é autora de um livro que tem tido enorme repercussão: *Mindset — How You Can Fulfill Your Potential*.[33]

Segundo Dweck, que realizou grande número de experimentos, inclusive com crianças e adolescentes, antes de dar como provada sua tese, existem dois tipos de atitudes ou mentalidades (*mindsets*, como ela os chama): existem aquelas pessoas que têm uma mentalidade fixa, que acreditam que as coisas são como são e não mudarão jamais, e existem aquelas pessoas com mentalidade de desenvolvimento ou crescimento, que acreditam que as coisas não são fixas e sempre podem mudar.

A mentalidade da grande maioria das pessoas ocupa alguma posição intermediária, oscilando entre esses dois extremos, porém, pendendo, ou mais para a mentalidade fixa, ou mais para a mentalidade de desenvolvimento. Raras, portanto, são as pessoas radicais em um ou outro sentido — mas elas existem, também.

Nossa tendência, de qualquer modo, é estar mais para um do que para o outro tipo. Aquelas pessoas que têm mentalidade mais fixa tendem a construir pensamentos com base na crença em uma inteligência nata e em uma personalidade que não pode ser mudada. São pessoas que se aferram às suas ideias, princípios e propostas (inclusive e principalmente preconceitos), que não veem como podem ser alterados. "Para o bem ou para o mal, eu sou assim e pronto!", é como se posicionam frente ao mundo e as coisas da vida.

As consequências de se ter uma mentalidade fixa podem ser desastrosas: as pessoas que são assim dificilmente mudam mesmo, simplesmente porque não acreditam que possam mudar e nada fazem de efetivo para mudar. Em vez de "estar", elas "são" imutavelmente inteligentes ou burras, feias ou bonitas, tolerantes ou intolerantes, pacientes ou impacientes, discretas ou fofoqueiras, prudentes ou imprudentes, e assim por diante. Essa forma fixa de pensar, é claro, limita prejudicialmente o potencial criativo da pessoa, que trata as situações sempre do mesmo modo, sem enxergar alternativas àquilo que está habituada a fazer.

Entretanto, quem tem mentalidade de desenvolvimento, segundo mostra Dweck, parte de uma premissa básica totalmente distinta: a de que o sucesso depende de habilidades e competências que certamente podem ser aprimoradas, se a pessoa se dispuser a investir nisso seu esforço e sua persistência. A mentalidade de desenvolvimento é, assim, uma forma diferente de encarar as coisas da vida, própria das

---

33 DWECK, Carol S. *Mindset: How You Can Fulfill Your Potential*. New York: Ballantine Books, 2008.

Capítulo 7: Neurociência: via para o conhecimento do conhecimento

pessoas que, ao invés de temer os desafios, gostam de enfrentá-los. Isso favorece em muito sua criatividade.

Quem pensa dessa forma também tende a temer menos as críticas que possa receber, porque tem propensão a vê-las como uma forma de ajuda para seu próprio aprimoramento, e não como a ameaça vinda de um inimigo. Essas pessoas com mentalidade de desenvolvimento ou crescimento se caracterizam pelo intenso desejo de aprender e de aproveitar as oportunidades que lhes surjam, para sempre melhorar seu desempenho e aumentar sua expertise e sua eficácia, qualquer que seja a atividade a que se dedicam.

Essas pessoas são também, quase sempre, movidas pela paixão por aquilo que fazem, o que as leva a constantemente reinventar-se dentro dessa sua atividade e a desenvolver novas habilidades para desempenhá-las.

Dweck narra que teve sua curiosidade despertada pela primeira vez para esse tema ao se ver intrigada com uma constatação que fortuitamente fez: a de que algumas pessoas reagem bem às derrotas que têm, aprendendo com a experiência, ao passo que outras, frente a uma derrota, sentem-se literalmente destruídas, acham-se fracassadas e incompetentes e têm muita dificuldade para reerguer-se e "dar a volta por cima".

A oportunidade de observar essas duas formas de conduta e de refletir sobre as diferenças diametrais entre uma e outra foi o que levou Dweck ao seu feliz insight: ela percebeu que estava frente a duas distintas visões de mundo. Enquanto para uns o mundo é um ambiente perigoso e inóspito, a ser rechaçado por medo ou desdém, para outros o mundo é um grande caldeirão repleto de chances que as pessoas devem aproveitar para tornar a vida mais plena. Onde um só vê obstáculos, o outro enxerga lições. Para usar uma imagem que já se popularizou inteiramente: para uns, o copo sempre está meio vazio; para outros, meio cheio.

○ ○ ○

O homem altruísta

Outra área de estudo em que a neurociência veio recentemente a dar uma excelente contribuição é a do altruísmo. As constatações e comprovações da neurociência acerca de mentalidades, comportamentos e hábitos ajudam as pessoas a superar suas dificuldades e as prepara para tomar nas mãos as rédeas da própria vida e transformá-la para melhor.

No caso de líderes, em especial, seus esforços pelo maior autoconhecimento e pela mudança interna podem ajudá-los a contribuir para o processo de construção de uma sociedade mais harmoniosa, não mais sustentada apenas em disputa econômica por sobrevivência e por mais e mais lucro, mas também, e principalmente, fundada na solidariedade e no autêntico desejo de maior bem-estar para as pessoas em geral e em uma relação mais saudável destas com seu ambiente.

Mas a neurociência não nos ajuda a mudar apenas a qualidade de nossos comportamentos e hábitos, e de nossa vida. Ela também explica a origem de algumas de nossas melhores práticas, jogando luz sobre o que se encontra por trás de sentimentos tais como a compaixão, a empatia e o desejo sincero de desinteressadamente ajudar ao próximo. Este último sentimento é chamado de altruísmo.

Entretanto, de que estamos realmente falando quando nos referimos a altruísmo? Vale partir de um exemplo: recentemente ganhou uma forte repercussão na mídia um estudo liderado pelo neurocientista brasileiro Jorge Moll Neto,[34] pesquisador do Instituto Nacional de Saúde dos Estados Unidos, segundo o qual o ato de fazer o bem, de praticar uma boa ação, aciona no cérebro um sistema de recompensa, o mesmo que é despertado por prazeres tais como comer chocolate, namorar ou consumir drogas.

Publicada na revista *PNAS* (Proceedings of the National Academy of Sciences of the United States of America), a pesquisa foi feita com voluntários que deveriam decidir o que fazer com determinada quantia de dinheiro recebida enquanto eram submetidos a exames de ressonância magnética funcional. As opções dadas aos sujeitos do teste, quanto a esse dinheiro, eram: guardá-lo para si ou doá-lo a uma instituição filantrópica.

Quando o sujeito decidia pela doação, o exame de ressonância mostrava a ativação de certas partes do córtex cerebral, especialmente uma região localizada no mesolímbico dopaminérgico, responsável por nossos laços afetivos e sociais intensos e de longa duração, assim como pelo nosso sistema de recompensa. Essa região é aquela que libera a dopamina, um neurotransmissor que gera a sensação de bem-estar e estimula a busca por repetir experiências parecidas, que possam reproduzir a mesma sensação.

---

34 Entre as matérias publicadas estão: <https://oglobo.globo.com/sociedade/ciencia/neurocientistas- brasileiros-desvendam-como-
-cerebro-processa-valores-como-altruismo-17420410>, e <http://vyaestelar.uol.com.br/post/1512/altruismo-ativa-regiao-de-prazer-
-do-cerebro?/cerebro_altruismo.htm>.

Capítulo 7: Neurociência: via para o conhecimento do conhecimento

Com base nesse experimento, Moll concluiu ter descoberto que nós, seres humanos, dispomos de mecanismos cerebrais que nos impelem ao altruísmo.

Certamente há, entre umas e outras pessoas, diferenças culturais e genéticas que determinam variações na intensidade e na forma como esse mecanismo funciona; por exemplo, algumas pessoas são mais empáticas que outras, e nelas, por conseguinte, a sensação de estar sendo recompensado pelo seu ato altruísta pode vir a ser maior. Por certo também, algumas culturas e religiões reforçam e valorizam mais que outras as doações pessoais ao semelhante, mas, em todas elas, o que potencializa esse mecanismo é, em última análise, a sensação de prazer que o indivíduo altruísta experimenta.

A ciência encontrou, portanto, uma explicação plausível para o fato de tantas pessoas se mostrarem altruístas com outros seres humanos, sem nada esperar em troca e sem obter, objetivamente, qualquer ganho pessoal, a não ser a imensa sensação de bem-estar que lhe é trazida pela descarga de dopamina que recebe.

Alguns importantes traços culturais comumente associados aos brasileiros também estão em sintonia com descobertas feitas em estudos de neurociência. Esses estudos mostraram que o ser humano é, em geral, mais cooperativo do que competitivo, e que foi graças aos mecanismos do altruísmo e da solidariedade que ele pôde sobreviver às dificuldades enfrentadas no percurso de sua evolução. Mesmo Charles Darwin, segundo intérpretes que foram contemporâneos do cientista, teria defendido que a cooperação (e não apenas a competição) foi crucial para a evolução humana.

Em 1872, em um importante livro, Darwin destacava a relevância dos aspectos emocionais para a adaptação das espécies.[35] Também o documentário francês *A Revolução do Altruísmo*,[36] de 2015, é uma didática apresentação ao público de uma espécie de "corrente do bem" estabelecida entre os neurocientistas, empenhados em provar que o ser humano é altruísta em sua essência. Um dos entrevistados é o monge francês Matthieu Ricard, budista da tradição tibetana, um doutor em biologia molecular que abandonou, décadas atrás, a carreira de cientista para ir residir no Himalaia e dedicar-se integralmente à vida espiritual. Ricard ofereceu-se para participar, como voluntário, de pesquisas cujo escopo era investigar os efeitos da meditação, da compaixão e do altruísmo no cérebro.

---

35 DARWIN, Charles. *A Expressão das Emoções no Homem e nos Animais*. São Paulo: Companhia das Letras, 2000.

36 *The Altruism Revolution*, de 2015, dirigido por Sylvie Gilman e Thierry De Lestrade.

Uma dessas pesquisas foi conduzida pelo neurocientista Richard Davidson, da Universidade de Wisconsin (EUA), que recentemente lançou no Brasil um livro com o mesmo nome do documentário, relatando os resultados obtidos em vários experimentos semelhantes àqueles filmados.

O monge Ricard, por sua vez, é coautor de outro livro (tradução do título em português: *O Quantum e o Lótus: Uma Jornada às Fronteiras onde Ciência e Budismo se Encontram*), um best-seller em que defende (e ele mesmo é uma prova viva do que afirma) que a prática da meditação e da bondade modifica substancialmente para melhor a vida das pessoas, sendo a verdadeira chave da saúde e da felicidade.[37]

Entenda-se a felicidade, no caso, como uma sensação de bem-estar, consequência da liberdade interior que a pessoa experimenta por não mais ser um escravo de certos pensamentos obsessivos ou de sentimentos tais como ganância, raiva, ciúme ou arrogância. Mas, como Ricard apregoa, a felicidade é também resultante da prática do altruísmo, uma das qualidades componentes da felicidade, segundo a neurociência hoje pode comprovar.

Para o monge, a cooperação entre seres humanos é uma condição natural, assim como é natural ser altruísta. A bondade é, por assim dizer, algo "banal". Tanto que o que realmente chama nossa atenção, quando acontecem, não são as condutas humanas que mostram solidariedade, compaixão, bondade e empatia, mas justamente o contrário delas: as situações de dissensão e de conflito.

Aliás, por mais surpreendente que seja, temos a tendência a subestimar totalmente o fato de acontecerem, na vida cotidiana, gestos de bondade e gentileza, certamente em quantidade muito maior do que a de gestos de agressividade ou maldade. "Simplesmente não prestamos atenção nessa realidade tão corriqueira: não vemos as pessoas se cruzarem nas ruas e saírem se estapeando! Porém, se em uma dada ocasião dois colegas de trabalho repentinamente começarem a trocar socos, o fato certamente se tornará assunto para todo o restante do mês", disse o monge certa vez em uma conferência.

De tudo que a neurociência nos está trazendo, entretanto, uma coisa é fundamental que asseveremos: é perfeitamente possível treinar o cérebro para ser feliz e para ser altruísta. E como isso pode ser feito? Estudos com crianças em idade pré-escolar, nos Estados Unidos, conduzidos por Richard Davidson, mostraram que, após terem elas recebido, em sessões de 40 minutos, 3 vezes por semana, durante 10 semanas, treinamento em atividades de cooperação, gratidão, gentileza, respira-

---

37 RICARD, Matthieu; THUAN, Trinh Xuan *The Quantum and the Lotus - A Journey to the Frontiers where Science and Buddhism Meet*. [S. l.]: Broadway Books, 2004.

ção e meditação, seu comportamento já mostrava nítidos sinais de ter-se alterado para melhor: as crianças estavam mais calmas, brigavam menos e mostravam menos episódios de discriminação em relação aos seus coleguinhas que fossem de algum modo diferentes.

A meditação é um tipo de treinamento comportamental em que a pessoa fixa a mente em algo, em um ponto focal qualquer — que pode ser inclusive um "nada", uma forma de esvaziamento da mente. Esse tipo de exercício serve para ativar as áreas do cérebro ligadas às emoções positivas, o que sem dúvida favorece o aprendizado e o controle emocional.

Para mim, essas experiências mostram que a ciência vem confirmando atualmente alguns princípios, conceitos e teses importantes, que já eram defendidos por sábios mais de 2 mil atrás, conhecimentos que podem e devem ser aplicados para melhorar a vida das pessoas, dos grupos e das sociedades.

Para uma efetiva mudança em nível mundial, precisamos ser capazes de entender os mecanismos de sobrevivência que desenvolvemos como espécie e que utilizamos ainda hoje, como é o caso dessa dinâmica "ameaça-recompensa"; ou o modelo SCARF, de Rock e Schwartz, que abordei antes. Temos de usar ferramentas eficazes como essas, se quisermos construir ambientes de trabalho mais saudáveis e promover treinamentos eficazes para líderes que farão a diferença.

Além disso, é urgente a necessidade de aprendermos, em nosso próprio benefício, a oferecer e pedir cooperação, ao menos no mesmo grau em que fazemos uso de nosso senso de competição. Disso nos convenceu a neurociência.

Ela nos mostrou, ainda, que é possível desenvolver qualidades tais como o altruísmo e a empatia, e que a inteligência emocional, tema ao qual voltarei em maior profundidade no próximo capítulo, é fundamental para nosso sucesso na vida — sucesso que também se mede nas formas como lidamos com as situações em geral: das mais corriqueiras, às quais reagimos de forma impulsiva, sem pensar, até aquelas que nos pedem reflexões mais elaboradas, que possam nos ajudar a entendê-las melhor, contendo nossas reações meramente instintivas, ditadas pelo sistema límbico e, ao contrário, levando em conta a contribuição importantíssima do córtex pré-frontal.

○○○

8

Inteligência Emocional e Liderança

Não quero ficar à mercê das minhas emoções. Ao contrário,
quero poder utilizá-las, desfrutar delas, ter controle sobre elas.

Oscar Wilde, em ***O Retrato de Dorian Gray***

O porquê deste capítulo

Autoconhecimento é, em larga medida, o conhecimento que temos de nossa capacidade de lidar com nossas emoções — o que são elas, quais delas nos são mais frequentes e quais menos, por que nosso perfil emocional é esse e em que circunstâncias manifestamos cada uma dessas emoções. Daí a enorme importância, para nosso autoconhecimento, de sabermos reconhecer e lidar com nossa Inteligência Emocional em suas cinco dimensões. Quem tem verdadeiro domínio sobre as emoções certamente tem maiores chances de uma vida melhor.

Por essa razão, dedicamos este capítulo a estudar esse tema, que já é clássico, divulgado no Brasil principalmente por Daniel Goleman, em seus livros e palestras. Segundo esse autor — e acredito que ele está certo ao dizê-lo —, o que é mais determinante para nosso sucesso ou fracasso na vida é, quase sempre, o modo como lidamos com nossos sentimentos e emoções — nossa IE —, muito mais do que nosso uso da inteligência cognitiva. Isso pode explicar por que razão pessoas com inteligência cognitiva bastante limitada podem, mesmo assim, ser felizes na vida, ao passo que muitas pessoas bem dotadas em termos de inteligência cognitiva, podem, dada sua pobreza emocional, viver uma vida infeliz.

Neste capítulo trato ainda de três aspectos muito importantes que relacionam autoconhecimento e IE. O primeiro deles é que nós, da Fellipelli, não apenas temos sistematicamente estudado a IE e sua importância no trabalho das pessoas, como temos também extraído desses estudos dados que nos levam a conclusões significativas sobre como a IE se manifesta. Apresento neste capítulo algumas dessas conclusões.

Um segundo ponto que também trato aqui se refere à empatia e à responsabilidade social, aspectos essenciais da IE que se manifestam no modo como nos comunicamos e nos relacionamos com as outras pessoas. Podemos constatar, quanto a esses aspectos, que nosso próprio autoconhecimento é que está sendo posto em ação em nossas relações com os outros.

Finalmente, examinamos neste capítulo ainda um terceiro ponto, focando a liderança. Pela liderança que exercemos também mostramos quem somos, o que pensamos, o que nos parece certo ou errado, o que queremos ou não queremos. Atuar como um bom líder é fundamental na transformação de autoconhecimento em ação prática junto aos outros. E todos temos pela frente, com frequência, situações em que precisamos exercer liderança sobre os outros, mesmo quando não ocupamos um posto que formalmente requeira liderar os outros. Mas somos melhores líderes quanto mais formos competentes emocionalmente.

o o o

A Inteligência Emocional, o EQ-i 2.0® e suas cinco dimensões

Sempre pareceu muito claro — e continua parecendo cada vez mais — que a personalidade é algo único: que cada ser humano tem a sua personalidade, distinta (em pelo menos alguns aspectos muito relevantes) daquela de qualquer outro semelhante, mais ou menos como acontece com as impressões digitais.

Mas levemos em conta que tem havido importantes avanços nas buscas da ciência por entender como funciona o cérebro humano, e nessas buscas, uma questão central tem sido justamente a tentativa de dar explicações cientificamente comprováveis sobre as diferenças de personalidade, de atitudes e de comportamentos entre os seres humanos.

Nessas buscas da ciência cognitiva (ou neurociência, como queira) pelo desvendamento da mente humana, diversos outros pontos que vem sendo ao longo dos anos bastante controversos vão sendo gradativamente esclarecidos e mapeados. E um desses pontos é a Inteligência Emocional (IE). A IE parece ser, inquestionavelmente, a chave que temos de acionar para encontrar nossa felicidade, para nos sentirmos realizados, para concluirmos que somos bem-sucedidos no trabalho e na vida pessoal. Não é pouco para uma só disciplina a ser estudada e conhecida!

Sinto-me confortável (e contente) em poder dizer que essa importância tão grande que cada vez mais se atribui à IE vem de encontro às mais legítimas aspirações dos profissionais do aconselhamento de modo geral e dos coaches, em particular. Se existe uma área de práticas profissionais que vem sendo fortemente (e muito positivamente) impactada por esses êxitos da neurociência, essa é justamente a das atividades de orientação e aconselhamento pessoal. Chamo assim, genericamente, todas aquelas atividades profissionais em que alguém toma para si a enorme responsabilidade de ajudar outras pessoas a se encontrarem cognitiva e emocionalmente, em alguma esfera da vida e em algum nível de profundidade.

Estão inseridos nesse quadro, em particular, a psicoterapia, o mentoring e o coaching. Este último tipo de abordagem, em especial, por ser um tipo de uma atividade praticada por profissionais especialmente ativos e sedentos de novos conhecimentos, sempre à cata de novos conceitos e abordagens que aprofundem e ampliem sua capacidade de oferecer ajuda, tem sido dos mais beneficiados: o coaching profissional, arrisco dizer, é talvez a disciplina que hoje mais se desenvolve, a partir das constantes contribuições que lhe chegam, vindas dos desdobramentos havidos nos estudos da neurociência sobre a Inteligência Emocional.

Especificamente quanto à Inteligência Emocional, temos identificado formas inovadoras e criativas para aprofundar o conhecimento dessa supercompetência humana, para desenvolvê-la em nós mesmos e para ajudar outras pessoas a se aperfeiçoar nessa área. O que é especialmente importante, avançamos bastante na construção, em programas de *assessment*, de instrumentos eficazes de avaliação preditiva,

Capítulo 8: Inteligência Emocional e Liderança 153

capazes de indicar com excelente grau de precisão os aspectos da Inteligência Emocional mais significativos que cada avaliando apresenta.

Estou me referindo, entre esses instrumentos de *assessment*, em especial ao EQ-i 2.0® (Emotional Quotient 2.0). Já o citei anteriormente, em outro capítulo. Trata-se do primeiro instrumento científico criado no mundo para uma real avaliação da Inteligência Emocional. Cientes disso, fizemos questão de trazer esse recurso para o Brasil, em 2012, para ser utilizado como instrumento de trabalho pela Fellipelli, junto aos seus clientes.

A primeira versão do instrumento, chamado então de EQ-i, é de 1997. Foi, porém, em 2011 que essa ferramenta ganhou sua versão 2.0, bem mais completa e focando de forma especializada a Inteligência Emocional nos ambientes de trabalho. É esta a versão com que vimos trabalhado na Fellipelli, com excelentes resultados. Ela foi desenvolvida por dois especialistas dessa área, Steven J. Stein e Howard E. Book, dos quais ainda falaremos mais.

Assim, desde 2012 temos utilizado o EQ-i 2.0® para ajudar nossos clientes executivos e outros profissionais do ambiente corporativo. E já conseguimos formar, a partir dos resultados obtidos com essas aplicações, um importante banco de dados, recheado de informações reveladoras sobre a natureza e a qualidade da liderança nos níveis executivos. Essas informações estão disponíveis para servirem de base para estudos e análises, obviamente salvaguardando e evitando a divulgação de dados individuais dos executivos submetidos ao instrumento.

É importante, antes de mais nada, mostrar ao leitor como funciona essa ferramenta: ela parte da constatação já consolidada de que Inteligência Emocional refere-se a um conjunto de competências socioemocionais que influenciam diretamente a forma como percebemos e expressamos a nós mesmos, assim como a forma como desenvolvemos e mantemos relacionamentos sociais, lidamos com os desafios que se apresentam e como fazemos nossas escolhas a respeito de tudo isso. A IE diz respeito, além disso, às formas pelas quais usamos as informações de que dispomos sobre nossas emoções e as dos outros.

A proposta altamente original contida nesta ferramenta consiste justamente em "medir" o nível de interação que se dá entre o indivíduo avaliado e, em seu todo, o ambiente no qual está inserido.

Nesse sentido, é importante observar que os níveis e as formas de expressão da IE por parte de uma pessoa podem se alterar ao longo dos anos, tornando-se mais ou menos aguda ou mais ou menos nítida em determinados aspectos. Isso dependerá das vivências únicas tidas por essa pessoa e de como tem ela lidado com tais vivências.

Aliás, não é suficiente apenas medir os principais aspectos dessa interação entre o indivíduo e seu ambiente. É necessário, ainda, fazer essa medição periodicamente, durante certo período de tempo. Isso ajudará não só a perceber tendências nessas transformações ao longo do tempo, mas também a conhecer influências recebidas pelo avaliando e mudanças de conduta pessoal que elas suscitam.

Esse é um modo inteligente de as pessoas começarem a operar sobre seu autoconhecimento: avaliar-se por meio de um instrumento confiável. O avaliando terá, assim, acessado aspectos importantes sobre si mesmo que, sem esse instrumento, provavelmente não estariam disponíveis para análise. Ele terá à mão, então, elementos válidos que servirão como ponto de partida para seu programa de autodesenvolvimento.

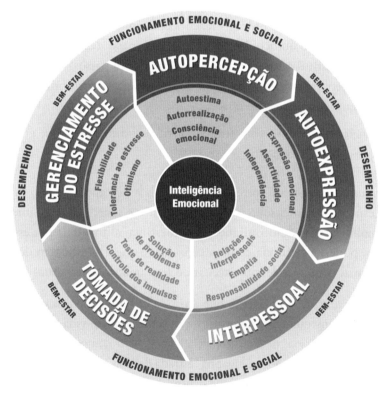

Figura 8.1

Peço agora ao leitor que examine a Figura 8.1. Ela mostra o círculo (a "roda", como popularmente se referem a ela as pessoas que experimentam o processo) da Inteligência Emocional, que dá sentido ao instrumento EQ-i 2.0®. Nessa "roda", tem-se a informação de como se organizam os conceitos que são levados em conta e avaliados por meio dessa ferramenta.

Capítulo 8: Inteligência Emocional e Liderança

O que de imediato se destaca na figura são as cinco dimensões analisadas na construção do conceito de Inteligência Emocional:

- Autopercepção

- Autoexpressão

- Interpessoal

- Tomada de decisões

- Gerenciamento de estresse

A primeira dessas dimensões, a *autopercepção*, refere-se a como o indivíduo vê a si mesmo e interpreta suas próprias reações emocionais. Saber fazer isso é um requisito essencial para o autoconhecimento, tema central deste livro. Na verdade, a autopercepção constitui a base do processo de mudança pessoal em si, uma vez que ninguém pode tentar transformar seu modo de ser se não tiver, primeiro, ao menos uma ideia de qual modo de ser é esse.

Essa primeira dimensão é constituída por três subdimensões, que guardam profunda relação entre si, e que são:

- A *autoestima*, que está fortemente associada a percepções que o sujeito possa ter, especificamente, sobre sua autoconfiança e sobre sua força interior capaz de mobilizar essa autoconfiança. A autoestima, alimentada por essa força interior, pode ser definida como a capacidade que a pessoa tem de respeitar a si mesma, compreendendo e aceitando seus pontos fortes e suas fragilidades.

- A *autorrealização*, a convicção que a pessoa possa ter sobre si mesma e sobre o que pode conseguir. Essa autorrealização vem acompanhada de uma clara consciência, pela pessoa, de suas potencialidades, bem como de um sentimento de satisfação em relação ao seu lugar na "estrada da vida". A autorrealização é, de fato, uma espécie de impulso vindo de dentro da pessoa, que a impele a evoluir continuamente na busca de concretizar objetivos pessoais relevantes e significativos.

- E, finalmente, há a *consciência emocional*, pela qual o sujeito é capaz de reconhecer as emoções que experimenta, distinguir entre elas por meio das sutilezas que as diferenciam, bem como compreender as causas que o levam a ter essas emoções, assim como compreender o impacto que elas têm sobre seus próprios pensamentos e ações, e os dos outros.

A segunda dimensão abordada na "roda" do EQ-i 2.0® é a *autoexpressão*. Ela diz respeito às formas pelas quais nos apresentamos ao mundo, exprimindo nossos sentimentos, nossos pensamentos e nossas crenças. Essa autoexposição pessoal se dá por meio de vários processos, que usamos para nos comunicar com o ambiente ao nosso redor, e que são:

- Nossa *expressão emocional*, que é a capacidade que temos de mostrar abertamente nossos sentimentos, verbalizando-os ou não, de forma a ajudar, ou pelo menos não trazer danos, a outras pessoas.

- Nossa *assertividade*, que envolve nossa capacidade de comunicar eficazmente nossos sentimentos, nossas crenças e nossos pensamentos e de defender nossos direitos e nossos valores pessoais, de uma forma que seja socialmente aceitável, não ofensiva e não destrutiva.

- Nossa *independência*, isto é, nossa capacidade de dirigir a própria vida com autonomia e liberdade, tomando decisões por nós mesmos, pelas quais somos (e assumimos ser) responsáveis. Nossa independência se traduz também em nossa capacidade de planejar nossos passos e tarefas e os cumprir, sem, para tal, depender emocionalmente de outras pessoas.

A terceira dimensão apresentada na "roda" é a *interpessoal*. Ela diz respeito a:

- Quanto somos capazes de estabelecer e manter *relações interpessoais* — isto é, que nível de habilidade temos para desenvolver e solidificar contatos mutuamente satisfatórios com as outras pessoas.

- Nossa *empatia*, que é a aptidão que devemos ter para reconhecer, compreender e respeitar a forma como as outras pessoas se sentem, entendendo a perspectiva do outro, pondo-nos em seu lugar (característica desta subdimensão é, por sinal, nossa capacidade de manter a confiança nos outros e por estes mostrar compaixão).

- E, por fim, nosso nível de *responsabilidade social*, que se refere à iniciativa que devemos ter para voluntariamente contribuir com a sociedade, movidos por um senso pessoal de dever e de consciência social — ou seja, movidos por nossa preocupação com a comunidade à nossa volta e nosso desejo sincero de que as outras pessoas também alcancem um estado satisfatório de bem-estar.

Capítulo 8: Inteligência Emocional e Liderança

A quarta dimensão é a da *tomada de decisões*. Esta é a dimensão que avalia o peso de nossas emoções em nossas escolhas pessoais. É composta também por três subdimensões:

- A *solução de problemas*, que é a capacidade de resolver questões pendentes quando há emoções envolvidas e de entender o impacto que essas emoções têm sobre nossas decisões.

- O *teste de realidade*, que se refere a até que ponto somos capazes de manter nossa objetividade frente aos problemas — isto é, quanto conseguimos ver as coisas como elas realmente são, bem como quanto conseguimos reconhecer o poder das emoções em turvar essa objetividade.

- E, finalmente, o *controle dos impulsos*, faculdade que serve para medir até que ponto conseguimos resistir a uma tendência pessoal para agir de forma imprudente, ou conseguimos conter uma tentação que possamos ter de tomar uma decisão precipitada, movida apenas por nossas emoções.

Por fim, a quinta dimensão é o *gerenciamento do estresse*. Essa dimensão se refere a quanto cada um de nós é capaz de fazer uso positivo de nossas emoções, a fim de lidar com situações ansiógenas ou desafiadoras em algum sentido, frequentemente advindas de circunstâncias desconhecidas e imprevisíveis. Também esta dimensão comporta três subdimensões, que são:

- A *flexibilidade*, que é nossa capacidade de adaptar nossas emoções, nossos pensamentos e nossos comportamentos às situações desafiadoras que encontremos pela frente.

- A *tolerância ao estresse*, ou seja, nossa capacidade de administrar nosso equilíbrio mesmo em situações geradoras de ansiedade que ocasionalmente enfrentemos.

- E nosso *otimismo*, que descreve até que ponto conseguimos seguir tendo uma atitude positiva perante a vida, mantendo nossa tolerância ao estresse e, ao mesmo tempo, não deixando que nossos contratempos contaminem nossa esperança e nosso desejo de que algo melhor advirá.

○ ○ ○

A avaliação da felicidade pelo Modelo EQ-i 2.0®

Voltarei a abordar este instrumento no Anexo, ao final do livro. Porém, neste ponto, é preciso ainda comentar sobre um subproduto muito importante obtido com a aplicação deste instrumento junto aos clientes da Fellipelli: a avaliação do nível de felicidade do cliente.

Felicidade é um termo com uma ampla variedade de definições, mas, de qualquer forma, todas elas confluem para um mesmo foco: o bem-estar, o contentamento pessoal em harmonia com o mundo, a satisfação pessoal com a vida, a saúde emocional. Qualquer definição de felicidade que se adote irá para esse caminho, com maior ou menor ênfase.

O Modelo EQ-i 2.0® é um indicador de felicidade. O resultado obtido pelo avaliado em felicidade sugere que este mantém, em geral, uma atitude feliz e uma boa disposição em relação a todos os aspectos da vida. A pessoa desfruta da companhia dos outros e se sente propensa a ter uma trajetória positiva de vida. A pessoa tende a exalar alegria no trabalho e no lazer e pode ser vista pelos colegas de trabalho como alguém motivador e resistente, quando confrontado com obstáculos. Além do mais, sua felicidade é geralmente vista e sentida como um estado pessoal contagiante, convidando os demais a sentir-se igualmente bem.

O Modelo EQ-i 2.0® permite a avaliação desse estado do indivíduo pela combinação de quatro subdimensões (ou subescalas) presentes no modelo. Duas delas são subescalas presentes na dimensão *Autopercepção*: a *Autoestima* e a *Autorrealização*; uma terceira subescala, o *Otimismo*, pertence à dimensão *Gerenciamento do Estresse*; e a quarta subescala, *Relações Interpessoais*, vem da dimensão *Interpessoal*. Os resultados obtidos pelo sujeito em felicidade e nas quatro subescalas citadas devem ser altos. Devido a isso, a pessoa provavelmente experimenta um efetivo equilíbrio entre bem-estar e cada uma das subdimensões citadas: otimismo, autoconfiança autorrealização e relações interpessoais. Os ganhos que ela obtenha em uma dessas subdimensões provavelmente contribuirão para ganhos também em outras — havendo, portanto, uma interinfluência importante entre elas.

Assim, a avaliação da felicidade é feita de uma forma distinta de como se tratam, nesse modelo, outras totalidades da IE. Entretanto, é uma avaliação importante no sentido de que contribui para e, ao mesmo tempo, é um produto da Inteligência Emocional. O resultado obtido pelo cliente avaliado em felicidade pode ser usado como um autêntico "barômetro", indicador de sua saúde pessoal e seu bem-estar emocional.

Capítulo 8: Inteligência Emocional e Liderança

Obviamente, essas quatro subdimensões que compreendem a avaliação da felicidade não esgotam este tema: embora as causas e fatores relacionados à felicidade de uma pessoa incluam essas quatro subdimensões, é óbvio que a felicidade vai além dos elementos pinçados no modelo para avaliá-la: felicidade envolve outros ingredientes mais, que não vamos abordar aqui. Todavia, estes quatro fatores são, sem dúvida, centrais.

Uma questão ainda a discutir a respeito é se o fortalecimento dessas quatro subescalas no indivíduo seria capaz ou não de levá-lo a uma melhora de sua felicidade. Ou se, ao contrário, um aumento na qualidade da felicidade do indivíduo seria capaz de afetar positivamente, elevando seu nível de desempenho em cada uma das quatro subescalas. Qual deveria ser a estratégia de um indivíduo, enfim, quanto a esse tema: ele deveria trabalhar pela sua felicidade, dessa forma aumentando seus níveis de otimismo, de autoestima, de autorrealização e de relações interpessoais? Ou deveria trabalhar para elevar os níveis dessas quatro subdimensões, dessa forma afetando positivamente, de modo geral, sua felicidade? Essa questão não é passível de uma solução genérica, mas pede que cada indivíduo escolha um caminho pessoal: o melhor caminho a seguir deve ser único para cada pessoa, associado à sua própria definição de felicidade.

Comentando especificamente as quatro subescalas relativamente à felicidade, podemos dizer o seguinte:

- **Autoestima** — A felicidade é subproduto da crença da pessoa em si mesma e em viver de acordo com seus próprios padrões e valores. Por sua vez, este alto nível de autoestima da pessoa a ajuda a ter sentimentos positivos, bem como confiança e satisfação na vida. Para verificação do nível de autoestima da pessoa, pode-se perguntar a ela:

  - Se você pudesse melhorar um aspecto de sua vida, qual escolheria? Por quê?

  - Para além das coisas apenas materiais, o que realmente te faz feliz?

- **Autorrealização** — A felicidade surge também da vontade do indivíduo de aprender e de crescer, em uma jornada fortemente alinhada com seus valores pessoais. Os bons resultados que o sujeito obtém deverão ser claros sintomas de que seu nível de autorrealização é bom. Todavia, também é verdade, no sentido inverso, que seu maior desenvolvimento nesta área o levará a experimentar maiores sentimentos de realização e felicidade de modo geral. A fim de constatar a presença desta subdimensão na vida do indivíduo, pode-se perguntar a ele:

- Identifique o que você mais valoriza na vida. Você está dando tempo suficiente ao exercício dessas atividades que lhe são mais importantes?

- Que herança você deixará para a posteridade?

- **Otimismo** — O nível de otimismo da pessoa depende de sua capacidade de se recobrar e retornar a um estado geral de felicidade, quando vive uma situação de derrota ou decepção. Quando isso acontece, pode-se depreender que esse indivíduo é portador de um alto nível de otimismo, sendo capaz de adotar uma atitude positiva sob condições adversas, fator que sustenta, na pessoa, sentimentos de felicidade, ainda que difusos. Para testar a presença desta subdimensão, pode-se perguntar:

- Quais pensamentos o ajudam a permanecer otimista, mesmo em momentos mais difíceis?

- Existe alguma situação em você se sente menos otimista? Caso sim, como você acredita que pode melhorar essa situação ou lidar melhor com ela?

- **Relações interpessoais** — O resultado obtido nesta subdimensão indica se a pessoa mantém relações bem desenvolvidas com as outras pessoas, que possam ajudá-lo a reduzir os efeitos negativos das demandas diárias da vida. Se mantidos, esses relacionamentos podem elevar e sustentar seu sentimento, mesmo que seja difuso, de felicidade. As seguintes perguntas ajudam a avaliar essa subdimensão em uma pessoa:

- Seus relacionamentos incluem momentos de briga com outras pessoas? Caso sim, quais são as causas desses conflitos e problemas de comunicação, e como você tenta resolvê-los?

- Você tem algum mentor? Ou atua como mentor de outra pessoa?

○ ○ ○

Capítulo 8: Inteligência Emocional e Liderança

IE e comparações entre gêneros

Com base em um banco de dados desenvolvido pela Fellipelli, temos conduzido uma pesquisa sobre as diferenças em Inteligência Emocional entre os gêneros, cujos resultados merecem ser discutidos aqui.

Uma conclusão inicial que obtivemos e vale a pena citar de imediato — que, entretanto, não tem a ver com a questão de gênero, e sim com a idade — é que quanto mais alta é a faixa etária do entrevistado, melhor tende a ser sua pontuação nos testes efetuados. Tudo indica, portanto, que a extensão da vivência profissional de uma pessoa é um fator importante para a qualidade de seu desempenho, já que é fácil relacionar essa vivência à maior somatória de experiências profissionais tidas pelo sujeito em sua carreira.

Outras conclusões significativas são, essas sim, relativas a gênero: em sua maioria, as mulheres apresentam um índice de Inteligência Emocional (IE) levemente mais elevado que os homens (média de 98, contra 96 pontos, frente a um total máximo de 130 pontos). Entretanto, verificamos também que essa diferença entre os gêneros começa a se tornar manifesta a partir dos 36 anos de idade. Até essa idade, as médias obtidas por homens e mulheres são praticamente as mesmas, situando-se ao redor dos 93 pontos. A partir dos 52 anos de idade, por outro lado, as mulheres passam a apresentar média mais elevada, de 101 pontos, ao passo que o índice de IE dos homens acima dessa idade mantém-se na média de 99 pontos.

Em algumas dessas subdimensões, ter uma idade maior parece ser uma característica particularmente determinante para que o sujeito apresente um resultado superior naquele índice. Por exemplo, a capacidade de controlar seus impulsos, traço que faz parte da dimensão *tomada de decisões*, é claramente maior (média de 91 pontos) nas mulheres com mais de 52 anos de idade do que nas mulheres com idade de até 36 anos (média de 79 pontos).

Também no caso dos homens, isso acontece: a pontuação, nesse quesito, é maior nos homens mais velhos (média de 98 pontos para homens acima de 52 anos) do que nos homens mais jovens (média de 90 pontos para homens com menos de 36 anos).

Ainda dentro da dimensão *tomada de decisões*, os números revelados acerca da subdimensão *teste de realidade* mostram que também aí a idade parece ser um fator significativo: os escores obtidos por mulheres de mais de 52 anos de idade são melhores (média de 103 pontos) do que aqueles obtidos por mulheres abaixo dos 36 anos (média de 96 pontos). O mesmo ocorre no caso dos homens: aqueles que têm mais de 52 anos de idade têm média de 96 pontos, ao passo que os homens mais jovens, com idade até 36 anos, têm média de 87 pontos.

Na comparação direta entre homens e mulheres, observamos algumas diferenças marcantes: a média de pontos obtida pelos avaliandos do gênero masculino na sub-dimensão *autoestima* da dimensão *autopercepção* é superior (média de 101 pontos) em comparação com a pontuação dos avaliandos do gênero feminino (média de 98 pontos).

Mas o inverso ocorre nas pontuações obtidas por homens e mulheres quando se trata de outro aspecto da dimensão *autopercepção*, qual seja, a subdimensão *consciência emocional*. Neste caso, são as mulheres que obtêm pontuação maior (média de 105 pontos, contra 98 pontos dos homens).

Ainda falando da dimensão *autoexpressão*, na subdimensão *expressão emocional* verifica-se uma considerável distância a favor das mulheres em relação aos homens: média de 102 pontos (mulheres) contra 93 pontos (homens). Já na subdimensão *independência*, os homens levam vantagem (95 versus 89 pontos).

Quanto à dimensão *interpessoal*, nas subdimensões *relações interpessoais* e *empatia*, a vantagem é das mulheres (105 X 97 e 103 X 93, respectivamente). Na dimensão *tomada de decisões*, entretanto, as mulheres pontuam mais baixo que os homens nas subdimensões *solução de problemas* (94 X 99) e *controle de impulsos* (87 X 93), superando-os, entretanto, na subdimensão *teste de realidade* (101 X 99).

O leitor mais familiarizado com os instrumentos de *assessment* utilizados pela Fellipelli deve ter entendido, pelos comentários, que nos referimos aqui a um trabalho de pesquisa baseado na aplicação da ferramenta de assessment EQ-i 2.0®. É essa ferramenta que permite levantar essas importantes questões descritas.

De fato, temos incorporado ao nosso banco de dados — anonimamente, é claro — as pontuações obtidas pelos sujeitos submetidos ao EQ-i 2.0®. Atualmente (fins de 2018) o banco de dados já inclui informações oriundas das avaliações de mais de 400 profissionais de diferentes empresas, na maioria ocupando cargos de direção ou cargos técnicos de alta responsabilidade, em empresas privadas brasileiras e internacionais.

O que os esses resultados querem dizer realmente? Que conclusões se podem extrair deles? Uma forma de interpretar tais resultados é ver neles a constatação de que uma mentalidade demasiado machista e patriarcal ainda subsiste no Brasil nos dias de hoje, mesmo em ambientes nos quais mulheres conseguem sobressair em cargos

Capítulo 8: Inteligência Emocional e Liderança

de chefia, ou nos quais têm não apenas estímulos para expressar seus talentos, mas também suficiente liberdade para fazê-lo.

Mais importante do que confrontar os resultados obtidos por homens e mulheres é o fato de nossa pesquisa denunciar uma cultura patriarcal há séculos em vigência no mundo em geral e no Brasil em particular. Importante aqui não é descobrir se as mulheres seriam "melhores" que os homens em IE (ou vice-versa), mas, sim, comparar entre si os traços da IE que tipicamente sugerem uma cultura predominantemente patriarcal versus os traços que sugerem uma cultura igualitária, que não discrimina um gênero em favor do outro.

Aí está a importância dos dados relatados aqui: a pesquisa mostra que certos atributos tradicionalmente associados ao universo feminino (tais como a *consciência*, a *expressão emocional*, as *relações interpessoais* e a *empatia*) vêm ganhando terreno, em comparação com outros tantos atributos claramente associados ao universo masculino (tais como a *independência*, a *autoestima*, a *solução de problemas* e o *controle dos impulsos*).

Estamos constatando, por essa pesquisa, que aqueles atributos "femininos" já citados estão se tornando mais importantes do que eram no passado, em comparação com estes últimos atributos "masculinos", no exercício da IE pelas pessoas.

Estaria em andamento, então, um processo de "feminização" da liderança? Estariam, de algum modo, aqueles traços de conduta humana que são tradicionalmente associados ao gênero feminino começando a prevalecer sobre aqueles outros tradicionalmente vistos como tipicamente masculinos, independentemente do gênero das pessoas que os expressam?

Enfaticamente, parece que sim! Já mencionei anteriormente alguns estudos realizados sobre transformações no mundo do trabalho, como aqueles conduzidos pelo sociólogo italiano Domenico De Masi, pelos quais se enxerga uma tendência bastante nítida de reforçamento das atitudes e comportamentos "femininos" sobre os "masculinos", nos ambientes profissionais e, em especial, no exercício das funções de liderança.

Sem dúvida, essas revelações vêm corroborar os resultados que temos obtido em nossos projetos de *assessment*, mediante a aplicação do instrumento EQ-i 2.0® junto a executivos e líderes em geral, dos gêneros masculino e feminino. É algo que nosso banco de dados claramente nos autoriza a concluir.

Em outras palavras, em um ambiente profissional em que já é consensual o crescente valor atribuído à Inteligência Emocional, parece claro que cada vez mais deveráo sobressair algumas qualidades que costumam ser atributos do gênero feminino, cultivadas ao longo de séculos, a despeito da hegemonia masculina.

Essas qualidades permaneceram por muito tempo restritas a ambientes menos propensos à hegemonia dos homens. Praticamente invisíveis no contexto empresarial (desde sempre um reduto inquestionavelmente masculino), tais qualidades vicejaram e se mantiveram vivas, mas apenas ao serem cultivadas em outros ambientes, nos quais agentes do gênero feminino puderam expressar-se com maior liberdade: o cuidado dos filhos e netos, a orientação dos empregados no lar, o ensino de crianças nas escolas, o atendimento a deficientes, o cuidado dos enfermos nos hospitais, o cuidado de idosos em casas de repouso, e em outros lugares em que fosse necessário principalmente o exercício de funções de ajuda.

Nesses ambientes, as mulheres tiveram certo nível de liberdade para cultivar e desenvolver aquelas qualidades, exercendo profissões tais como enfermeira, assistente social, psicóloga, pedagoga, psicopedagoga, terapeuta corporal, arte-educadora, fonoaudióloga, médica pediatra ou professora, entre outras. Em tais ocupações, aquelas qualidades, tão essenciais ao exercício da Inteligência Emocional em nível de excelência, puderam ser observadas em admiráveis mulheres profissionais, que as mostraram publicamente sem que a hegemonia de uma liderança masculina as cerceasse.

Por exemplo, a capacidade das mulheres de estabelecer e manter relações interpessoais de alta qualidade inegavelmente está na base de um novo estilo de liderar — que é, portanto, facilmente identificável como uma competência em que as mulheres levam nítida vantagem. Além disso, como aponta Domenico De Masi, já citado a esse respeito anteriormente, a valorização cada vez maior do trabalho criativo, em oposição ao trabalho manual e intelectual repetitivo (burocrático), nas organizações e no trabalho de modo geral também aponta diretamente para um processo de "feminização" da gestão.

Uma quantidade crescentemente maior de pessoas estará dedicada, nos próximos anos, ao exercício de atividades criativas, e para essas pessoas, será cada vez mais difícil (e mesmo desnecessário) distinguir entre estudo, trabalho e lazer. Sem dúvida, uma das consequências que se prenunciam a partir dessa constatação é a completa desestruturação dos horários e agendas dedicadas a essas três áreas de atividade.

No que concerne ao trabalho, especificamente, é quase certo que veremos um relaxamento muito maior dos horários fixos de trabalho, com consequente enfraquecimento dos sistemas de controle de produção. Exercer esse controle na forma como tradicionalmente vem sendo feito (com base no poder da hierarquia em que

Capítulo 8: Inteligência Emocional e Liderança 165

o líder concentra todo o poder de decisão e seus subordinados apenas acatam as ordens), já não será eficiente; e a produtividade dos trabalhadores precisará, então, ser incentivada de outra forma: pela motivação e o compartilhamento de metas, por exemplo, que são (novamente) formas de atuar mais identificadas com o jeito feminino de liderar.

Pesquisas mais recentes sobre a liderança destacam um novo estilo de fazê-lo, conhecido como Liderança Transformacional. Nesta, o comando é exercido por alguém carismático, que motiva sua equipe no trabalho com base em inspiração e em estímulos intelectuais. E, novamente, temos aqui uma característica de um líder que é mais comum entre as mulheres do que entre os homens.

Também seria uma característica mais frequente em líderes do gênero feminino uma propensão do líder quanto a exercer uma relação mais democrática com seus liderados, uma relação na qual o consenso seja valorizado. Isso é realmente mais fácil de encontrar em mulheres, ao passo que os líderes do gênero masculino tendem a ser bem mais autocráticos.

É evidente que nem todas as mulheres primam por atitudes democráticas em sua forma de liderar, enquanto, ao mesmo tempo, nem todos os homens mostram inclinações despóticas. Por certo, ambas as formas de agir podem aparecer tanto em homens quanto em mulheres.

Porém, o que esses estudos deixam antever é o que podemos chamar de "tendências gerais" de comportamento, as formas recorrentes de agir mais afeitas aos universos feminino ou masculino, em decorrência de uma longa tradição cultural.

Outros ingredientes essenciais à boa liderança e que podem ser vistas também como características tipicamente femininas seriam: a escuta ativa (ou a maior facilidade de ouvir), a empatia, a boa comunicação e as habilidades de resolução de conflitos. Note-se que todas essas características estão fortemente associadas à Inteligência Emocional.

E é importante notar que, até bem pouco tempo atrás, essas qualidades não eram olhadas com maior atenção, sendo até mesmo menosprezadas no ambiente corporativo. Como as organizações funcionavam de uma forma muito hierarquizada, quase invariavelmente a liderança devia ser exercida com "pulso firme", controle estrito: o bom líder era aquele que assumia para si a responsabilidade (e, consequentemente, também a autoridade) de dar sempre a palavra final.

Já não é assim. Atualmente, estruturas organizacionais desse tipo já são tidas como viciadas, demasiado "engessadas" — e com menos chances de sobreviver nos ambientes empresariais globalizados, ainda que estes permaneçam muito competitivos.

O que fica cada dia mais claro a propósito dessas questões — e minha experiência com ambientes corporativos só faz confirmar — é que estão mais aptas a enfrentar os desafios do mundo contemporâneo aquelas organizações mais horizontais, menos hierarquizadas, em que se valorizam os diversos saberes disponíveis e em que diferentes pontos de vista podem ser expressos livremente.

Ganham importância, então, aqueles modelos organizacionais em que predominam o trabalho em equipe, as atuações baseadas em parcerias, a utilização de grupos multidisciplinares em projetos especiais, a rotatividade da liderança na equipes, em função das necessidades que vão aparecendo ou da expertise que é exigida a cada momento.

Além disso, no mundo, as mudanças se sucedem, cada vez mais rápidas e desafiadoras. E, assim como as estruturas verticalizadas, perde força também a ideia de que assuntos relativos aos negócios devam ser regidos exclusivamente pela razão ou pela lógica linear, atributos (novamente) tão claramente identificados com o gênero masculino.

No atual patamar de desenvolvimento, em que a tecnologia atingiu um estágio enormemente avançado (um estágio, portanto, em que a maior parte do trabalho antes executado de modo braçal passou a ser automatizado), a "boa ideia", a "sacada brilhante", a criatividade e a qualidade formal e estética tornaram-se elementos igualmente essenciais no trabalho. E esses atributos são o território em que a emoção, a intuição e a subjetividade — historicamente domínios do feminino — não apenas são bem aceitas, como são, mais que isso, consideradas fundamentais.

A "feminização" da liderança, por conseguinte, vai ao encontro das necessidades da chamada sociedade pós-industrial, essa nova sociedade vigente em tempos da Quarta Revolução Industrial (ou, caso se prefira, a Sociedade do Conhecimento).

Como afirma Steven Stein, autor de vários livros sobre Inteligência Emocional,[1] duas das principais premissas para uma boa liderança são as boas relações interpessoais e a empatia, qualidades muito presentes nas mulheres, como ensina a experiência prática e demonstram análises como aquela que expus antes, mostrando as comparações estabelecidas em nossa pesquisa.

---

1 Um dos mais conhecidos entre esses livros é *The EQ Leader: Instilling Passion, Creating Shared Goals, and Building Meaningful Organizations through Emotional Intelligence*. [S. l.]: John Wiley & Sons, 2017.

Capítulo 8: Inteligência Emocional e Liderança

Um ponto muito curioso, a meu ver, é que a competitividade, ainda que comumente seja tida como uma qualidade "masculina", não sai de cena com a "feminização" da liderança nos negócios. A verdadeira "guerra" que usualmente se trava nos mercados, pela sobrevivência, entre empresas, organizações e indivíduos segue acontecendo. Segue talvez até mais cruenta, por exigir de cada parte envolvida um empenho ainda maior, pela necessidade que as empresas têm de se reinventar a cada instante. Nada indica que essa competição acirrada se amenizará nos próximos anos.

Todavia, há algo de novo nessa disputa por mercados e clientes, algo que talvez tenha relação direta com o fato de termos sido golpeados por esta verdade desnorteante: os recursos do planeta são, de fato, limitados, e o crescimento já não pode se dar de forma contínua e inexorável, como chegamos a supor no passado.

Frente à clara noção de que aquela era do desperdício predatório do planeta tem de ser encerrada, esse algo novo de que falo pode estar na forma como travamos agora essas batalhas do dia a dia no mercado: há uma nova consciência, surgida nesse contexto, à qual poderíamos dar o nome de "choque de humildade". Somos agora obrigados a reconhecer em nós mesmos, humildemente, que estávamos errados. A cada olhar que damos em um espelho, somos confrontados com essa autoconsciência, com a constatação insofismável de que estivemos mesmo agindo, até o presente, de uma forma irresponsavelmente predatória em relação aos recursos ambientais que nos cercam.

E mais ainda, somos confrontados também com esta outra constatação complementar: se prosseguirmos agindo assim, nossa atroz imprevidência poderá vir a nos custar a própria sobrevivência! De que adiantará ganhar a guerra, acumulando fortunas e patrimônios imensos e encabeçando as indefectíveis listas de "melhores do ano", se o que nos restará, ao final de tudo, será nada mais que uma triste "vitória de Pirro", na qual os benefícios colhidos não compensarão nem de longe as perdas havidas?

Reconhecendo isso, muitos de nós (os mais conscientes) já não se sentem nem um pouco orgulhosos de poder posar como "donos do mundo", senhores absolutos da natureza. Conquistar bens materiais a qualquer custo deixará de ser, em um futuro bem próximo, a grande motivação dos empresários, investidores e dirigentes de negócios.

Talvez estejamos então (eu assim espero!) nos aproximando do término de uma era em que a sociedade vinha sendo materialista ao extremo, movida por uma competição fratricida, em que os indivíduos buscavam satisfazer suas ambições sem nenhuma preocupação com o outro, "amesquinhados, desesperados e até enlouquecidos pela insegurança econômica", como definiu o grande escritor russo Fiódor Dostoievski ainda no século XIX (uma época, aliás, em que não faltava otimismo em relação à moderna sociedade capitalista que então florescia).

Mas, ainda que o quadro mude e deixemos de lado esse padrão da luta tão pouco edificante, o fato é que a competição segue existindo — feita de outro modo, mas prossegue. Ainda temos necessidade de pelo menos ganhar o pão de cada dia, afinal de contas. E, como já foi dito, em um cenário dominado por forte competitividade, a diferença que enxergo, com base em minha já grande experiência em temas relacionados à gestão das pessoas nas organizações, é que, nesse novo campo de batalha, outros fatores mais entraram no jogo: já não são mais apenas o dinheiro, o status ou o poder que estarão em disputa; também o bem-estar, a qualidade de vida, o tempo disponível para se dedicar à vida pessoal, à família, à comunidade e à espiritualidade passaram a ter grande valor e a ser reconhecidos como ingredientes-chave para a autorrealização.

Nesse ponto, retorno à questão da liderança feminina: é certo que muitas líderes, nessas décadas mais recentes, em que elas forçaram mais determinadamente seu ingresso em posições de mando no mercado de trabalho, as mulheres se viram forçadas, para ter sucesso, a vestir o modelo masculino de gerir: basicamente, trancar suas emoções em armaduras, endurecer, enfim, para ser aceitas.

Mas, as habilidades femininas, desenvolvidas ao longo dos séculos, permaneceram. E ainda bem, porque, como nos ensina mais uma vez De Masi, serão elas a nos dar os instrumentos adequados para sobreviver nas novas organizações e para atender às novas necessidades e exigências colocadas pela economia.

Porém, a "feminização" da liderança também atende a outras demandas, que têm a ver com a busca pelo desenvolvimento integral do ser humano, pela ancoragem da realização pessoal na busca de equilíbrio entre vida pessoal e vida profissional. E isso contribuirá para nos distanciar daquele mundo tenebroso que Dostoievski via pela frente em seu tempo.

Na visão do psiquiatra chileno Claudio Naranjo,[2] o mundo estaria mesmo deixando para trás aquela sociedade tipicamente patriarcal, considerada por ele ineficiente e impeditiva da transformação que realmente importa, e, finda a qual, os seres humanos estariam finalmente libertos de uma série de formas indesejáveis e limitadoras de agir, tendo mais chances, portanto, de ser felizes.

---

2 Falarei sobre algumas teses de Claudio Naranjo em outro capítulo, mais adiante.

Capítulo 8: Inteligência Emocional e Liderança

Pois incorporar à liderança a sensibilidade feminina no trato com o outro é um passo pequeno, mas significativo, no combate a esse patriarcado em fase de extinção. E essa incorporação requer que o indivíduo seja olhado por dois ângulos distintos, mas complementares: em sua especificidade individual e coletivamente, como espécie.

Temos de ser capazes de agir de forma análoga à de uma mãe de muitos filhos, que conhece o potencial e as limitações de cada um deles e, intuitivamente, relaciona-se com cada cria de modo diferente. Uma mãe que persistentemente estimula, em cada um, suas respectivas qualidades, que protege mais a este e menos àquele, que "segura" este enquanto alimenta o ímpeto daquele outro...

Trazer à luz todas as facetas válidas das pessoas no ambiente de trabalho e deixar de empurrar para debaixo do tapete aquilo que diz respeito à vida pessoal, como se de menor importância fosse, é uma tarefa importante da nova liderança, que busca valorizar o equilíbrio e o bem-estar de todos os envolvidos no processo produtivo. Uma liderança com traços mais femininos é uma liderança humanista, que valoriza o tempo livre e entende ser a felicidade um valor a ser perseguido.

○ ○ ○

IE e empatia

É o reconhecimento de que nossas competências emocionais e sociais são essenciais em todos os aspectos de nossa vida. A novidade, na forma de se enxergar a IE, consolidada nos últimos anos, é a comprovação de que a IE significa algo bem mais importante do que apenas um conjunto de habilidades que podem levar a um bom desempenho no trabalho.

Um executivo ou um especialista técnico pode ter recebido a melhor educação profissional do mundo, pode ser também portador de um invejável QI e pode ser, além disso, uma autêntica mina de ideias criativas. Ainda assim, se esse profissional não tiver Inteligência Emocional em nível significativo, terá enormes dificuldades para atuar como um autêntico líder, e quem sabe até mesmo para conseguir pôr em prática plenamente sua competência profissional, mesmo quando elevada.

Tamanha importância da Inteligência Emocional me move a outra vez afirmar que a IE pode e deve ser levada extremamente a sério e desenvolvida por cada um de nós — o que requer que tenhamos, para dentro de nós mesmos, um profundo e honesto olhar. A IE está ligada à nossa capacidade de evoluir como pessoas e de tomar consciência de nossas próprias emoções e de como elas influenciam nossa conduta.

A nova sociedade que está sendo gerada nos dias de hoje exigirá dos indivíduos um excepcional respeito às suas emoções, bem como uma maior capacidade das pessoas (bem mais do que temos visto até hoje) de exercer efetivo controle sobre essas emoções, em um inédito esforço de integração entre o pessoal e o profissional em nós mesmos: empatia misturada com responsabilidade social!

Mas, raciocinemos sobre as implicações disso: se é tão forte a tendência de passarmos a enxergar os fatos da vida e do trabalho levando decisivamente em conta nossas emoções, então não mais nos será possível seguir em frente simplesmente ignorando o que se passa ao nosso redor e o bem-estar daqueles que estão próximos. Uma das principais características de uma pessoa que tem alta Inteligência Emocional é justamente essa: ela mostra empatia também em proporções generosas. E, mais do que isso, ela mostra empatia reforçada por doses maciças de responsabilidade social.

Gostaria, portanto, de me deter um pouco mais especialmente nestas duas subdimensões da dimensão *Interpessoal*, na "roda" do EQ-i 2.0®: *empatia* e *responsabilidade social*. São duas qualidades excepcionais quando encontradas juntas em uma pessoa, a meu ver. São, consequentemente, qualidades excepcionais também em um líder, e que podem levá-lo a fazer uma enorme diferença em sua atuação na sociedade.

Examinemos a empatia: trata-se da capacidade de perceber, entender e se sensibilizar com os sentimentos e os pensamentos dos outros. Ter empatia é "estar em sintonia" com o quê, como e por que as pessoas pensam e agem do modo como o fazem. Ser empático significa "ler emocionalmente" as pessoas. As pessoas empáticas se importam com os outros e mostram preocupação e cuidado com eles. Colocam em palavras, de forma não taxativa, a compreensão de mundo que o outro tem, mesmo que não concorde com essa opinião ou a ache ridícula. Ser empático é importante para mudar o sentido de um relacionamento, de adverso ou conflituoso para associativo e colaborativo — o que não significa passar a "ser legal" com a outra pessoa, e, sim, ser capaz de enxergar o mundo pela perspectiva do outro. Transformar essa compreensão em palavras solidificará a relação da pessoa empática com essa outra pessoa.

Também é verdade que a pessoa empática importa-se genuinamente com os outros e mostra preocupação e cuidado especiais para com eles. Sabe "colocar-se nos sapatos do outro", ou olhar o mundo pelos olhos desse outro — o que não quer dizer,

Capítulo 8: Inteligência Emocional e Liderança

é claro, que a pessoa empática tenha anulado sua visão crítica, isto é, que ela teria automaticamente de concordar, explícita ou tacitamente, com o que o outro diz ou faz.

Tendo essa capacidade elevada de compreensão do outro, parece muito claro também que a pessoa empática é capaz de, quando necessário, reverter uma situação de conflito. Ela deve ser competente, pela qualidade empática que tem, de restabelecer o diálogo ou uma relação mais colaborativa com outras pessoas e grupos, bem como intermediar com sucesso as situações de divergência em que outros estão envolvidos. Sua empatia a ajudará, sem dúvida nenhuma, a reaproximar pessoas ou grupos em discordância por terem visões de mundo muito diferentes, ou porque divergem quanto a pontos que lhes pareçam relevantes.

É obvio que a empatia não é uma varinha mágica. Um encontro pode não ser dos mais agradáveis mesmo que alguém faça bom uso de sua empatia. Isso pode até fazer com que, por um momento, a raiva de outra pessoa aumente.É obvio que a empatia não é uma varinha mágica. Um encontro pode não ser o dos mais agradáveis, mesmo se alguém fizer bom uso de sua empatia. De fato, a raiva da outra pessoa poderá até mesmo aumentar momentaneamente.

Em nossos relacionamentos mais duradouros (na família, no trabalho, na escola ou na igreja), podemos acreditar que conhecemos muito bem a outra pessoa e, portanto, é mais fácil empatizar com ela. Isso provavelmente é verdadeiro, ao menos em parte, mas é um erro, mesmo assim, achar que sabemos tudo sobre a outra pessoa. Não sabemos. Por essa razão, fazer perguntas reveladoras é um procedimento útil, pois tais perguntas ajudam a escavar a verdade sobre um determinado assunto: elas revelam as emoções pessoais do outro, levando-o a dar mais informações sobre si mesmo, informações essas que podem nos ajudar a formular uma resposta. Perguntas reveladoras não são aquelas que podem ser respondidas apenas com um "sim" ou um "não", e, sim, perguntas mais pessoais, que podem gerar respostas mais amplas.

Para podermos expressar empatia por alguém, devemos ser capazes de prestar muita atenção a dois tipos de informação que nos chegam pelas palavras que a pessoa utiliza para descrever (a) seus pensamentos e sentimentos e (b) seus desejos e expectativas.

O que faz uma pessoa ser mais empática que outra? Um fator primordial para isso é a capacidade da pessoa de fazer perguntas que foquem não em assuntos apenas superficiais, mas na compreensão da perspectiva do outro, mesmo que discorde dela. Como escreveu Stephen Covey, "a escuta empática é muito poderosa, pois fornece dados precisos para se trabalhar. Ao invés de projetar e assumir seus próprios pensamentos, nela lidamos diretamente com a realidade da mente e do coração do outro".[3] E isso pode ser muito difícil de se fazer quando aplicado a um relacionamento mais complexo e de longo prazo.

É importante, entretanto, não confundir empatia com simpatia! Ser empático não é o mesmo que gostar da outra pessoa, ter algum tipo de preferência por ela em comparação com outras. E nem significa ser "legal" com a outra pessoa, ou lhe dizer frases agradáveis e gentis. E, mais uma vez, tampouco significa concordar com o outro. Pela empatia, apenas reconhecemos o ponto de vista do outro.

Obviamente, a consequência do exercício dessa atitude empática deverá ser a redução das fontes de estresse nas relações interpessoais e a promoção de um ambiente de maiores respeito e tolerância. E sua empatia contribuirá também, logicamente, para que haja menos preconceitos e julgamentos nas relações humanas.

Geralmente, uma pessoa dotada de uma boa dose de empatia tem grande capacidade de ouvir: não fingirá que escuta o outro apenas para ganhar tempo para pensar no que contraporá às suas palavras, como fazem muitos. A pessoa empática também não ficará projetando no outro seus próprios sentimentos, pensamentos ou crenças — ela ouve de verdade, e lida diretamente com aquilo que pensa ou sente a outra pessoa. Por todas essas vantagens, a empatia é uma grande qualidade, que pode e precisa ser desenvolvida e aperfeiçoada em todos nós. Podemos e devemos verdadeiramente trabalhar nossa "escuta empática".

Em minha experiência profissional, tive a chance de conhecer líderes incrivelmente empáticos. Um desses era executivo de uma grande instituição financeira, que comandava seu departamento de maneira única. Tinha uma forte espiritualidade e procurava sinceramente saber como seus funcionários estavam se sentindo; buscava sempre o consenso; era um autêntico mediador, ao mesmo tempo dotado de muita doçura e de um jeito todo especial de se relacionar com as pessoas.

Para mim, foi curioso e auspicioso encontrar alguém com esse perfil em um ambiente tão fortemente marcado pela busca agressiva do lucro. É verdade que ele era criticado por alguns colegas adeptos do "chicote" ao lidar com os subordinados, mas o fato inegável é que, com seus métodos heterodoxos (naquele contexto), esse alto executivo realmente proporcionava resultados para seus empregadores. E em 20 anos de carreira, tivera unicamente dois empregos.

---

3 COVEY, Stephen R. *Os Sete Hábitos das Pessoas Altamente Eficazes* (miniedição). São Paulo: Best Seller, 2009, 80p. (tradução de Claudia Gerpe Duarte).

○○○

IE e responsabilidade social

A responsabilidade social é outro atributo de grande valor, capaz de fazer a diferença para toda uma comunidade. Ela diz respeito ao desejo e à capacidade que a pessoa tem de contribuir prontamente para a sociedade como um todo, para seu grupo social em particular e para o bem-estar dos outros de modo geral.

Esse componente da Inteligência Emocional implica em a pessoa agir de modo responsável e comprometido, mesmo que sua ação não a beneficie direta ou indiretamente. Significa fazer algo que melhore de verdade a vida de outros, seguindo nisso sua própria consciência e em resposta a um entendimento anterior, empático, sobre o que, de fato, os outros necessitam para melhorar a vida.

As pessoas dotadas de uma alta dose de responsabilidade social têm grande consciência pública: têm sensibilidade interpessoal e são capazes de aceitar trabalhar pelos outros, usando seus talentos para o benefício coletivo. É muito interessante observar que, sendo a responsabilidade social uma parte integrante da Inteligência Emocional, desenvolver a IE em nós mesmos não requer apenas dar um grande mergulho para dentro de si mesmo em busca de algum resultado pessoal. Mais que isso, requer também ser capaz de olhar com interesse especial o que se encontra do lado de fora de nós — e que, afinal de contas, também diz respeito ao nosso bem-estar, estando conectado ao nosso autoconhecimento.

Enfim, é dessa forma que buscamos o equilíbrio no todo, desenvolvemos a noção de que "somos todos um". Não poderemos jamais funcionar como uma ilha isolada, por mais paradisíaca e repleta de recursos para a sobrevivência que esta se apresente.

Com o crescimento dos centros urbanos e o aumento da complexidade da vida moderna, tornou-se bem mais difícil exercitar nossa responsabilidade social. Porém, nos últimos anos, esse conceito vem ganhando crescente importância no ambiente dos negócios. Não existe empresa — de todos os portes: pequena, média ou grande — que não procure enumerar algumas iniciativas que demonstrem sua preocupação com o social, ou seus propósitos nesse quesito.

Algumas dessas empresas, é forçoso reconhecer, o fazem apenas atendendo a uma estratégia de marketing. Mas, independentemente disso, o fato é que o tema tornou-se obrigatório no universo corporativo. A propósito desse ponto, note-se que os cursos de ética entraram em definitivo na grade das matérias das escolas de negócios.

Há também excelentes exemplos de como a responsabilidade social empresarial vem sendo aplicada, mudando o mundo ao redor das empresas. Nestes anos em que venho trabalhando em ambientes corporativos, tive a chance de conhecer um bom número de empresas e de líderes com desempenho exemplar nessa área.

Por exemplo, uma indústria de confecções de Porto Alegre, fabricante de camisas, tinha uma atuação excepcional junto à comunidade em que estava localizada, com forte engajamento de seus funcionários. O dono da empresa teve, então, uma grande ideia: em vez de simplesmente doar alimentos ou roupas, decidiu disponibilizar seus equipamentos e oferecer retalhos, as sobras da produção, aos colaboradores que quisessem fazer trabalho voluntário nos fins de semana, produzindo lençóis a partir da técnica do patchwork.

Esse empresário passou a contribuir, então, para a comunidade, com algo que era da vocação de seu próprio negócio e que ele dominava muito bem. Dessa forma, conseguia ao mesmo tempo oferecer algo valioso e de alta qualidade como contribuição social, enquanto obtinha um excelente reconhecimento para sua marca.

Esse é um ótimo exemplo de um líder com alto grau de consciência pessoal do que é mais relevante em seu papel de empresário. Quando dotado de um alto nível de empatia e outro tanto de responsabilidade social, além de outras qualidades, um líder estará demonstrando que tem Inteligência Emocional em patamar acima da média, o que o qualifica para se tornar um personagem importante na transformação, para melhor, da sociedade em que vive.

Um líder bem dotado de IE consegue potencializar, ou estender para além do meramente comum, o exercício da função que lhe cabe desenvolver dentro desse papel. E, sem dúvida, ele é capaz de conduzir um mero grupo de pessoas na direção de se tornar uma equipe de alta performance, capaz de gerar resultados.

Quando o líder tem IE elevado, consegue motivar e influenciar melhor as pessoas, porque é capaz de ouvi-las e entendê-las e expor suas próprias emoções no processo de persuadi-las e levá-las a trabalhar por um objetivo comum, da melhor maneira que conseguirem.

○○○

Capítulo 8: Inteligência Emocional e Liderança

IE e Liderança

Quando o líder tem alto grau de IE, desperta o entusiasmo em todos. Os já citados autores Steven Stein e Howard Book enumeram algumas qualidades desse líder:

- Compreender seus próprios pontos fortes e explorá-los ao máximo.

- Reconhecer suas próprias fraquezas e buscar desenvolvê-las, ou minimizar o estrago que possam fazer em seus relacionamentos.

- Ter plena consciência do que tipicamente lhes traz tristeza, irritação ou raiva, e não descontar nas outras pessoas essas emoções negativas que sente.

- Estar sempre ciente das palavras e situações que ativam seu sistema límbico, deixando-as fora; e conseguir prever ou sentir quando essas situações estão se dando, a fim de lidar melhor com o episódio sem perder o controle.

- Respeitar o espaço do outro e impor-se, de forma clara e não agressiva.

- Ter suficiente empatia para se colocar no lugar do próximo e lhe oferecer o necessário suporte quando apropriado.

- Conseguir entender o que uma pessoa realmente expressa, e não apenas aquilo que ela simplesmente descreve pela voz, por vezes de forma vazia, camuflando o que de fato tem importância.

- Ser hábil em perceber o lado bom das coisas, combatendo com energia o negativismo.

- Conseguir perceber o que há de errado, encontrando com rapidez soluções lógicas e tangíveis para a solução dos problemas.

- Não se abater com facilidade, e quando isso acontecer, recuperar-se com rapidez.

- Ser capaz de dizer não, uma vez que pessoas que dizem sim o tempo todo correm o risco de se sobrecarregar, ao ponto de explodirem em emoções negativas e tóxicas para elas mesmas.

- Tolerar bem o estresse, mantendo-se centrado em seu eixo, mesmo em situações de forte pressão.

Em *The EQ Leader*, que já citamos aqui mais de uma vez, os autores Stein e Book apresentam os pontos de apoio fundamentais para uma liderança fortemente calcada na Inteligência Emocional. Um tal líder atua apoiado em quatro sólidos pilares, que marcam sua liderança:

- **Autenticidade** — O líder mostra-se como é, sem subterfúgios e sem máscaras. Pode-se confiar inteiramente no que ele diz ou faz, porque ele sempre age com o respaldo da realidade.

- **Coaching** — Parte essencial de seu trabalho de liderança consiste em agir como um coach das outras pessoas, em especial dos colaboradores de sua equipe, com quem ele constantemente conversa e a quem está sempre procurando desenvolver, em especial quanto às suas habilidades emocionais.

- **Insights** — Ele é um líder criativo, que frequentemente tem ideias, as expressa e põe sob a análise dos outros. Sobretudo, é um líder que age sempre segundo algum propósito maior, que não guarda para si, mas mostra a todos, e que orienta suas percepções intuitivas do que está acontecendo.

- **Inovação** — Finalmente, ele é um líder inovador, que procura sempre buscar uma melhor maneira de realizar o trabalho, ao mesmo tempo estimulando seus colaboradores a fazer o mesmo.[4]

Como apontou Daniel Goleman, pesquisas indicam que a Inteligência Emocional é responsável por aproximadamente 80% das competências que distinguem líderes de alto nível daqueles que são apenas medianos. Também Goleman defende que a Inteligência Emocional pode ser trabalhada e desenvolvida.

É bastante conhecida a proposta de Goleman, segundo a qual a Inteligência Emocional compreende essencialmente um conjunto de cinco habilidades, que permitem aos melhores líderes maximizar o próprio desempenho e o de seus subordinados. Goleman observou que, quando os altos executivos de uma empresa contavam com as habilidades corretas da IE, suas unidades superavam as metas de receita anual em aproximadamente 20%. Esses já clássicos cinco componentes da IE são:

- **Autoconhecimento** — Conhecer seus pontos fortes e fracos, suas motivações e seus valores, assim como o impacto causado por esses fatores.

---

4 STEIN, Steven J.; BOOK, Howard E. *Op. cit.*

Capítulo 8: Inteligência Emocional e Liderança

- **Autocontrole** — Controlar ou redirecionar impulsos e estados de ânimo problemáticos.

- **Motivação** — Ter prazer na conquista profissional em si, sem segundas intenções.

- **Empatia** — Entender a estrutura emocional de outras pessoas.

- **Destreza social** — Construir relações com as pessoas para conduzi-las na direção desejada.

Segundo Goleman, todos nascemos com essas habilidades em algum nível, mas podemos fortalecê-las, desde que nos treinemos para isso com aplicação e persistência e com o feedback de colegas e coaches.[5]

Entre essas cinco grandes habilidades esperadas de um líder com alto nível, destaca-se o autoconhecimento, a primeira delas, como essencial na formação da liderança. Diz Goleman a respeito:

O autoconhecimento é o primeiro componente da inteligência emocional. (...) Ter autoconhecimento implica demonstrar uma profunda compreensão de suas emoções e de seus pontos fortes e fracos, suas necessidades e motivações. Pessoas com elevado nível de autoconhecimento não são nem críticas nem otimistas em excesso, mas honestas consigo mesmas e com os outros.

Pessoas com grau elevado de autoconhecimento sabem como seus sentimentos afetam a si mesmas, aos outros e ao seu desempenho profissional. Sabem que, quando prazos apertados pioram sua performance, precisam organizar seu tempo cuidadosamente e concluir as tarefas bem antes do fim do prazo. As pessoas com elevado grau de autoconhecimento são também capazes de trabalhar com clientes exigentes e entendem o impacto do cliente em seu humor, assim como as razões de suas frustrações; e talvez até compreendam que são as demandas do dia a dia que as impedem de realizar o trabalho tal como precisa ser feito. Elas são capazes, ainda, de canalizar sua raiva, a fim de transformá-la em algo construtivo. [6]

---

5 GOLEMAN, Daniel. *A Inteligência Emocional na Formação do Líder de Sucesso*. Rio de Janeiro: Objetiva, 2014 (tradução de Ivo Korytowski).

6 GOLEMAN, Daniel. *Op. cit.*

Como também já afirmei, mais de uma vez constatei, na prática, que isso é a pura verdade. E não foi por outro motivo que me especializei na utilização de ferramentas de diagnóstico como o EQ-i 2.0®. Sempre observei que um líder realmente especial é aquele que conhece a si mesmo, sabendo a diferença entre o que são os seus sentimentos e emoções envolvidos na situação e o que são os sentimentos e emoções do outro.

Outra definição de Inteligência Emocional no ambiente de trabalho é esta: "o uso inteligente das emoções, com vistas a atingir determinados resultados", o que significa conscientemente fazer com que nossas emoções trabalhem a nosso favor, sejamos nós os líderes ou apenas integrantes de uma equipe.

Em obra de 2002, *O Poder da Inteligência Emocional — A Experiência de Liderar com Sensibilidade e Eficácia*,[7] em parceria com outros autores, Goleman, na mesma linha de Stein e Book, já havia organizado uma lista de sete competências emocionais e sociais básicas capazes de distinguir um líder bem dotado em IE. Ao apontá-las, os autores não estão se referindo especificamente às cinco grandes habilidades próprias da IE, uma vez que estão agora tratando especificamente do papel de um líder, que é diferente de outros papéis e, portanto, requer ainda outras qualidades para uma prática excelente. Ainda assim, a empatia, uma daquelas cinco habilidades básicas, está presente na lista. Essas sete qualificações são:

1. **Autoconsciência emocional** — A capacidade de ser franco e autêntico e falar abertamente sobre suas emoções ou falar com convicção das metas almejadas.

2. **Autocontrole** — Permanecer calmo e manter a cabeça no lugar, mesmo sob grande pressão ou durante uma crise.

3. **Adaptabilidade** — Mostrar-se flexível diante das exigências de novos desafios, adaptar-se com agilidade às mudanças e ser permeável a novas ideias e informações.

4. **Otimismo** — Ver os demais através de um prisma positivo, esperando deles o melhor.

5. **Empatia** — Escutar o outro com atenção e ser capaz de colocar-se no lugar dele.

---

7 GOLEMAN, Daniel; BOYATZIS, Richard E.; MCKEE, Anne. *O Poder da Inteligência Emocional: A Experiência de Liderar com Sensibilidade e Eficácia*. Rio de Janeiro: Campus, 2002.

Capítulo 8: Inteligência Emocional e Liderança

6. **Gerenciamento de conflitos** — Fazer com que todas as partes se manifestem e compreendam as diferentes perspectivas, para então encontrar um ponto comum apoiado por todos.

7. **Trabalho em equipe e colaboração** — Trabalhar bem com os outros em grupo, dentro de uma atmosfera amistosa e de solidariedade; e pessoalmente constituir-se em um modelo de respeito e cooperação.

A Empatia está presente na lista de qualificações de um líder, segundo Goleman, porque, por meio dessa capacidade empática, o líder será capaz de estabelecer com sua equipe canais emocionais pelos quais a comunicação interpessoal pode fluir. Em decorrência, as mensagens emitidas e recebidas ficarão mais claras e construtivas, de ambos os lados.

Por outro lado, empatia gera sintonia, sendo um dos ingredientes mais importantes para o exercício de uma liderança inteligente, em termos emocionais. Ser capaz de expressar as próprias emoções de forma autêntica, com convicção, produz ressonância nos liderados, e isso é algo que faz o líder entusiasmar-se e conduzir o grupo a embarcar com ele em um sonho, tornando-se, também o grupo, parte deste.

Parece-me que pouca gente poderia duvidar, atualmente, da importância da Inteligência Emocional entre líderes e colaboradores, bem como para a finalização de um projeto, quaisquer que sejam suas dimensões. Além disso, líderes emocionalmente inteligentes ajudam a melhorar o mundo, porque têm consciência do que está ocorrendo e exercem sua responsabilidade social, como já descrevemos antes.

A questão que irá nos interessar, a partir deste ponto, passa a ser como iremos melhor desenvolver essa forma de inteligência, bem como examinar sua relação com o autoconhecimento.

Goleman e outros estudiosos que se debruçaram sobre essa questão enfatizam a necessidade de o líder tratar de encontrar a si mesmo, de realmente mergulhar no "próprio eu" — de nada adianta iludir-se refugiando-se em uma "persona" meramente "fabricada", uma versão "fake" do que o líder deveria ser. Ele precisa ser capaz, realmente, de cavar mais fundo.

Sim, pois encontrar sua própria verdade — com todas as limitações que ela possa vir a conter — é uma condição *sine qua non* para ser autêntico. E sem autenticidade não se exerce liderança de forma competente e emocionalmente inteligente.

O Dalai Lama (Tenzin Gyatso, o 14º Dalai Lama), líder do povo do Tibete e merecedor do Prêmio Nobel da Paz de 1989, também se preocupou em definir as características de um bom líder, pela ótica do budismo tibetano. Em parceria com o consultor Laurens van den Muyzenberg, escreveu o livro *Liderança para um Mundo Melhor*,[8] que traz lições importantes para quem deseja tocar os negócios de maneira eficiente, autêntica e humanista.

Segundo os autores, são seis as "perfeições" (como eles as chamam) a serem perseguidas por todos, em especial por líderes que busquem influenciar seu grupo e a sociedade ao redor, a saber:

1. **Generosidade** — Estar sempre pronto a dar atenção, amor, ensinamentos e ajuda a quem precisa. Os líderes que se negam a esse compartilhamento simplesmente destroem a motivação dos liderados.

2. **Paciência** — Ficar atento para não prejudicar os outros e fazer o bem (a paciência deve ser cultivada e ser entendida aqui como tolerância justificada, e não como passividade).

3. **Ética** — Perceber que os desejos e incômodos vêm e vão, e que não vale a pena perturbar-se por isso. Antes de qualquer ação ou decisão, devemos nos livrar de qualquer pensamento negativo que possa nos prejudicar ou prejudicar outros.

4. **Empenho** — É preciso estabelecer metas transcendentes e dedicar-se a elas, já que nosso grau de entusiasmo depende de nossa crença na importância dos objetivos que queremos atingir e de nossa vontade de realmente chegar a eles.

5. **Concentração** — Fazer uma coisa de cada vez, com atenção plena e a totalidade do ser voltada para aquilo.

6. **Sabedoria** — Ter a visão correta das coisas, ou seja, ter a capacidade de enxergá-las como realmente são e de reconhecer que nada dura para sempre.

Podem-se notar na lista de "perfeições" produzida pelo Dalai Lama e seu coautor alguns pontos de interseção com as subdimensões em que se desdobram as várias dimensões da "roda" da Inteligência Emocional, cuja ilustração se encontra no início deste capítulo, entre elas: consciência emocional, relações interpessoais, empatia, solução de problemas, teste de realidade, controle de impulsos, flexibilidade e tolerância ao estresse.

---

8 DALAI LAMA; MUYZENBERG, Laurens Van Den. *Liderança para um Mundo Melhor — Como Aplicar os Conceitos Budistas aos Negócios e Tornar sua Empresa mais Bem-sucedida.* Rio de Janeiro: Editora Sextante, [s. d.].

De fato, todas as "perfeições" discutidas pelo Dalai Lama dizem respeito a qualidades emocionais e sociais. A chave para uma liderança de sucesso definitivamente está, por conseguinte, na exploração do campo da IE, não do QI, uma vez que liderança exige capacidade de persuadir, inspirar e mobilizar os outros.

Nas próximas páginas, entraremos mais fundo nos meandros do processo de autoconhecimento e transformação pessoal, investigando por quais formas e em que medida esse processo pode levar a uma transformação ainda maior do que apenas em nós: a transformação do mundo ao redor. Antes, porém, falemos um pouco mais exatamente desse mundo, que se encontra, de fato, envolvido em profundas mudanças.

○ ○ ○

Um mundo em transformação

É preciso estar preparado para tumultuadas e intermináveis ondas de transformação.

Elizabeth Gilbert, escritora norte-americana

O porquê deste capítulo

Este capítulo e também o próximo podem ser vistos como continuações, em sequência, do Capítulo 6, cujo título é: "De que precisamos para ter um mundo melhor?" Penso, entretanto, que em especial este Capítulo 9, mais do que o seguinte, é aquele em que diretamente abordo os aspectos mais cruciais envolvidos em um mundo que se encontra em franca transformação, a qual denota ser o autoconhecimento um fator determinante de uma vida profissional mais plena, muito especialmente neste nosso Brasil.

Enquanto escrevo esta nota introdutória (em fins de maio de 2019), leio os jornais brasileiros, que noticiam estar a economia do País crescendo pouquíssimo e muito lentamente, revelando um quadro de quase estagnação. A imprensa tem noticiado, além disso, que, embora tenhamos em nossa força de trabalho quase 14 milhões de desempregados, assim como um outro tanto dessas proporções de trabalhadores subempregados e ganhando insuficientemente (e, portanto, "desalentados"), 60% das vagas que têm surgido no mercado de trabalho não podem ser preenchidas porque os candidatos que se apresentam não têm as mínimas qualificações necessárias para ocupá-las.

Essa é uma constatação simplesmente terrível, que mostra uma cadeia perversa de causas e consequências: as pessoas não conseguem trabalho por não estarem qualificadas para exercê-lo; e não podem estar qualificadas, se não aprendem; não podem aprender, todavia, se não sabem quais são as carências que têm e precisam ser sanadas; o que depende, por sua vez, de estarem essas pessoas mais autoconscientes e alertadas para olhar dentro de si mesmas e fazer autoavaliações honestas e isentas... Como resolver esse dilema?

Abordo também, neste capítulo, o tema decisivo, relacionado a isso, do avanço da tecnologia, com seus efeitos sobre o desemprego estrutural. E abordo ainda outro tema (talvez até mais importante): o da desigualdade social e econômica no mundo. Precisamos ter a coragem e tomar a iniciativa enérgica de atacar essa problemática tão séria. É ao comentá-la que introduzo neste livro o tema do capitalismo consciente como um promissor movimento nessa direção, no qual tanto acredito.

○○○

Os empregos não são mais o que eram

Em vários capítulos anteriores, em particular o anterior, mencionei que um grupo seleto de habilidades ou competências humanas havia ascendido a um patamar muito especial, passando a ser altamente valorizadas na vida das pessoas em geral e na atuação dos líderes em particular.

Relembrando-as rapidamente, estou me referindo a competências que se inserem em uma categoria muito especial (que afirmei, no capítulo anterior, que comporiam uma espécie de supercompetência), que nos círculos iniciados se convencionou chamar de Inteligência Emocional. Entre essas competências específicas que a compõem estão a empatia, o diálogo, a capacidade de bom relacionamento, a atenção às pessoas e às suas necessidades específicas, o trabalho em equipe, a criatividade, a responsabilidade social e outras.

Provavelmente são essas qualificações especiais que as pessoas estão constantemente empregando no dia a dia profissional e em outras instâncias, às quais cada vez mais estaremos nos referindo quando aplicamos o rótulo "capital humano": as competências humanas — essas citadas, em particular — fazem parte, atualmente, de um verdadeiro capital, que vale dinheiro. Por dinheiro, podem elas ser oferecidas no mercado, pois há quem pague para que sejam usadas na produção de bens e serviços.

Em outras palavras, qualificações especiais como aquelas citadas são amplamente necessárias para a realização de inúmeros trabalhos nos dias de hoje. No passado, digamos 150 anos atrás, outras qualificações humanas eram amplamente requeridas e remuneradas, especificamente a força física, para erguer e transportar pesos; a resistência física, para permanecer longas horas fazendo um trabalho cansativo em locais desconfortáveis ou incômodos; e destreza manual fina, para fazer montagens de conjuntos de peças ou outros objetos.

Os avanços da tecnologia foram destruindo essas formas de trabalhar, substituindo-as pelo trabalho das máquinas, e outras qualificações foram se tornando úteis (ou, mais que isso, necessárias) nos trabalhadores, como as citadas antes. Elas é que constituem, atualmente, um capital humano e precisam, portanto, ser cultivadas por todos nós; elas é que podem ser, atualmente, oferecidas aos empregadores em troca de uma remuneração.

Para muitos pode parecer até óbvio que estejamos assistindo atualmente à valorização dessas capacidades humanas, e que isso não deveria causar maior impressão. Mas essas pessoas que praticamente não se impressionam são, de modo geral, os mais jovens, frequentemente os Millennials, ingressantes bem mais recentes do mercado de trabalho e nativos digitais, que operam na internet móvel como se fosse a coisa mais natural do mundo e acham que os equipamentos computadorizados que fazem todo o trabalho pesado sempre estiveram aí.

Para gente mais madura, em faixas etárias maiores, entretanto, as coisas não são bem assim. Essas pessoas ainda guardam em suas retinas as imagens que lhes chegaram em uma época de fato não tão distante assim no tempo, de quando o recrutamento de operários era realmente maciço para as operações em linhas de produção de fábricas, obras de construção civil, minas de extração de diversos metais, culturas extensas nas fazendas de milho, soja, café, arroz etc. Naquela época, avaliava-se a qualidade dos trabalhadores com base na sua saúde, sua força física e sua resistência

Capítulo 9: Um mundo em transformação

ao calor, à umidade, ao ruído ao redor. Era o que denotaria estarem essas pessoas aptas a trabalhar longas horas em atividades profissionais que não exigiam qualificação intelectual de nenhum tipo.

E os trabalhos considerados "intelectuais", como ficavam? Esses eram reservados a uma pequena elite, à qual a ainda relativamente pequena classe média procurava ascender.

No entanto, hoje, com a fantástica evolução científica e tecnológica, experimentada com especial velocidade nos últimos 25 ou 30 anos e com os avanços na universalização da educação, há menos lugares disponíveis para quem somente consegue realizar trabalho com base no poder dos músculos, uma vez que a mecanização começou, a automação continuou e a robotização está acabando de liquidar de uma vez por todas esses tipos de trabalho.

Estamos vivendo, então, um novo mundo? Ele é auspicioso ou atemorizante? Devemos saudá-lo ou lamentá-lo? Estamos, como um todo, como humanidade, vivendo mais felizes ou mais infelizes? Já mencionei também, em um capítulo anterior, que vejo pela frente uma vida melhor, não pior. Espero que os argumentos que apresentei ali sejam convincentes para o leitor.

Parece-me claro que vivemos mais tempo do que no passado, temos muito maior conforto, livramo-nos de muitas doenças que antes matavam contingentes enormes de pessoas, corremos muito menos riscos no dia a dia do que algumas décadas atrás, temos agora chances incomparavelmente maiores de nos divertir e gozar a vida, há à nossa frente oportunidades enormes de aprender e usar aquilo que aprendemos, muitas atividades insalubres e desgastantes desapareceram do mapa, substituídas por processos automatizados, temos muito maior liberdade de escolha sobre o que fazer na vida, liberdade para ir e vir, para dizer o que pensamos, para escolher com quem nos relacionamos... Quero crer, portanto, que o mundo está ficando muito melhor do que era antes!

o o o

A Quarta Revolução Industrial

E como chegamos a este estágio? O que nos trouxe a ele, que fatores foram predominantes na construção do contexto atual em que vivemos? Lembremos um pouco os desdobramentos da história que nos trouxeram a este estágio atual.

Estamos, é o que todos dizem, na chamada Quarta Revolução Industrial, também referida como "Indústria 4.0". Se quisermos entendê-la bem, entretanto, precisaremos recorrer primeiramente às três revoluções industriais anteriores!

A Primeira Revolução Industrial conhecemos bem, já ouvimos muito falar dela: é a que fez a transição do trabalho manual e artesanal para o trabalho mecanizado, feito com o auxílio de equipamentos mecânicos. Essa Revolução 1.0 ocorreu especialmente entre 1760 e 1830, tendo como seu grande marco de referência a invenção da máquina a vapor. Esse novo e maravilhoso equipamento simplesmente mudou a forma de operar os teares na indústria têxtil, virando de pernas para o ar essa indústria na Grã-Bretanha. Imediatamente o principio transferiu-se para outras indústrias, e logo passamos a ter barcos a vapor, locomotivas a vapor e outros equipamentos empregando o mesmo princípio.

Não se alteraram apenas a quantidade e a qualidade da produção nas fábricas: o tempo necessário e o esforço despendido pelos operários também se modificou por completo; as pessoas passaram a ter mais urgência, maior pressa. A velocidade ganhou foros de emblema da modernidade. Novos desenvolvimentos tecnológicos passaram a ser desejados, pesquisados, experimentados.

O mundo desembocou, então, na Segunda Revolução Industrial, a Indústria 2.0, a partir da metade do novo século XIX, com a invenção principalmente da eletricidade. Em poucos anos, ela praticamente tornou obsoleta a operação das máquinas por meio do vapor, multiplicando por muitas vezes mais a produção industrial pelo uso da eletricidade. Os motores se tornaram muito mais potentes, e as carruagens começaram a ser substituídas por veículos automotivos.

Surgiu a lâmpada incandescente, e as cidades trocaram por elas os antigos lampiões de gás. Com isso, iluminou-se a noite: perdeu-se a antiga visão da amplidão do céu estrelado e o silêncio um tanto enigmático e assustador das "horas mortas", ganhando-se, em seu lugar, um dia estendido, roubando à noite inúmeras novas horas a mais, para o lazer, o estudo e o trabalho.

As ciências explodiram em novos conceitos, gerando inúmeras oportunidades de desenvolver novas tecnologias. As cidades se tornaram ambientes por demais atraentes para as pessoas, como os quais a simples, pacata e bucólica vida rural não tinha

Capítulo 9: Um mundo em transformação

condições de competir. A velocidade cresceu, como critério definido de progresso e afluência na vida das pessoas.

A fotografia apareceu, a moda começou a mudar mais e mais rapidamente. Uma sociedade de consumo se delineava. As artes começaram a se abrir também às parcelas da sociedade que não faziam parte da elite — e houve uma fantástica novidade entre essas artes: a Sétima Arte, o cinema, que veio se incorporar às demais e tomou conta do imaginário das pessoas.

A mente ganhou vida, e, dentro dela, o inconsciente: parecia que cada ser humano poderia agora mergulhar dentro de si mesmo, como se descobrisse seu verdadeiro *self* nos recônditos de sua mente...

Artistas ganharam presença e protagonismo na sociedade; atores, cantores, músicos, performers... A Belle Époque veio trazer às pessoas a sensação de que o futuro já estava a apenas uns poucos passos à frente, que a modernidade já tinha chegado, e estava ali para ficar em definitivo.

E o terreno estava preparado para a Terceira Revolução Industrial. A Indústria 3.0 chegou com a eletrônica, que transformou a eletricidade em "coisa velha". Com a eletrônica vieram as telecomunicações, e o homem revigorou o telefone, o broadcasting (o rádio, a TV, que tinham chegado nas últimas ondas da eletricidade). A casa e o escritório, as fábricas e os almoxarifados e depósitos, as ruas e os carros se modernizaram ainda mais. Todo o equipamento necessário à vida moderna se miniaturizou e embutiu-se, gerando a noção de "nano" e tornando o principal invisível aos olhos.

O mundo começou a olhar para o cosmos — a Lua, o Sistema Solar, a galáxia... Passamos a querer mesmo ir até lá, até onde pudesse ainda ser um "lá" acessível para nós, homens deste planeta. Cada vez mais passamos a achar que essa exploração espacial era mesmo viável. Vimos discos voadores circulando por todos os cantos do mundo, porque estávamos por demais desejosos de saber se seríamos únicos ou se haveria outros seres como nós — ou diferentes de nós — habitando este universo.

Fomos a todos os demais lugares da Terra aonde o homem não havia ido ainda: ao alto dos picos do Himalaia, às profundezas dos oceanos, aos confins supergelados dos polos, às ilhas e matas somente habitadas por estranhas tribos desconhecidas... Eliminamos, enfim, de todos e quaisquer recantos deste planeta a possibilidade de ser rotulado como "desconhecido".

E nos demos extremamente mal, politicamente, fazendo desastrosas experiências de governança extremada — nazifascistas, stalinistas, maoistas... Em guerras fratricidas, com as quais pouco aprendemos, conseguimos matar milhões e milhões de seres humanos, ao mesmo tempo traumatizando e infelicitando centenas de milhões de outros tantos — e ainda nos perguntamos para quê!

Mas aumentamos a produção e a produtividade. Criamos novas e maravilhosas indústrias de bens e de serviços. Transformamos o consumo em fator preponderante para o bem-estar das pessoas. Criamos vigorosas e novas indústrias do design e da comunicação, e ao as aproximarmos das artes, conseguimos reunir à qualidade estética destas últimas a visão utilitarista das primeiras.

Tudo isso aconteceu em muito menos tempo do que nas fases anteriores. Grosso modo, enquanto a Indústria 1.0 durou 150 anos, a Indústria 2.0 se fez em 100, esta outra, a Indústria 3.0, exigiu apenas 50 anos, até desembocar em uma nova era, a da Indústria 4.0.

Esta Quarta Revolução Industrial em que estamos agora é impulsionada pela incrível evolução da capacidade computacional, a robótica avançada, a inteligência artificial, a nanotecnologia, a neurotecnologia, a biotecnologia, entre outros campos do conhecimento. Ela tem entre suas estrelas tecnológicas veículos autônomos como os drones, as impressoras 3D, os grandes bancos de dados, o armazenamento virtual de informações, a internet das coisas, tecnologia que permite que as máquinas, combinadas aos processos digitais, interajam entre si tomando decisões e desencadeando novos processos produtivos. E também a reunião da realidade virtual com a realidade aumentada, permitindo a mistura do real com o imaginário e possibilitando novas visões sobre a realidade, estimulando nossa imaginação e abrindo novas perspectivas e concepções sobre como realizar nossos desejos.

Fábricas inteiras entrarão em operação sem intervenção direta das pessoas. Essas fábricas poderão dirigir e controlar a si mesmas, em uma automatização total. Algumas delas já operam assim, e são chamadas "fábricas inteligentes".

Os homens de negócios preveem lucros fabulosos com esses novos sistemas, mas há quem faça um prognóstico mais sombrio: milhões de empregos evaporarão. Segundo se comentou bastante nas últimas edições do Fórum Econômico Mundial de Davos, na Suíça, somente os 15 países mais industrializados do mundo provavelmente perderão algo em torno de 5 milhões de vagas para trabalhadores (até o presente, empregos estáveis e bem remunerados) em função dessa evolução tecnológica, nos próximos anos. É um número equivalente à população inteira da Finlândia.

Algo mais, de muito importante, que se comenta como certo acerca dessa nova revolução industrial é que ela impactará todos os setores da sociedade, inclusive as

Capítulo 9: Um mundo em transformação

formas pelas quais nos organizamos na vida doméstica, nas tarefas mais corriqueiras do nosso dia a dia.

As casas se tornarão ambientes "inteligentes", assim como as fábricas. Um "cérebro" artificial cuidará devidamente que o ambiente esteja sempre impecavelmente limpo; que as luzes fiquem sempre apagadas quando o ambiente não precisar ser iluminado, de modo a que o dispêndio de energia seja minimizado; a temperatura ambiente para as pessoas, em quaisquer cômodos que estejam seja sempre aquela desejada por elas; nunca falte alimento na dispensa e na geladeira; e esse alimento seja muito facilmente preparado, em poucos minutos, resultando atraente e saboroso ao ser posto à mesa, quando for a hora de comê-lo. Quanto aos quartos, estarão sempre bem arrumados.

Os horários serão facilmente cumpridos, porque assistentes virtuais nos ajudarão a lembrar deles — nenhuma criança se atrasará para a escola, nenhum compromisso será perdido, nenhum improviso terá de ser feito no caso de uma visita, nenhum remédio com horário predeterminado para tomar será esquecido por qualquer dos membros da família.

Na garagem, os carros estarão sempre prontos a atender aos moradores — isso se houver carros nas garagens, e se houver garagens ainda, pois é provável que eles já não existam, e o carro necessário virá de fora, quando for necessário usá-lo.

Quem está por trás disso tudo? Máquinas, seguindo as determinações dos algoritmos! "Machine learning" o tempo todo, fazendo girar os softwares! Nas fábricas e nos escritórios, nas residências e nos transportes, serão as máquinas que comandarão todos os processos e tomarão todas as decisões, livrando-nos de ter de pensar nisso.

Autor do livro *The Fourth Industrial Revolution* (*A Quarta Revolução Industrial*),[1] lançado em Davos em 2016, o alemão Klaus Schwab prevê que "as mudanças serão tão profundas, que, na perspectiva da história da humanidade, nunca houve um momento tão potencialmente promissor ou perigoso".

Certamente, ao justapor esses dois adjetivos ("promissor" e "perigoso"), Schwab está se referindo àquele paradoxo que expressei antes, de que há ao mesmo tempo vantagens e desvantagens para todos nós nesses transformações guiadas pela tecnologia. As vantagens e desvantagens econômicas, por exemplo, são, ao que tudo indica, inquestionáveis.

---

1 SCHWAB, Klaus. *A Quarta Revolução Industrial*. São Paulo: Edipro, 2016.

"O que torna a Quarta Revolução Industrial fundamentalmente diferente das anteriores são a fusão de tecnologias e a interação entre os domínios físico, digital e biológico", comenta ainda o autor.

Quanto ao "domínio físico", ele se refere aos já mencionados veículos autônomos, à impressão em 3D, à robótica avançada e aos hardwares, aos novos materiais que serão ou já estão sendo empregados.

A impressão 3D é uma tecnologia das mais fascinantes. Trata-se de uma concepção inteiramente nova de como se fabrica algo físico: a fabricação do objeto por impressão, camada sobre camada, sendo o objeto construído segundo um modelo ou desenho digital. Por sua vez, entre os muitos novos materiais usados atualmente estão os nanomateriais, mais leves, fortes, recicláveis e adaptáveis. E materiais de novíssima geração e altíssima eficácia, como o grafeno, que é 200 vezes mais forte que o aço, milhões de vezes mais fino que um cabelo humano e eficiente condutor de calor e eletricidade.

Ao se falar em "domínio biológico", vêm à mente, por exemplo, os avanços científicos que proporcionarão a alteração de códigos genéticos para intervenções em seres vivos; ou, por outro lado, a utilização de chips para monitorar a saúde de órgãos vitais; ou ainda, a criação de micróbios capazes de combater o câncer e outras doenças.

Mas há ainda outros aspectos de fundamental importância, de decisiva influência na psicologia das pessoas. Citemos o filósofo e historiador Yuval Noah Harari sobre essa questão:

> A maioria das pessoas quase não conhece a si mesmas, e quanto tentam ouvir-se a si mesmas, tornam-se presas fáceis de manipulações externas. A voz que ouvimos dentro de nossa cabeça nunca foi confiável, porque sempre refletiu propaganda oficial, lavagem cerebral ideológica e publicidade comercial, sem falar nos bugs bioquímicos.

> À medida que a biotecnologia e o aprendizado de máquina se aprimorarem, ficará mais fácil manipular os mais profundos desejos e emoções [das pessoas] e será mais perigoso do que nunca seguir seu coração. Quando a Coca--Cola, a Amazon, a Baidu ou o governo sabem como manipular seu coração e controlar seu cérebro, você ainda pode dizer qual é a diferença entre seu próprio eu e os especialistas em marketing que trabalham para eles?

Capítulo 9: Um mundo em transformação

*Para ser bem-sucedido em uma tarefa tão intimidadora, você terá de traba-
lhar muito duro para conhecer melhor seu sistema operacional. Para saber
quem você é e o que deseja da vida. Este é o mais antigo conselho registrado: conheça a si mesmo. Por milhares de anos, filósofos e profetas instaram
as pessoas a conhecerem a si mesmas. Mas esse conselho nunca foi mais
urgente do que é no século XXI, pois, diferentemente da época de Lao Zi ou
Sócrates, agora você tem uma séria concorrência: Coca-Cola, Amazon, Baidu
e o governo estão todos correndo para hackear você. Não seu smartphone,
nem seu computador, nem sua conta bancária — eles estão numa corrida
para hackear você e seu sistema operacional orgânico.*[2]

Também está no horizonte o uso de próteses biônicas perfeitamente integradas
ao corpo, ou o ambicioso projeto de recriar o cérebro humano completo dentro de
um computador que imite perfeitamente o funcionamento dos nossos mais de 80
bilhões de neurônios e seus trilhões de conexões. São tecnologias que já estão à disposição, ou estão próximas disso, sendo desenvolvidas graças a aportes bilionários de
recursos. Não é um futuro distante, e, sim, já presente.

O alemão Schwab, do Fórum de Davos, é um entusiasta desse novo mundo que
está em gestação. Ele acredita que, se tudo for bem conduzido pelos governos nacionais mais proeminentes, o resultado será não apenas mais crescimento econômico,
mas igualmente mais harmonia social e mais proteção ao meio ambiente.

Mas sempre haverá o risco de essas mudanças acentuarem a divisão que já existe
entre as nações, com algumas delas estando claramente mais capacitadas, e outras
menos, para desenvolver produtos com tecnologia de ponta. Essas nações mais capacitadas, evidentemente, concentrarão mais renda e mais oportunidades de bons
empregos, com maiores salários. Quanto às outras nações, provavelmente serão
muito mais dependentes de tecnologia importada, sem condições de competir em
igualdade de condições na produção científica. Essas provavelmente ficarão com os
empregos que exigem menor capacitação, os empregos temporários e os empregos
com baixos salários.

o o o

---

2 HARARI, Yuval Noah. *21 lições para o Século 21*. São Paulo: Companhia das Letras, 2018, p. 329.

O rentismo e a crise

Para além das perguntas que todos nos fazemos sobre se o avanço tecnológico é algo bom ou não para a sociedade humana e o mercado de trabalho, outra questão candente que temos de discutir nesta era de transformações é, em minha opinião, sobre a clara noção de que tudo isto vem ocorrendo em um momento histórico especial, particularmente complicado para o capitalismo mundial. Tenho, aliás, mais de um motivo para colocar esse tema em nossa pauta, e um desses motivos é que o assunto vai ao encontro da defesa que farei, mais adiante, do capitalismo consciente.

Depois de décadas de crescimento equilibrado, do final da Segunda Guerra Mundial até o início do anos 1980, em que houve um crescimento estável do PIB mundial e da maioria dos países e em que se verificou uma razoável distribuição da renda, o capitalismo ingressou com força em um novo estágio, que tem sido comumente chamado de "fase da financeirização" do mundo: cresceram muito as transações financeiras, e o crédito explodiu como recurso para aumentar o lastro de dinheiro do qual cada empresa e, inclusive, cada indivíduo poderia lançar mão para suas transações e negócios. Mercados financeiros cresceram, atingindo números impressionantes. Recursos de securitização dessas transações foram criados, ao ponto de se formularem hedges sobre hedges, derivativos sobre derivativos,[3] a fim de proteger os atores econômicos da possibilidade de prejuízo.

Essa liberalização das transações financeiras foi acompanhada de um acentuado aumento da desregulamentação das atividades financeiras. Havia, até então, certos limites para a especulação, que praticamente deixaram de existir. Em seu livro *A Era do Capital Improdutivo — A Nova Arquitetura do Poder*,[4] o professor de economia Ladislau Dowbor reúne alguns dados ilustrativos sobre esse momento atual da finança mundial. Só as transações financeiras lastreadas em derivativos, segundo ele, atingiram em 2013 a cifra impressionante de US$710 trilhões, correspondendo a 9,6 vezes o PIB mundial daquele ano.

Ou seja, o que mais passou a movimentar dinheiro no mundo não foram nem o comércio de mercadorias, nem os investimentos em produção industrial, em serviços ou em atividades agrárias, e, sim, as aplicações puramente financeiras, baseadas quase sempre em apostas futuras sobre o comportamento de preços e de índices, um monumental game sendo jogado no mundo, acerca de objetos extremamente abstra-

---

3 Derivativos são aplicações cujos preços "derivam" do valor de índices ou preços de outros bens ou investimentos financeiros, tais como as taxas de juros ou do dólar ou da cotação de uma commodity.

4 DOWBOR, Ladislau. *A Era do Capital Improdutivo — A Nova Arquitetura do Poder*. São Paulo: Outras Palavras; Autonomia Literária, 2017.

Capítulo 9: Um mundo em transformação

tos. O resultado disso só poderia ser mesmo uma febril tentativa de acumulação de riquezas para nenhum fim que não fosse o de mantê-las represadas, como recursos que, ao invés de contribuir, serviram para obstar a produção e o consumo.

A esse tipo de atitude, tão disseminado dos anos 1980 para cá, dá-se o nome de rentismo: a utilização da riqueza pessoal ou social para produzir mais riqueza, sem nada produzir com ela. Trata-se de um triste personagem no capitalismo atual. Fomos todos capturados pela febre do rentismo. Um jovem brasileiro como muitos outros comenta, em seu artigo em um blog pouco conhecido:

Jung disse certa vez que nascemos todos originais e morremos cópias. O que ele queria dizer é que somos todos colonizados pela cultura em que vivemos, assumindo um papel de reprodutores da ordem vigente. Em nosso caso, essa ordem é dada pela sociedade de consumo, com seus valores, que tudo submetem à crença de que o importante é possuir e acumular. E a grande maioria de nós não se rebela contra essa condição, muito ao contrário: aceitamos de bom grado essa imposição e nos dispomos a seguir vivendo dentro desses ditames. Poucos são os que não se submetem, mas lutam contra esse estado de coisas.

Deveríamos fazer isso, todos nós. Cito, a propósito, Rosa Luxemburgo, que afirmou a importância de rebelar-se: quem não se mexe, disse ela, não é mesmo capaz de ouvir o som das correntes que o prendem. Temos, portanto, de fazer o contrário do que temos feito: ao invés dessa passividade, temos de nos movimentar, correr, gesticular, expressar-nos — até que o som das correntes se torne tão alto que já não consigamos suportá-lo.[5]

Outra característica desse momento do capitalismo, em que ainda estamos vivendo, é a hegemonia das megacorporações globais, na forma de grupos financeiros gigantescos e conglomerados a eles ligados. Segundo Dowbor, essas megacorporações não são muitas — são, de fato, apenas um punhado delas —, mas seu poder de intervenção no mundo é tão gigantesco, que, em muitos casos, suplanta até mesmo o poder de nações desenvolvidas.

Pensemos em números para ilustrar esse ponto: com base em um estudo realizado pelo ETH, o Instituto Federal Suíço para Pesquisa Tecnológica, o professor

---

5 MORAIS, Erick. "Não existe pior prisão do que uma mente fechada", artigo publicado no blog "Pensar Contemporâneo". In: <https://www.pensarcontemporaneo.com/author/erick/>. Postado em 27/03/2019. Acesso em: 27/03/2019, 12h59.

Autoconhecimento para um mundo melhor

Dowbor revela que 147 grandes corporações (75% delas focadas prioritariamente em operações financeiras) controlam nada menos que 40% do PIB do mundo.

Voltemos aos anos 1980: lembremos que foram esses os anos de ouro do neoliberalismo, uma doutrina que retomou os antigos ideais do liberalismo clássico de Adam Smith. Para explicar melhor essa tese econômica, ela defende que a intervenção do Estado na economia seja a menor possível, mantida estritamente sobre aquilo que seja inevitável, enquanto crê ser o próprio mercado capaz de autorregulação, se deixado livre.

Ou seja, para o neoliberalismo, o Estado deve ser mínimo, enquanto o mercado trabalha por si mesmo, premiando automaticamente os bons players e expurgando os maus. Podemos observar esse modo e encarar a economia e a sociedade relembrando os anos 1980, com o reaganismo nos Estados Unidos e o thatcherismo no Reino Unido.

Na Grã-Bretanha, os anos Thatcher (1979–1990) foram realmente um grande laboratório de experimentação de políticas neoliberais, em que se fez uso de um vasto sortimento de práticas disponíveis para afastar o Estado das decisões econômicas, tais como a privatização de empresas e serviços públicos, a flexibilização das leis trabalhistas e o desmantelamento do Estado de Bem-Estar Social que havia sido criado para fazer frente à crise econômica iniciada em 1929.

Nos Estados Unidos, em seu período presidencial (1981–1989), Ronald Reagan liderou um processo similar, marcado por práticas neoliberais. Outros países, inclusive o Brasil, foram influenciados por essas experiências no mundo desenvolvido.

○ ○ ○

A desigualdade no mundo

Acho que não preciso dizer que a economia não é exatamente minha "praia", razão pela qual não devo (e não preciso, de fato) entrar em considerações mais profundas sobre esses pontos. Entretanto, acho importante relacionar aqui alguns aspectos do cenário econômico internacional que vigoraram nesta segunda década do século XXI que está por terminar. Entendê-los nos ajudará a compreender por que as grandes transformações que estamos vivendo atualmente contribuem para uma econo-

Capítulo 9: Um mundo em transformação

mia mais humanizada e para um desenvolvimento de líderes conscientes — que são, afinal de contas, pontos que estou defendendo.

Um livro de economia que ganhou muitos elogios não muito tempo atrás pela clareza de seu conteúdo altamente analítico foi este do jovem economista francês Thomas Piketty, *O Capital no Século 21*.[6] De fato, a argumentação de Piketty acabou por significar um autêntico "banho de água fria" naqueles que enxergavam este nosso planeta em acelerado ritmo rumo à prosperidade e ao bem-estar de todos. O economista francês mostrou que as coisas não são bem assim.

É certo que o capitalismo tem gerado mais e mais riqueza e proporcionado benefícios apreciáveis para a humanidade como um todo, ao longo de muitos anos — por estimular o desenvolvimento das ciências em geral, da medicina, das tecnologias que nos ajudam a construir um mundo mais sustentável e com melhor qualidade de vida.

Realmente, nos últimos dois séculos, bilhões de pessoas ou saíram da miséria para um estado de pobreza menos debilitante, ou mesmo ascenderam socialmente para acima da linha de pobreza, ingressando na classe média. A fome deixou de ocorrer em tão larga escala quanto no passado, e a expectativa de vida sem dúvida elevou-se em todo o planeta.

Ainda assim, segundo mostram os estudos feitos por Piketty ou citados por ele a partir de análise de outros especialistas, ao contrário do que se esperava, não há dúvida de que a desigualdade de renda vem aumentando no mundo. E isso vinha acontecendo já ao final da Primeira Guerra Mundial, prosseguindo e mesmo acentuando-se essa trajetória após a Segunda Guerra Mundial.

Piketty adverte que essa tendência é muito grave, tendo potencial para nos remeter de volta a um tempo de grande sofrimento pela extrema desigualdade, pelo final do século XIX.

É bom enfatizar que a desigualdade muito acentuada, mais até do que a pobreza em si, pode se constituir em um importante fator desencadeador de desarmonia, disputas e violência. Segundo Piketty, que baseia suas conclusões em dados estatístico cuidadosamente apurados, o capitalismo traz em seu âmago a tendência à concentração da riqueza nas mãos de poucas famílias e seus herdeiros.

Esse fenômeno se explica, diz o autor, pelo fato de a taxa de acumulação de capital e riqueza ser maior que a taxa de crescimento econômico da renda. De acordo

---

6 PIKETTY, Thomas. *O Capital no Século XXI*. Rio de Janeiro: Intrínseca, 2014.

Autoconhecimento para um mundo melhor

com o autor, esse desequilíbrio é uma verdadeira ameaça à própria democracia, e deve ser corrigido com a adoção de um sistema tributário mais justo e, ao mesmo tempo, de uma distribuição da renda e riqueza mais equilibrada.

Em *O Capital no Século 21*, o economista se debruçou sobre o aumento da concentração de renda no topo da pirâmide social, nos Estados Unidos e na Europa. Em novo trabalho de pesquisa realizado logo em seguida, Piketty passou a investigar, agora, o que ocorreu em países em desenvolvimento, tais como o Brasil, a China e a Índia.

Em entrevista ao jornal *Folha de S.Paulo* após seu livro ter sido publicado em português, ele foi taxativo sobre a importância de buscarem soluções para essa tendência concentradora do capitalismo: "Se não resolvermos essa desigualdade de forma pacífica e democrática, sempre iremos nos deparar com atores políticos tentando explorar a frustração individual e coletiva causada por essa desigualdade, incentivando a xenofobia e pondo a culpa dos problemas sociais da nação nos imigrantes e trabalhadores estrangeiros."

"A desigualdade", prossegue Piketty, "é, portanto, um sério risco para a democracia, sem falar no fato de que o é também para os fluxos globais de comércio. A propósito disso, pode-se dizer que tanto a eleição de Donald Trump para a presidência dos Estados Unidos quanto o Brexit (a decisão do Reino Unido de deixar a União Europeia) não foram coincidências: ambos são dois grandes países ocidentais nos quais, tipicamente, a desigualdade mais cresceu nos últimos anos".[7]

Tentando ser mais direta, creio que, desde 1945 até o final dos anos 1970, muitos dos "excessos" (chamemos assim) cometidos pelo capitalismo podem ser debitados ao temor que se tinha da ascensão do comunismo: fazia parte de um quadro mais amplo, fortemente estimulado pela Guerra Fria. Havia, na época, ao menos na Europa, uma maior preocupação com a manutenção de um Estado de Bem-Estar Social, que pudesse desestimular movimentos contestadores e greves de protesto.

Mas com a queda do Muro de Berlim em 1989 e o fim da União Soviética em 1991, verificou-se um acentuado relaxamento das tensões geopolíticas que vinham vigorando havia tanto tempo. O capitalismo redescobriu o liberalismo de seus primeiros tempos.

(Pensemos que a romântica tese sobre a origem do capitalismo tem ainda hoje o condão de nos inspirar. Segundo um dos grandes teóricos liberais, o escocês Adam

---

7 Ver <http://www1.folha.uol.com.br/mercado/2017/09/1922435-brasil-nao-cresce-se-nao-reduzir-sua-desigualdade-diz-thomas--piketty.shtml>

Capítulo 9: Um mundo em transformação

Smith (1723–1790), o capitalismo é, basicamente, a busca individual pelo lucro por parte de empreendedores privados, que geram empregos e aumentam a riqueza e a prosperidade coletivas.[8] Ou seja, a ambição de crescer e de enriquecer — que anteriormente era algo visto como uma forma de egoísmo e ganância [e, portanto, um pecado], passou a ser entendida como uma atitude benéfica para toda a sociedade.)

Certamente pode despertar nas pessoas uma atitude de ganância excessiva, mantida às custas do sacrifício de outrem. Se recuarmos no tempo nos depararemos com algumas práticas, dentro do universo do capitalismo, que nos parecem simplesmente inadmissíveis, por exemplo, as fortunas acumuladas por homens de negócio britânicos e pela Companhia das Índias Orientais com a exportação de ópio para a China. Milhões de cidadãos chineses se viciaram irremediavelmente, e muitos sucumbiram, com a "guerra do ópio", travada em nome do livre comércio.

Outra passagem da qual o mundo capitalista jamais poderia se orgulhar é o comércio de escravos africanos, comandado justamente pelas companhias europeias, entre os séculos XVI e XIX. Nesse período, estima-se que nada menos que 10 milhões de seres humanos foram capturados à força na África, sumariamente vendidos como gado e transportados para outro continente, a fim de trabalharem como escravos nas "plantations" de açúcar e outras lavouras no continente americano. O tráfico de escravos era um negócio extremamente rentável, e as "empresas privadas" dedicadas ao comércio de escravos vendiam suas ações como quaisquer outras nas Bolsas de Valores de Amsterdã, Londres e Paris! E cidadãos europeus de classe média à procura de um bom investimento, cegos ao que estava por trás dos dividendos tão interessantes que receberiam, compravam avidamente essas ações.[9] Nenhum desses investidores do povo realmente se incomodava com — ou sequer de preocupava em refletir sobre sua gravidade — o destino dos africanos transformados em mercadoria.

Criada em 1942, a organização não governamental britânica Oxfam[10] (o nome é uma redução de "Oxford Committee for Famine Relief", ou Comitê de Oxford para o Combate à Fome) atua em mais de 90 países (sendo um deles o Brasil) em campanhas e programas de desenvolvimento que tenham relação com problemas de pobreza, justiça social, educação, saúde, democracia, direitos humanos e comércio justo, entre outros.

---

8 SMITH, Adam. *A Riqueza das Nações*. São Paulo: Saraiva, 2010.

9 HARARI, Yuval Noah. *Sapiens — Uma Breve História da Humanidade*. Porto Alegre: L&PM, 2015.

10 Ver o site da organização: <www.oxfam.org.br>.

A Oxfam também realiza estudos detalhados sobre a desigualdade no mundo, com o objetivo de subsidiar o debate público. Em seu último relatório dessa ordem, produzido com base em dados do Global Wealth Databook, mantido pelo Banco Credit Suisse, e na lista de bilionários da revista *Forbes* divulgada no início de 2017, a organização apresenta estimativas impressionantes — como a que informa ser o patrimônio pessoal de apenas oito homens no mundo igual ao da metade mais pobre do mundo (cerca de 3,5 bilhões de pessoas). Outra informação impressionante do relatório: mais de 700 milhões de pessoas no mundo sobrevivem com menos de US$1,90 por dia.

Eu diria que esse cenário é um autêntico descalabro, pois mostra que, como Piketty já apontou, a economia do planeta caminha para um nível por demais excessivo — e, portanto, perigoso — de concentração de renda. E a distância entre ricos e o restante da sociedade só tem aumentado.

Em 2012, o Fórum Econômico Mundial já havia identificado o aumento da desigualdade econômica como uma grande ameaça à estabilidade social. Com os dados que obteve do Credit Suisse e da *Forbes*, a Oxfam apontou que, em 2015, pela primeira vez na história, a riqueza acumulada pelo 1% mais rico da população mundial havia se equiparado à riqueza dos 99% restantes.

Em 2016, a organização já havia registrado que as 62 pessoas mais ricas do mundo detinham, então, tanta riqueza quanto a metade mais pobre da população da Terra, tendo aquele número se reduzido para apenas 8, como apontou o relatório de 2017. Isso mostra a acelerada tendência de agravamento da concentração de renda que vem acontecendo. Vale a pena conferir outros dados semelhantes reunidos pela Oxfam:

- Nos próximos 20 anos, 500 pessoas transferirão aos seus descendentes, na forma de herança, nada menos que US$2,1 trilhões. Essa é uma soma mais elevada que o PIB da Índia, país com 1,2 bilhão de habitantes.

- A renda dos 10% mais pobres aumentou cerca de US$65 entre 1988 e 2011, ao passo que a renda dos 1% mais ricos aumentou cerca de US$11.800 — ou seja, 182 vezes mais.

Capítulo 9: Um mundo em transformação

- Um diretor executivo de qualquer das empresas relacionadas no Índice FT-SE-100[11] ganha em um ano o mesmo que 10 mil pessoas trabalhando em fábricas de confecções em Bangladesh.

- Nos Estados Unidos, uma pesquisa recente do economista Thomas Piketty revelou que, nos últimos 30 anos, a renda dos 50% mais pobres permaneceu inalterada, enquanto a do 1% mais rico aumentou 300%.

- No Vietnã, o homem mais rico do país ganha, em um dia, mais do que a pessoa mais pobre ganha em dez anos.

No Brasil, em particular, a desigualdade econômica é especialmente grave. Estamos entre as dez maiores economias do mundo quanto ao PIB, e, no entanto, segundo apurou a Oxfam, somos a décima nação mais desigual do mundo.

Entre nós, segundo o relatório de 2017 daquela instituição, chamado *A distância que nos une*, o patrimônio das seis pessoas mais ricas do País equivale ao dos 100 milhões de brasileiros mais pobres; os 5% mais ricos detêm a mesma fatia de renda que os demais 95%; e um trabalhador que ganhe um salário mínimo por mês levará 19 anos para receber o equivalente aos rendimentos que um indivíduo classificável como muito rico tem em um único mês.

Como afirmou em uma entrevista o já citado empresário Oded Grajew, que é presidente do Conselho Deliberativo da Oxfam Brasil, a desigualdade deveria ser a principal pauta nos debates de quaisquer entidades envolvidas na vida pública, dos sindicatos de trabalhadores aos patronais, como a Fiesp, dos ministérios ao Poder Judiciário, das escolas às ONGs. Não existe outro debate mais urgente ou mais importante do que esse, em especial devido aos níveis extremos de desigualdade a que chegamos em nosso país.

Ainda assim, alguma melhora ocorreu nos últimos anos, em especial após a Constituição de 1988. Houve a consolidação de algumas políticas públicas inclusivas, tais como a universalização da saúde e da educação ou políticas implantadas de elevação (ainda que modesta) do salário mínimo.

Entretanto, a concentração de renda seguiu sendo demasiado alta, entre outros motivos, devido à estrutura regressiva de nosso sistema tributário, que cobra proporcionalmente mais impostos de quem é mais pobre do que dos mais ricos, e também

---

11 O Índice FTSE-100 é mantido pela FTSE The Index Company e representa um pool das 100 ações mais representativas da Bolsa de Londres.

devido a um princípio básico que governa o sistema, que tributa mais o consumo do que a renda e o patrimônio.

○ ○ ○

Como enfrentar a desigualdade?

A resposta a esta pergunta é extremamente difícil. Aliás, se fosse fácil, o problema da desigualdade já teria sido resolvido. Tentemos localizar fatores relevantes que poderíamos responsabilizar pela persistência e, em muitos casos, o aumento da desigualdade no mundo. Vários suspeitos entrarão em nosso radar.

Um desses suspeitos é, sem dúvida, a globalização, que promove crescentes fluxos de informações, bens e capitais, mas frequentemente mantém as pessoas onde estão, por mais que elas queiram migrar para lugares onde possam viver melhor. A transformação tecnológica acelerada é outro importante suspeito: ela muda cada vez mais drasticamente a demanda de recursos humanos, descartando a mão de obra em favor de trabalhadores com formação universitária, mas sem que haja um correspondente aumento dessa oferta. Isso nos leva a um terceiro e importante suspeito: os baixos níveis de educação, insuficientes para preparar as pessoas para os desafios tecnológicos que precisam enfrentar. Como comenta o jornalista David Pearlstein, do *Washington Post*, nenhum desses fatores sozinho é o responsável pela desigualdade, mas todos eles contribuem com sua parcela. "A morte da igualdade se assemelha muito ao que acontece no romance de Agatha Christie *Assassinato no Expresso Oriente*: todos tiveram participação!"[12]

Pearlstein sugere ainda mais um suspeito para a persistência da desigualdade: o descaso, a "naturalização" dessa condição. As pessoas, de modo geral têm convivido tanto com esse mal, que praticamente o incorporaram ao seu imaginário, achando que "a vida é assim mesmo". Sobretudo as elites, é claro, que não sofrem na pele o problema! O sociólogo italiano Domenico De Masi faz coro com Pearlstein nessa acusação: "Sobretudo as elites governantes", diz ele, "não conseguem considerar a felicidade dos cidadãos como principal objetivo de todo bom governo".[13]

---

12 PEARLSTEIN, David. "O custo do aumento da desigualdade", São Paulo, *O Estado de S. Paulo*, edição de 15/10/2010, p. B10 (tradução de Anna Capovilla).

13 BRASIL, Ubiratan. "Um guia para entender o mundo", São Paulo, *O Estado de S. Paulo*, edição de 09/04/2017, p. E1.

Capítulo 9: Um mundo em transformação

Anthony Atkinson, um respeitado economista inglês, publicou há quatro anos um livro intitulado *Inequality: What Can Be Done?* Desde 1966 Atkinson se dedica a estudar o tema. No livro, ele começa comemorando que, finalmente, a desigualdade chegou ao primeiro plano nos debates políticos. Para ele, isso estava fazendo muita falta: mesmo os países que sempre sofreram com um grave nível de desigualdade vinham, até o presente, sistematicamente se omitindo no debate geopolítico dessa questão. Atkinson acredita que agora, por uma série de fatores, esse debate está, finalmente, se iniciando.[14]

Não sei se trazer à tona com maior ênfase o debate sobre desigualdade socioeconômica no mundo levará à sua redução em níveis significativos, mas parece-me bastante claro que isso deverá contribuir para minorar a desigualdade: o debate político sobre um dado assunto é sempre salutar, sendo ao mesmo tempo causa e consequência de um maior espírito crítico na sociedade, de uma maior politização da população, e, portanto, sintoma de um melhor nível de educação das pessoas. E isso é um dos remédios a serem aplicados na correção da desigualdade, sem sombra de dúvida.

Não podemos nos dar ao luxo de ficar esperando que as grandes corporações ou os governos resolvam nossos problemas... precisamos fazer alguma coisa por nós mesmos. E isso me direciona, inevitavelmente, para o efeito sobre as pessoas dessa grande onda do empreendedorismo. Por uma escolha pessoal, ou por necessidade (devido ao fato de estar desempregado e não ter perspectivas de trabalho proximamente), muitas pessoas estão tentando desenvolver algum negócio próprio. É uma forma de as pessoas não aceitarem a realidade insatisfatória e se moverem para modificá-la. O fato é que estamos todos sendo forçados a nos tornar empreendedores, online ou offline, criando nós mesmos as oportunidades econômicas que poderão colocar no caminho de uma vida melhor a maior parte das pessoas.

"Creio que alguns dos melhores empreendedores dos próximos 50 ou 100 anos serão jovens vindos de lugares como as favelas brasileiras", sonha Casey Gerald, um bem-sucedido empreendedor norte-americano. "Essas pessoas algum dia irão 'acordar' de suas vidas sacrificadas e medíocres e exclamar: 'Quer saber? Isto é um saco! Vou fazer alguma coisa diferente!", diz Gerald, e completa: "E acredito mesmo que as soluções dessas pessoas serão mais interessantes, vitais e urgentes do que aquelas de alguns herdeiros da elite, que decidam criar uma startup, conseguirão desenvolver!"

---

14 NAIM, Moisés. "Desigualdades diferentes", São Paulo, *O Estado de S. Paulo*, edição de 08/06/2015, p. A10 (tradução de Celso Paciornik).

Autoconhecimento para um mundo melhor

Convenhamos que Casey Gerald deve saber do que está falando. Atualmente CEO da startup MBA Across America, que administra um programa de apoio a pequenos empreendedores no interior dos Estados Unidos, Gerald tem uma história exemplar de infância extremamente difícil — a de uma criança abandonada tanto pelo pai usuário de drogas quanto pela mãe acometida de um grave transtorno bipolar![15]

A Oxfam defende que, para enfrentar efetivamente nossas desigualdades, precisamos que haja uma redistribuição (e não um aumento!) da carga tributária brasileira, pela qual haja uma diminuição da incidência de tributos indiretos e uma elevação dos tributos diretos. Desse modo será possível aumentar o peso da tributação sobre o patrimônio na arrecadação total, como acontece nos países capitalistas mais desenvolvidos, assim como haverá um aumento da progressividade do Imposto de Renda das pessoas físicas que detenham renda mais alta.

Outras propostas viáveis que vêm sendo feitas são que se recrie um imposto, que foi eliminado nos anos 1990, sobre lucros e dividendos distribuídos (esses rendimentos são hoje isentos), e que se avance no combate a mecanismos de evasão e elisão fiscal, o que ajudaria a pôr fim ao envio de dinheiro aos paraísos fiscais. Atualmente, no Brasil, calcula-se que o montante da sonegação está em torno de R$400 a R$500 bilhões por ano, uma quantia fantástica. Outra frente importantíssima, ainda, para se reduzir a desigualdade poderia ser um investimento sério em educação de qualidade pública e gratuita. São ideias...

Mas há também uma forte crença, tanto nos EUA quanto na Europa Ocidental, de que existe algo mágico na tecnologia, algo que acabará dissolvendo todas as barreiras e desigualdades. Isso é muitas vezes descrito como um verdadeiro mito vigente no Vale do Silício — o de que os avanços tecnológicos de tal modo facilitarão e tornarão menos dispendiosa a vida das pessoas em geral, que acabarão por suplantar a eterna divisão política entre conservadores e progressistas, liberais e estatizantes, direita e esquerda, conflitos esses que não terão mais sentido. Será? No Departamento de Estado dos EUA realmente trabalham especialistas em inovação que sabem tudo do Vale do Silício e creem que isso pode mesmo acontecer. Pela primeira vez, a campanha de Barack Obama para a presidência dos Estados Unidos foi de tal modo marcada por uma fascinação com a tecnologia, que se criou, a partir dali, também nos meios governamentais, a presunção de que a tecnologia faria os problemas simplesmente sumirem!

---

15 AGUILHAR, Lia - "O lado social da revolução tecnológica", São Paulo, *O Estado de S. Paulo*, edição de 27/07/2015, p. B9.

Capítulo 9: Um mundo em transformação

O pensador e pesquisador da internet bielorrusso Evgeny Morozov, professor da Universidade Stanford e autor do livro *The Net Delusion — The Dark Side of the Internet Freedom*, é cético a respeito disso. E justifica sua descrença usando o exemplo dos celulares: "O advento dos celulares ... desfez a desigualdade? Permitiu às pessoas ganharem mais, serem mais livres? Não. Quando se introduz tecnologia em cenários de desigualdade, ela não é suficiente para melhorar as coisas; muitas vezes, ela até mesmo reforça o que já existe."[16]

Entretanto, sem se deterem muito nas questões de ordem política e nas implicações sociais dos avanços tecnológicos, instituições como a Singularity University, já citada anteriormente, preveem para a humanidade um futuro fortemente automatizado, em que várias funções hoje desempenhadas por pessoas passarão a ser realizadas por robôs.

Em seus relatórios, a Singularity University afirma, por exemplo, que em 20 anos os robôs terão relacionamentos reais com as pessoas, dando suporte aos idosos, cuidando da higiene pessoal e preparação de alimentos. Provavelmente se popularizará até mesmo o uso de robôs para relações íntimas das pessoas.

As máquinas serão comuns em todos os locais de trabalho, eliminando o trabalho manual e as interações meramente repetitivas (desempenhadas, por exemplo, por guias turísticos, recepcionistas, motoristas e pilotos, serventes e construtores).[17]

Além disso, tratamentos para a longevidade se tornarão disponíveis rotineiramente, o que fará com que pessoas comuns prolonguem a vida em até 30 ou 40 anos. A combinação entre robotização + longevidade das pessoas + alta concentração do capital (que é característica, como já vimos, do capitalismo financeirizado) inevitavelmente produzirá sérios problemas de desemprego em todos os países, dos mais aos menos desenvolvidos.

Não à toa, várias cidades e países da Europa, além de Estados Unidos e Canadá, começam desde já a experimentar novos instrumentos que possam permitir a construção (ou continuidade) de um Estado de Bem-Estar Social, buscando alguma solução para o que imaginam que virá a ser a sociedade do futuro marcada por desemprego em massa.

Um tipo de instrumento que vem sendo especialmente pensado são os programas de renda mínima, que consistem em garantir para todas as pessoas uma renda

---

16 COELHO, Luciana . "Tecnologia pode reforçar cenários de desigualdade", São Paulo, *Folha de S.Paulo*, edição de 22/11/2010, p. A16.

17 Ver <https://su.org/>.

básica, suficiente para sua sobrevivência e com a qual poderão sempre contar, em períodos de desemprego ou não. O objetivo de um tal programa seria o combate à pobreza e às desigualdades.

A Finlândia, por exemplo, é um país que decidiu efetivamente testar a implantação de um programa de renda básica universal incondicional (UBI — Universal Basic Income, na sigla em inglês). O primeiro período de testes foi iniciado pelos finlandeses em 2017, previsto para encerrar-se no fim de 2018. Essa primeira tentativa envolveu a distribuição mensal de €560 para 2 mil cidadãos, sem exigência de contrapartida. As primeiras análises sobre os resultados dessa experiência deverão ser divulgados a partir de 2020.

○ ○ ○

Os cinco pilares do capitalismo consciente

A possibilidade de aplicação de programas de renda mínima vem sendo discutida em diversos círculos, como o FMI e a ONU. Esses programas vêm chamando a atenção também de uma parcela considerável de idealistas de um capitalismo mais responsável no mundo, incomodados que estão com o sistema atual, excessivamente centrado na busca do lucro e na exploração de recursos humanos e do meio ambiente.

O movimento do capitalismo consciente, do qual sou uma entusiasta e uma militante, como já declarei, surge exatamente a partir da consciência desses idealistas sobre os excessos que vêm sendo praticados particularmente por uma vertente excessivamente financeirizada do capitalismo, e sobre a necessidade de mudar esse panorama.

Novamente podemos recorrer a Claudio Naranjo com uma voz especialmente lúcida a advertir sobre isso. Em recente entrevista em que, entre outros assuntos, discute esse capitalismo financeirizado, Naranjo comenta:

Certos aspectos do capitalismo poderiam sobreviver, tais como os negócios, o intercâmbio de bens... Porém, o que é mais característico do capitalismo de hoje é o dispêndio de um grande esforço para maximar os lucros — e isso não faz jus à vida. Não se trata apenas de o capitalismo atual desconsiderar totalmente o meio ambiente; trata-se também do ensino e da aprendizagem dos economistas, que simplesmente não levam em conta o ser humano. Por-

Capítulo 9: Um mundo em transformação   205

tanto, não estamos numa economia para humanos, porque, ao final, é este quem acaba empobrecido, explorado e perdedor, perante uma máquina de fabricar dinheiro.[18]

O líder desse movimento é um pensador dos valores e métodos de gestão, professor indiano Raj Sisodia, da Universidade de Bentley, nos Estados Unidos. Sisodia gosta de lembrar, em suas palestras, que "negócios não se resumem a números, estando também envolvidas as relações humanas", e também que "cobiça não é uma virtude".

Em seu livro *Capitalismo Consciente — Como Libertar o Espírito Heroico dos Negócios*, escrito em parceria com John Mackey, co-CEO da Whole Foods Market, os autores escrevem:

Um princípio fundamental do pensamento sistêmico, (...) aspecto essencial do Capitalismo Consciente, é que não existem efeitos principais e efeitos colaterais. Tudo o que fazemos gera consequências e todas são importantes – e por isso devem ser contabilizadas. (...)

No mundo dos negócios uma postura consciente significa assumir a responsabilidade por todas as consequências dos nossos atos, e não apenas daqueles que nos afetam. Um aspecto importante do pensamento consciente é que ele permite tomar decisões atentas aos impactos positivos para todos os stakeholders, condição bem mais gratificante do que a simples determinação de retorno financeiro para os acionistas.[19]

Percebamos que os princípios do capitalismo consciente se encaixam com perfeição no item 2 da lista apresentada antes, de soluções propostas pela Oxfam para o combate à pobreza e às desigualdades e para a construção de uma sociedade mais sustentável, de que as empresas devem atuar em benefício de todos os envolvidos com ela e de que o produto da atividade empresarial precisará beneficiar a todos que o possibilitaram e criaram, inclusive a sociedade como um todo, os trabalhadores da empresa e a comunidades locais.

---

18 Claudio Naranjo, em entrevista. Cf. Jonás Romero Sánchez, em: "Claudio Naranjo: 'Si queremos dejar a atrás el espíritu patriarcal, hay que comprender que el capitalismo industrial es parte de él'", matéria publicada no site chileno de notícias *The Clinic*. In: <https://www.theclinic.cl/2019/03/08/claudio-naranjosi-queremos-dejar-a-atras-el-espiritu-patriarcal-hay-que-comprender-que-el--capitalismo-industrial-es-parte-de-el/?fbclid=IwAR2BYN9146bpOVFZpK1XieDzzKpZPkGeaCn4c1njlgjb3fl2P2OS3BdA4Rg>. Postado em: 08/03/2019. Acesso em: 11/03/2019, 15h23.

19 MACKEY, John; SISODIA, Raj. *Capitalismo Consciente — Como Libertar o Espírito Heroico dos Negócios*. Barueri: HSM, 2014.

Somente discordo da afirmação de que os governos estarão necessariamente envolvidos, pois creio na possibilidade real de uma mudança de mentalidade e postura dos empresários e capitalistas, e dos próprios governantes, no sentido de um Estado que seja mantenedor de um número apenas mínimo de empresas estatais e paraestatais e cujo papel seja muito mais regulatório e focado em serviços tais como os de segurança, educação e saúde.

Como Sisodia, Wolfe e Sheth frisam em *Empresas Humanizadas*,[20] muitos já perceberam que o atual momento histórico pede mudanças profundas na forma de se fazer capitalismo, uma vez que ingressamos no que poderia ser chamado de "Era da Transcendência".

De que se trata? O Zeitgeist (ou espírito da época) atual, segundo dizem muitos, está apontando para um "esvaziamento da cultura do apego ao consumo e à posse de bens materiais, substituídos por um cultivo de valores e bens intangíveis". Segundo aqueles autores, "as influências físicas (materialistas) que dominaram a cultura no século XX estão em declínio, enquanto as influências metafísicas (experimentais) estão ficando mais fortes". Isso estaria "ajudando a realizar uma mudança nos fundamentos da cultura, de uma base objetiva para outra subjetiva".

Entre as razões dadas para que haja essas mudanças, Raj Sisodia inclui a constatação de que a idade média das populações vivendo em sociedades industrializadas vem se elevando, o que tende a impelir as sociedades a dar maior importância a questões relacionadas a significado e propósito do que faziam antes. Sisodia cita, ainda, a melhoria dos níveis de educação e de QI, que aumentaria o grau de consciência das pessoas em relação ao mundo à sua volta; e, ademais, ele entende que contribui para isso igualmente a disseminação de valores tradicionalmente femininos, tais como a cooperação e a compaixão, dos quais já falamos no capítulo anterior. Indiscutivelmente, nossa época pede um olhar mais atento aos interesses coletivos, em comparação aos individuais.

Os valores tais como os de acumulação de bens e riqueza sem limites estão, enfim, cedendo espaço a outros tantos, como os do conforto e do desenvolvimento tecnológico, em sintonia com o uso racional dos recursos da natureza e com o combate ao desperdício. Em concordância com essa grande transformação que está se dando nos tempos atuais, o capitalismo consciente argumenta que a razão de existir de uma empresa não mais pode ser simplesmente o lucro ou resultado financeiro, mas

---

20 SISODIA, Raj; WOLFE, David B.; SHETH, Jag. *Empresas Humanizadas – Pessoas. Propósito. Performance*. [S. l.]: Instituto Capitalismo Consciente, 2015.

Capítulo 9: Um mundo em transformação

precisa passar a ser, em definitivo, seu verdadeiro propósito para existir e a diferença que ela efetivamente faz na vida das pessoas.

Com base nesse princípio, o capitalismo consciente propõe a gestão das organizações levando em conta quatro pilares:[21]

1. **Propósito maior.** Ao decidirem atuar buscando a realização de um propósito maior, as empresas irão além da ideia tradicional, mas insuficiente, de que devem maximizar seu lucro, passando a aspirar a criação de um impacto positivo muito maior na vida de todos seus stakeholders. Esse propósito maior e os valores que, em razão dele, a empresa professa constituem o núcleo de empresa verdadeiramente consciente.

2. **Orientação para os stakeholders.** Um negócio precisa ser capaz de gerar valor para todas as partes interessadas, seus stakeholders. Todos são igualmente importantes e devem estar conectados por um mesmo senso de propósito e valores compartilhados. Dessa forma, a relação que se estabelece entre esses vários atores que compartilham entre si algo tão importante deverá ser pautada pela busca de soluções em que todos ganham, preservando-se, dessa forma, a harmonia e a integração entre as diversas partes.

3. **Liderança consciente.** A concretização da noção de capitalismo consciente requer uma incisiva atuação de líderes que sejam eles próprios conscientes, dotados de elevado nível de inteligência analítica, emocional e espiritual, de tal forma que lhes seja possível refletir sobre seus negócios, bem como conduzi-los, de modos sofisticados e complexos.

4. **Cultura e gestão conscientes.** Tanto a forma de gerir a empresa quanto sua cultura organizacional são fatores fundamentais para a efetiva prática do capitalismo consciente, na medida em que garantirão vigor e estabilidade necessários para a preservação do propósito maior da empresa. Confiança, responsabilidade, transparência, integridade, igualitarismo, justiça, crescimento pessoal, amor e cuidado são algumas das características que se observam sendo praticadas em uma empresa cuja cultura e gestão são, de fato, conscientes.

Em um trecho do livro *Capitalismo Consciente*, Mackey e Sisodia chamam a atenção do leitor para um aspecto essencial presente nessa forma de encarar a empresa e

---

21 Ver o documento: <file:///C:/Users/Administrador/Downloads/59554- 126163-1-PB%20(2).pdf>.

Autoconhecimento para um mundo melhor

que por vezes pode não ficar inteiramente claro para todos. Eles se referem ao impulso inicial de dar forma a um sonho, que caracteriza os autênticos empreendedores e que precisa ser constantemente revisitado por quem pratica o capitalismo consciente.

Salvo poucas exceções, dizem eles, empreendedores de sucesso não estão pensando em maximização de lucros quando iniciam um novo negócio. Obviamente eles querem ganhar dinheiro, mas isso de fato não constitui a mola propulsora que impele para a ação a maioria deles. Empreendedores sentem-se inspirados a realizar algo porque genuinamente acreditam que aquilo precisa ser feito.

A heroica história do capitalismo de livre-iniciativa foi escrita por gente que partiu de seu sonho e sua paixão, usando-os como o combustível que lhes permitiria criar valor para seus clientes, seus colaboradores, seus investidores e a sociedade como um todo.

Trata-se, portanto, de uma narrativa que é muito diferente daquela que enxerga a empresa prioritariamente pela lente da maximização dos lucros. Bill Gates não abriu a Microsoft pensando em se tornar o homem mais rico do mundo; ele tão somente vislumbrou um enorme potencial nos computadores, a ponto de acreditar que poderiam transformar nossa vida, e entusiasmou-se com a chance de criar um software que, de tão útil que foi, acabou se tornando indispensável para a maioria de nós. Portanto, o que Gates fez foi seguir sua paixão, e isso o levou a se tornar o homem mais rico do mundo. Embora isso tivesse sido um resultado de seu processo, de modo algum foi seu objetivo inicial.

A ideia de que a maximização dos lucros é o único objetivo de uma empresa não passa de um mito, e esse mito manchou a reputação do capitalismo, além de levar a questionamentos sérios sobre a legitimidade dos negócios. Precisamos, portanto, refazer essa narrativa, restaurando-a em sua verdadeira essência: a de que o real propósito de uma empresa consiste em melhorar a vida das pessoas ao gerar valor para todas as partes interessadas.

Em outro trecho de seu livro, Mackey e Sisodia explicam que:

ser consciente significa estar totalmente desperto e lúcido para enxergar a realidade com clareza; e para entender todas as consequências de nossas ações, no curto e no longo prazo. Significa estar atento ao que se passa dentro de nós mesmos e na realidade externa, bem como aos impactos disso tudo sobre o mundo. Significa também ter um forte compromisso com a verdade, e agir do modo mais responsável possível, de acordo com o que entendemos ser verdadeiro.

Capítulo 9: Um mundo em transformação

Nesse ponto de sua apresentação, os dois autores tocam no tema que desejo abordar no próximo capítulo: a necessidade de desenvolver líderes verdadeiramente conscientes, o que se dá pela estimulação, nesses líderes, do autoconhecimento.

A trajetória de uma pessoa, assim como a obra que ela constrói e deixa como legado, guarda uma profunda relação com seu grau de desenvolvimento pessoal, com sua consciência, enfim. Analogamente, as empresas refletem o nível de consciência de suas próprias lideranças, que são diretamente responsáveis por estimular uma cultura que seja ou de competitividade predatória ou, ao contrário, de colaboração, criatividade, respeito e relacionamento humanizado com seus stakeholders.

No próximo capítulo, depois de avançar um pouco mais do debate sobre a noção de capitalismo consciente, voltaremos a nos referir ao autoconhecimento, examinando as formas pelas quais pode ser buscado e o porquê de ser ele uma condição necessária para se engendrar essa nova forma de fazer capitalismo, com isso estabelecendo as bases para uma sociedade mais saudável.

○ ○ ○

Autoconhecimento para um mundo melhor

*Identifico-me muito com o que dizem os xamãs: as pessoas
enfermas que experimentam um processo de cura irão depois
levá-lo ao mundo — porque, aprendendo a curar-se, adquirem
a capacidade de curar os outros.*

Claudio Naranjo

O porquê deste capítulo

Penso que este capítulo será uma revelação para o leitor, por vários aspectos. Um dos que reputo dos mais importantes refere-se à reflexão que faço aqui sobre como, ao longo dos séculos (e, neste último século, ao longo das décadas), o conhecimento disponível no mundo vem crescendo tão rapidamente, que simplesmente arrasta o ser humano médio para que seja muito mais detentor de conhecimentos do que foram seus antepassados de apenas algumas gerações anteriores. Creio não haver dúvida de que um operário braçal em uma cidade de porte médio do Brasil de hoje detém tanto ou mais conhecimento sobre o mundo do que um general dos exércitos de Alexandre ou um cardeal da Igreja Católica dos tempos do papa Alexandre II. E por que é assim? Ora, porque viver, à medida que as épocas vão se sucedendo, vai se tornando mais e mais complexo, envolvendo mais e mais conhecimentos, que antes não existiam e nem eram necessários.

A propósito, alguém citou em um artigo, certa vez (menciono de memória), que a governanta da casa de um patrício na Roma Antiga precisaria contar com cerca de 33 escravos e/ou escravas para atender à rotina diária que um(a) administrador(a) doméstico(a) dos dias de hoje cumpre diariamente sozinho(a) operando seus aparelhos eletrodomésticos. Talvez isso não passe de uma frase de efeito, é claro, mas, de qualquer forma, nos ajuda a enxergar o crescimento dos níveis de complexidade havidos no mundo a que me refiro no parágrafo anterior.

Neste capítulo, retomo também reflexões sobre o inconsciente iniciadas no Capítulo 7, que trata de neurociência. A noção de inconsciente é importante quando desejamos refletir sobre o que sabemos, porque existe muita coisa que, afinal de contas, já sabemos, mas ignoramos que sabemos! Usamos esse conhecimento de forma apenas automática, não consciente (ou inconsciente), e penetrar nesse mundo do que não nos é consciente sempre é, claramente, uma maneira importante de melhorarmos nosso autoconhecimento.

Finalmente, retomo aqui ideias de Claudio Naranjo que já comecei a mencionar em capítulo anterior, tratando de abordá-las com maior profundidade também no próximo capitulo. Claudio Naranjo é um sábio! Grande mestre que é, faço questão de segui-lo em minhas reflexões, lendo tudo que posso do que ele escreve ou do que escrevem sobre ele e seus pensamentos. Considero Naranjo um dos melhores mentores potenciais para quem deseja se conhecer melhor. É uma de minhas melhores fontes de autorreflexão.

○ ○ ○

Podemos confiar no progresso

A convicção sobre o valor da ciência e a capacidade humana de, por meio dela, encontrar soluções racionais para os problemas que afligem nossa civilização foi lançada como um bastião do Iluminismo há mais de 250 anos. Em permanente luta com as meras crenças, fossem estas instrumentadas por fatos ou meramente obscurantistas, aquela convicção felizmente vem resistindo bravamente, desde então, até nossos dias.

Muitos de nós, que nos recusamos a ser dogmáticos e irredutíveis acerca de tantas religiões e/ou ideologias que invariavelmente nos cercam, e que valorizamos ciosamente o fenômeno científico muito acima de delírios de fé, nos acostumamos a confiar plenamente na investigação dos fatos e na busca da comprovação de hipóteses como os únicos meios realmente confiáveis de chegarmos à verdade.

Acreditamos que essa incessante busca da verdade é essencial, não temos como fugir dela; e, no entanto, ela tem sido, como nunca antes no mundo, agredida, vilipendiada, desprezada e ameaçada. Os dias de hoje são especialmente propensos a esse implacável ataque à verdade que somente a ciência pode nos trazer: nunca se produziu e se acreditou tanto em fake news quanto após o advento das redes sociais; e nunca foi tão fácil disparar e disseminar discursos de ódio e intolerância, em defesa de ideias estapafúrdias e sem qualquer base factual.

Essa problemática tão importante se soma àquelas de que falamos nos capítulos anteriores, em particular o anterior, quais sejam, a pobreza e a miséria no mundo ou a desigualdade crescente entre as classes econômicas. Difícil dizer em quais áreas desse imenso pântano é mais perigoso virmos a afundar o planeta: se no setor da miséria, se no setor da incompreensão e da intolerância, se no setor do obscurantismo e das explicações idiotas sobre os fatos.

Ainda assim, estou convicta de que estes momentos difíceis são exatamente isso: apenas momentos, que, na trajetória expandida do mundo, vista a partir de um olhar bem "lá de cima", poderão ser vistos m uma perspectiva mais realista, aquela de uma amplitude temporal muito maior, pela qual uma linha do tempo mais alongada mostrará que a humanidade está, afinal de contas, melhorando, e não piorando; que ela está, aliás, melhorando *muito*, pelo que vemos no desenrolar dos séculos! Dissemos isso em outro capítulo anterior, apoiando-nos na visão clarividente de Steven Pinker.

Assim, a ideia de que o futuro poderá ser bem melhor do que o presente, embora nem sempre tenha existido na mente da maioria das pessoas, parece ser algo bem concreto atualmente para quem quiser realmente enxergar o que se passa. Muitas sociedades se formaram, viveram e mesmo terminaram sob a égide de uma visão oposta a essa — sob uma visão de que o passado fora muito melhor e de que o futuro nada poderia oferecer de bom ou de útil. A ideia de progresso, em si, não tem mais de 500 anos, e a ideia de um progresso ao mesmo tempo perceptível e continuado é ainda muito mais jovem, não tendo completado 100 anos de idade.

Yuval Noah Harari, o historiador israelense que se tornou, em menos de cinco anos, uma inquestionável referência para se pensar a humanidade, fala disso em um de seus grandes livros, o *Sapiens — Uma Breve História da Humanidade*.

No ano de 1500, aponta Harari, habitavam o planeta 500 milhões de almas apenas, em comparação com os 7 bilhões de viventes atuais. E estima-se que o valor total dos bens e serviços produzidos pela humanidade em 1500 seria de aproximadamente US$250 bilhões de dólares em valores de hoje. Pois, atualmente, o valor da produção humana de um ano está por volta de US$60 trilhões, o que significa um crescimento da produtividade do homem de 240 vezes aquele valor de meio milênio atrás, para um crescimento da população equivalente a apenas 14 vezes aquela de 1500.

Em outras palavras, nestes últimos 500 anos de existência da humanidade, cada ser humano, simplesmente por existir e independentemente de idade, gênero, profissão, compleição física, nacionalidade, língua falada, religião, nível de conhecimento ou saúde física e mental, tornou-se 17 vezes mais competente do que era um ser humano típico de 1500 quanto à capacidade de contribuir para tornar o mundo um melhor lugar para se viver. Esse ganho em produtividade pode ser creditado, então, ao que genericamente chamaríamos de "progresso".

Aliás, essa hipótese coaduna-se perfeitamente com aquilo que se convencionou chamar, nos anos 1980, de "efeito Flynn": em 1984, o filósofo e pesquisador norte-americano James Flynn divulgou um estudo que conduziu sobre a inteligência humana, no qual constatou que, desde um século antes, as pontuações médias das pessoas em testes de QI (quociente de inteligência) vinham aumentando à taxa aproximada de 3 pontos por década em relação ao desvio-padrão.

Ou seja, a barra delimitadora do que se poderia chamar "inteligência mediana" foi ficando cada vez mais alta, a uma taxa relativamente estável, desde que os testes de inteligência foram iniciados por Alfred Binet, na virada do século XIX para o século XX.[1]

---

1 PINKER, Steven. *O Novo Iluminismo — Em Defesa da Razão, da Ciência e do Humanismo*. São Paulo: Companhia das Letras, 2018, p. 289.

Dito de outro modo, a cada nova década, uma pessoa teria de apresentar desempenho cada vez melhor em tais testes em comparação com o desempenho de alguém de inteligência equivalente 10 anos antes, para que pudesse ser considerada como tendo uma inteligência dita "normal". Analogamente, poder-se-ia dizer que uma pessoa de inteligência mediana em dado momento desses 10 anos provavelmente seria classificada como imbecil ou idiota se tivesse nascido 60 anos mais tarte. E, também analogamente, dir-se-ia que ser chamado de "gênio" foi ficando progressivamente mais difícil a cada década que decorresse.

Mas, continuando nesse raciocínio, temos de admitir que nem todos os cidadãos são iguais em termos de sua capacidade intelectual, nem atualmente, nem no século XVI e nem em qualquer momento dos 500 anos que intermediaram essas duas épocas. Em qualquer época, dentro desse espectro temporal de cinco séculos, sem dúvida pode-se identificar sempre uma gama muito ampla de variados níveis intelectuais entre os indivíduos, em uma escala que poderia ir dos mais (a) sábios, cultos e brilhantes, em um extremo, aos mais (b) ignorantes, néscios e estúpidos, no outro.

Intuitivamente, pode-se apostar que mais mentes classificáveis como do tipo (b) existem no século XXI e existiram no século XVI, bem como nos séculos intermediários, do que mentes do tipo (a). Que proporções de sábios e de estúpidos, entretanto, podemos inferir que existiram em cada um dos dois momentos? É possível fazer essa inferência? Objetivamente, penso que não dá para responder a essa pergunta, já que não dispomos de dados minimamente confiáveis para tanto.

○ ○ ○

Conjecturas sobre o saber e a ignorância de ontem e de hoje

Ainda assim, podemos conjecturar um pouco a respeito. Será que a escolaridade das pessoas não seria um parâmetro minimamente aceitável para discutirmos o assunto? Claro que a maior ou menor escolaridade de uma pessoa não nos autoriza a afirmar que ela teria ou não melhores conhecimentos, e muito menos que ela disporia ou não de uma maior capacidade crítica que usasse em suas ações e reações perante o mundo. Então, escolaridade não é, de fato, um indicador suficiente para aquilo que queremos. Porém, vejo que não podemos contar com nenhum outro indicador melhor, ao passo que esse, afinal de contas, está aí, disponível.

Capítulo 10: Autoconhecimento para um mundo melhor

Usemo-lo, então, para ver aonde chegamos: sabemos que existem no mundo, atualmente, 700 milhões de seres vivos com escolaridade superior. Ou seja, 10% da população mundial é o contingente de indivíduos que completaram estudos universitários de algum tipo, incluindo-se nesse segmento aqueles que apenas se graduaram em uma faculdade, mas também uma minoria que também cursou alguma pós-graduação *lato* ou *stricto sensu*, ou um mestrado profissional, um pós-doutorado, algo assim.

Isso quer dizer que, em termos bem amplos, essa parcela minoritária da população mundial, de 700 milhões de indivíduos, teve a chance de estudar por 15 ou 20 anos seguidos, tendo estado, portanto, por uma e meia a duas décadas, de sua infância à idade adulta jovem, envolvida ao menos algumas horas por semana com professores, aulas, livros, manuais de estudo.

São pessoas que despenderam, portanto, um bom tempo (quero crer) lendo, assistindo a vídeos didáticos, ouvindo palestras, debatendo temas de interesse, fazendo exercícios práticos, pesquisando assuntos atuais ou de interesse para a compreensão dos atuais problemas do mundo. Essas pessoas estiveram, durante esse período, exercitando continuamente sua mente, refletindo sobre objetos, pessoas, lugares e fatos acontecidos no mundo ao redor.

Podemos dizer, portanto, que, grosso modo, 10% da população da Terra forma um grupo de privilegiados que dispõe de elevado "capital intelectual", ao menos quando comparados com o parco capital intelectual dos 90% restantes, que perfazem hoje 6,3 bilhões de seres vivos.

Registremos agora a premissa de que capital *financeiro* e capital *intelectual* sempre andam juntos. Muitos dados existem por aí comprovando algo que, intuitivamente, a maioria de nós já sacou há muito tempo: quem tem dinheiro quase sempre é quem tem também conhecimento, com raras e honrosas exceções. E também com raras e honrosas exceções, quem tem conhecimento é quem tem também dinheiro. Escusado é dizer que também o contrário se verifica: no mundo todo, os pobres tendem a ser os mais ignorantes, e os ignorantes tendem a ser os mais pobres.

Em resumo, conhecimento e dinheiro são como que gêmeos xifópagos: estão indivisivelmente ligados entre si, circulando sempre juntos no mundo, segundo a mesma lógica: onde se encontra um, encontra-se também o outro. Faço esta afirmação com tranquilidade e segurança totais, porque me parece inteiramente defensável: existe uma forte correlação entre dinheiro e saber: mais de um é mais do outro; e menos de um é menos do outro também!

Autoconhecimento para um mundo melhor

No entanto, na prática, não podemos afirmar cabalmente qual das duas coisas vem antes — se o ovo ou a galinha: será que os pobres são pobres por serem ignorantes e os ricos são ricos por serem bem informados? Ou seria o contrário disso: os ignorantes seriam ignorantes justamente por serem pobres e, analogamente, os bem informados teriam esse maior acesso ao conhecimento justamente por serem ricos?

É muito difícil escolher uma dessas alternativas, é claro. Mas ainda podemos fazer conjecturas a respeito, com base em trabalhos e pesquisas já realizados. Cito um deles, dos mais curiosos:

Em 1995, a educadora norte-americana Betty Hart e seu aluno Todd Risley publicaram um estudo no qual mostram que, na época, em seu país, as famílias de classes trabalhadoras e de baixa renda sofriam, em relação às classes mais abastadas, de uma síndrome que os pesquisadores resolveram chamar de "30 million word gap" (lacuna dos 30 milhões de palavras).

O que eles estavam afirmando era, essencialmente, a existência de uma enorme disparidade na quantidade de palavras (uma lacuna de 30 milhões delas!) que as crianças nascidas nessas famílias ouviam, entre o momento do nascimento e a idade de 3 anos, em comparação com as crianças de famílias de renda alta. (Em outras palavras, ricos conversam com seus filhos muitíssimo pobres!) E aqui vai o dado que nos interessa: essa diferença foi considerada pelos pesquisadores uma das principais causas, nos anos seguintes da vida da criança, de importantes deficiências no nível de letramento, baixos níveis de leitura e maior quantidade de insucessos em quaisquer iniciativas pessoais de modo geral por parte das crianças que são filhas de famílias pobres.

Hart e Risley concluíram que a criança precisa ouvir, todos os dias, falas de pessoas que lhes sejam importantes, muito especialmente dos pais. Ouvindo falas mais complexas diariamente, a criança aprenderá a não limitar seu vocabulário (e seus pensamentos) apenas aos padrões monossilábicos e aos conteúdos banais usuais nas conversações mais corriqueiras do dia a dia. De fato, eles apontam, o ideal seria que as crianças ouvissem, todos os dias, palavras incomuns e mesmo raras, a fim de escaparem à limitada quantidade de apenas 10 mil palavras que compõem nosso léxico convencional.[2]

---

2 Dawn Wacek, bibliotecária norte-americana que atua no sistema La Crosse de bibliotecas públicas, da região de Coulee (sudoeste do estado de Wisconsin), EUA, em "A librarian's case against overdue book fines", palestra de 13min53seg, proferida no evento TEDxUWLaCrosse, em fevereiro de 2018. In: <https://www.ted.com/talks/dawn_wacek_a_librarian_s_case_against_overdue_book_fines?utm_source=newsletter_weekly_2018-11-17&utm_campaign=newsletter_weekly&utm_medium=email&utm_content=bottom_left_image#t-808572>. Acesso em: 21/11/2018, 12h36 (tradução de Marco A. Oliveira).

Capítulo 10: Autoconhecimento para um mundo melhor

Mais adiante, neste capítulo, usarei como referência reflexões importantes de um famoso místico e mestre espiritual armênio, George I. Gurdjieff. É oportuno, entretanto, antecipar algo desse personagem neste ponto, para ressaltar o quanto é importante que a criança tenha contatos com seus pais que lhe signifiquem desafios para pensar. Um dos grandes livros que Gurdjieff escreveu foi *Encontros com Homens Notáveis*, na década de 1920, no qual relata episódios magníficos do pensamento altamente esclarecido de diversas pessoas admiráveis com que se deparou na vida. O primeiro desses relatos versa sobre seu próprio pai, que Gurdjieff admirava muito. Ele conta que, muito pequeno ainda, o pai o submetia a experimentações estranhas de vários tipos, uma das quais consistia em inesperadamente voltar-se para o filho e lhe perguntar, de chofre, algo como: "Onde está Deus neste momento?"[3] Inquirições desse tipo, exigentes e surpreendentes, segundo relata Gurdjieff, aguçaram muito seu pensamento e o colocaram sempre de prontidão para enfrentar os acontecimentos inesperados que o mundo costuma colocar à nossa frente.

Seguindo com a comparação que iniciamos, poderemos tomar como regra, nesse caso, que, na população do mundo, são provavelmente os 10% mais ilustrados nas universidades (700 milhões de seres humanos) os que constituem também o estrato mais rico, uma vez que capital intelectual e capital financeiro andam juntos.

Poderemos recorrer novamente ao dado apresentado pelo Fórum Econômico Mundial e citado no capítulo anterior, segundo o qual o 1% mais rico na população do mundo detém uma riqueza equivalente àquela de todos os restantes 99% somados. Se pudéssemos averiguar com propriedade o tema, muito provavelmente constataríamos também que, entre os cidadãos do planeta, são também esses mesmos 70 milhões (1% dos habitantes), de modo geral, os mais escolarizados.

E, seguindo adiante ainda com essa inferência, muito provavelmente seriam os 10% mais ricos do planeta (700 milhões de indivíduos) os 10% igualmente mais escolarizados, enquanto, ao contrário, os restantes 90% (6,3 bilhões de seres humanos) seriam não só os mais pobres, mas também os menos escolarizados.

Se esse raciocínio vale para os homens que saíram do século XX para o século XXI, ingressando no novo milênio, valeria ele também para os homens que saíram da Idade Média para o Renascimento, no século XVI? Muito provavelmente não, pois estaríamos tentando aproximar entre si épocas da história radicalmente diferentes quanto às formas como as pessoas adquiriam e mantinham seu conhecimento e seu patrimônio na passagem da Idade Média para o Renascimento.

---

3 GURDJIEFF, George. I. *Encontros com Homens Notáveis*. São Paulo: Pensamento, 1974.

Em primeiro lugar, imaginar, em 1500, a universidade como um lugar privilegiado e formador de uma elite intelectual seria querer demais. Por certo já havia um punhado de universidades em pleno funcionamento na Europa por essa época, e, entre elas, poderíamos citar várias no atual Reino Unido (Oxford, Cambridge, Saint Andrews, Glasgow e Aberdeen); na França (Paris, Montpellier, Toulouse e Poitiers); na Itália (Módena, Pádua, Nápoles, Roma, Perugia, Siena, Florença, Pisa, Pávia, Ferrara, Turim e Catânia); na Espanha (Salamanca, Valladolid, Henares, Múrcia, Lérida, Barcelona, Santiago de Compostela e Valência); na Alemanha (Heidelberg, Colônia, Würzburg, Leipzig, Rostock, Greifswald, Freiburg, Munique, Tubingen e Mogúncia); na Suíça (Basileia); na Bélgica (Louvain); na Escandinávia (Upsala, na Suécia e Copenhague, na Dinamarca); em Portugal (Coimbra); na Europa Central (Praga, Cracóvia, Viena, Pécs, na Hungria e Zadar na Croácia)...[4]

Porém, essas universidades eram, ainda assim, muito poucas, proporcionalmente à população da época. E, embora o número de candidatos a frequentá-las também fosse bem menor do que o atual, provavelmente não caberia pensar em 50 milhões (10% da população mundial) de "intelectuais" naquela época formados em universidades.

Além disso, as formas de as pessoas se "educarem" (digamos assim) eram, então, profundamente distintas das atuais, e o que se entendia por "obter e usar o conhecimento" era algo totalmente diferente: quase sempre consistia tão somente em aprender o ofício do pai, com o pai, e mais nada.

Alguns sábios e ilustres personagens da história naquela época escreviam e se comunicavam praticamente apenas em latim; e quanto à maioria deles, certamente nem sequer sabiam ler e escrever! A propósito, em 1500, segundo se estima, a percentagem de cidadãos alfabetizados no que hoje chamamos de Velho Continente não chegava a 20% da população.[5]

Mas, retornando ao ponto principal, constatamos antes que, ao longo destes cinco séculos, o homem ficou, em média, 17 vezes mais competente do que era, enquanto a riqueza per capita produzida cresceu nada menos que 240 vezes.

Sendo assim, talvez se possa concluir que a competência disponível apenas no conjunto dos homens intelectualmente bem dotados (10% da população no século XVI, ou seja, 50 milhões de seres humanos) deve ter pesado muito mais na construção da riqueza da época do que a competência conjunta disponível no segmento

---

4 Vide a enciclopédia online Wikipedia. In: <https://pt.wikipedia.org/wiki/Lista_das_universidades_mais_antigas_do_mundo>.

5 PINKER, Steven. *Op. cit.*, p. 285.

Capítulo 10: Autoconhecimento para um mundo melhor

muito maior, de 450 milhões de seres humanos mais ignorantes ou menos informados (90% da população).

E se toda a riqueza produzida foi da ordem de US$250 bilhões, então, grosso modo, os 10% de indivíduos intelectualmente mais capitalizados é que devem ter produzido 90% desse montante, ao passo que os outros 90% de seres humanos intelectualmente mais pobres provavelmente contribuíram com apenas 10% dessa riqueza produzida.

Em ambas as épocas, se compararmos o homem com melhor cabedal intelectual com o homem comum, veremos que a diferença entre ambos é muito grande: uma simples conta de dividir nos mostra que, em 1500, estimativamente, um indivíduo comum (um daqueles 90% da população) teria produzido apenas o equivalente a US$55,50 de riqueza em um ano. Em contrapartida, um indivíduo intelectualmente bem preparado para aquela época (um daqueles 10% da população) provavelmente teria produzido o equivalente a US$4.500 de riqueza, ou seja, 81 vezes mais que a riqueza gerada pelo homem comum.

Chamemos a essa brutal diferença entre os cidadãos desses dois níveis de "desigualdade intelectual". Constatamos que existe entre o homem intelectualizado e o homem comum do século 1500 uma desigualdade em termos de cognição e atuação intelectual que simplesmente repete o abismo que existe entre ambos em termos de desigualdade econômica.

Repetindo essa conta, agora para os números do século XXI, vemos que, enquanto os números em si são muito diferentes (muito mais altos, é claro), a desigualdade entre ambos os grupos se mantém: o homem "intelectualizado" do século XXI produz, estimativamente, 81 vezes mais riqueza do que o homem comum do século XXI. Os valores são de US$77.150 de riqueza patrimonial produzida individualmente pelo primeiro, para apenas US$952 de riqueza patrimonial produzida individualmente pelo último. Esses números estão sintetizados na figura a seguir.

	1500	2018
90% da riqueza anual do mundo / 10% com *maior* capital intelectual	**US$225 bilhões** foram produzidos por **50 milhões de pessoas,** significando **US$4.500** per capita	**US$54 trilhões** foram produzidos por **700 milhões de pessoas,** significando **US$77.150** per capita
enquanto		
10% da riqueza anual do mundo / 90% com *menor* capital intelectual	**US$25 bilhões** foram produzidos por **450 milhões de pessoas,** significando **US$55,50** per capita	**US$6 trilhões** foram produzidos por **6,3 bilhões de pessoas,** significando **US$952** per capita

Figura 10.1

Todo esse progresso, que repercute diretamente em nosso desempenho no planeta, tem, obviamente, um custo — para o planeta! Deparamo-nos cada vez mais com uma importantíssima questão ambiental, que tem gerado as mais acerbas discussões.

A maioria das pessoas sabe sobejamente que os recursos de que dispomos para usar como matéria-prima para esse crescimento da riqueza já não podem ser mais vistos como inesgotáveis, como algum dia, no passado, nos pareceram ser. Um dado apenas, que novamente nos é proporcionado por Yuval Harari: em 1500, a humanidade consumia por volta de 13 trilhões de calorias de energia por dia; hoje, consome cerca de 1,5 quatrilhão de calorias.[6] E não só quanto aos alimentos, mas quanto a tudo mais, no planeta, vimos consumindo cada vez mais. E pior: cada vez mais desregradamente também!

Portanto, estamos tendo de enfrentar, entre outras coisas, nossa responsabilidade em relação ao rumo que está tomando nosso planeta, confrontando-nos com a possibilidade concreta de estarmos, com o estilo de vida que insistimos em levar, cavando nossa própria sepultura enquanto espécie — da mesma forma como fomos

---

6 HARARI, Yuval Noah. *Sapiens — Uma Breve História da Humanidade*. Porto Alegre: L&PM, 2015, p. 257.

responsáveis pela extinção de um sem-número de espécies animais e vegetais ao longo de milhares de anos.

Também por questões como esta, a maioria das pessoas não chega a enxergar essa mudança do mundo para melhor (que posso enxergar nas entrelinhas e da qual fala Pinker em seu livro já citado), por ter sua visão obliterada pelas complicações imediatas que pululam à sua frente no momento presente. Essas complicações são como que vendas nos olhos das pessoas, um *fog*, um nevoeiro espesso impedindo que se veja à frente mais do que difusas silhuetas.

○ ○ ○

A lição que vem da Grécia

Essa dificuldade de enxergar e de classificar corretamente o que está acontecendo é uma das principais razões pelas quais as pessoas tratam de buscar algum refúgio na espiritualidade, na solidariedade e no apego às tradições, em vez de embarcar no "novo" ainda não totalmente conhecido. Também essa tentativa é válida, entretanto, no cultivo do autoconhecimento.

A propósito, o autoconhecimento está longe de ser uma ideia nova. Como já dissemos, desde que o homem tomou consciência de que existe no mundo, ele busca compreender o funcionamento do próprio cérebro, do próprio corpo e também da própria alma. É célebre o aforismo grego "Conhece-te a ti mesmo", gravado no pórtico do templo de Apolo em Delfos, na Grécia (hoje um sítio arqueológico declarado Patrimônio Mundial pela Unesco), que menciono como epígrafe no início do livro.[7]

O autoconhecimento a que alude essa expressão é a base da filosofia de Sócrates, nascido em Atenas por volta de 470 a.C. Para esse grande filósofo, segundo registros de Platão e outros de seus discípulos, a filosofia é algo que vem "de dentro para fora", sendo sua função justamente despertar nos indivíduos o conhecimento a partir do autoconhecimento, já que a "verdade" estaria dentro de cada um.

Esse conhecimento que cada homem tem de si mesmo é, então, a condição prévia para a existência de todos os outros conhecimentos "verdadeiros". Discordando dos antigos poetas e filósofos sofistas, Sócrates propunha que, antes de querermos conhecer a natureza que nos rodeia, e antes de querermos persuadir os outros so-

---

7 Cf. UNESCO — Organização das Nações Unidas para a Educação, a Ciência e a Cultura.

bre qualquer coisa, cada um de nós deveria, primeiro e antes de tudo, conhecer a si mesmo.[8]

Entretanto, Sócrates, cujo pensamento ainda é de uma atualidade desconcertante, tinha outra interpretação para o slogan do famoso oráculo: para ele, o "conhece-te a ti mesmo" seria uma espécie de advertência feita ao homem, para que reconhecesse os limites da natureza humana, de forma a não se aventurar a ser mais do que aquilo que é, de modo a não tentar enxergar em si mesmo um deus.

Dessa forma, Sócrates afirmava o começo da própria filosofia, se a tomarmos em sua questão talvez mais essencial, que é a tomada de consciência, pelas pessoas, da própria ignorância: "Só sei que nada sei" é uma das grandes expressões atribuídas a Sócrates.

E, por que razão menciono a atualidade desse filósofo? Simplesmente porque nada parece ser mais indicado ao homem de hoje do que qualquer tentativa que faça para reduzir a própria arrogância e a crença de que pode tudo; e, inclusive, de que detém poder sobre os recursos futuros da Terra. Imersos que estamos nessa ilusão, teremos alguma chance de sair dela se bebermos um pouco da sabedoria de nossos antepassados.

Tratemos de ouvir um pouco, portanto, aquele velho senhor grego, que caminhava pelas ruas de Atenas fazendo perguntas (muitas perguntas), as quais, por sinal, sempre o instigaram mais do que as respostas que ouvia. Na busca por autoconhecimento, o homem moderno deveria tratar de emular Sócrates, ainda que palidamente: ficar atento a si mesmo, buscar um propósito na vida, tentar encontrar a verdade e procurar ter um melhor entendimento de tudo que existe ao seu redor (por exemplo, começando por fazer uma separação entre o que é um conceito e o que é uma mera opinião).

"Qual a diferença entre uma opinião e um conceito?", nos pergunta uma brilhante filósofa paulista, Marilena Chauí. Ela explica:

A opinião varia de pessoa para pessoa, de época para época. É instável, mutável, depende de cada um, de seus gostos e preferências. O conceito, ao contrário, é uma verdade intemporal, universal e necessária, que o pensamento descobre, mostrando que é a essência universal, intemporal e necessária de alguma coisa. Por isso, Sócrates não perguntava se uma coisa era bela — pois nossa opinião sobre ela pode variar. Ele perguntava, ao invés, "O que é

---

8 CHAUÍ, Marilena. *Convite à Filosofia*. São Paulo: Ática, [s. d.].

Capítulo 10: Autoconhecimento para um mundo melhor   223

a beleza?"'ou "Qual é a essência, ou o conceito, do belo, do justo, do amor, da amizade?"[9]

Na busca por autoconhecimento e, portanto, por conhecimento (ou vice-versa), o homem acabaria por capacitar-se para melhorar o mundo. É o que posso deduzir do pensamento de Sócrates. É também um pouco do que falamos até agora. E encontrar o caminho para desenvolver esse autoconhecimento é nosso grande desafio, que me preocupo em manter claro em todo este livro.

O surpreendente, a meu ver, é que, como relatei no capítulo anterior, com o recurso de computadores superpotentes (que tenderão talvez até a ter uma "vida própria" em algum momento futuro), chegamos a um tão extraordinário nível de sofisticação tecnológica no estudo de nossa mente, a um conhecimento inquestionável das capacidades do cérebro humano e, no entanto, a essência desse conhecimento ainda permanece lá na Antiguidade.[10]

o o o

Refletindo sobre o inconsciente

Já citei Freud em capítulos anteriores, mas acho importante retomá-lo neste momento: da sabedoria da Antiguidade à psicologia moderna e à psicanálise, um ponto de inflexão fundamental na busca de homens e mulheres pelo conhecimento de si próprios foi o surgimento do conceito de *inconsciente*.

Quantas vezes você já fez algo que não desejava fazer, ou deixou de fazer algo que considerava propício ou benéfico para sua vida? Quantas vezes você se impressionou com uma palavra fora de contexto, dita no meio de uma frase? Ou com algum sonho bizarro — quem nunca os teve?

Esses claros sinais de conflitos emocionais são vividos por todos nós com maior ou menor intensidade. Eles se revelam em atitudes limitadoras que apresentamos em nosso convívio pessoal, social e profissional. Pois a psicanálise se nutre deles; ela é um método interpretativo de investigação da mente humana, que busca justamente os significados ocultos que impregnam nosso processamento mental e que se

---

9 CHAUÍ, Marilena. *Op. cit.*

10 Vide mais sobre este ponto no Anexo 1.

manifestam através de ações, palavras ou produções imaginárias, tais como sonhos, delírios, atos falhos e associações livres.

O fundador desse método, Sigmund Freud, explorou por essa via o inconsciente — uma parte da mente humana até então ignorada e inacessível, metaforicamente representada como a parte submersa de um iceberg. Em suma, devemos a Freud a "descoberta" de nosso inconsciente.

Para ele, nossas ações são guiadas mais por aquilo que está gravado no inconsciente do que pelo que está na superfície, o consciente. Em suas palavras, "os processos intelectuais mais complexos e corretos, aos que não é possível negar o nome de processos psíquicos, podem desenvolver-se sem intervenção da consciência".[11]

A psicanálise pode ser empregada em processos de psicoterapia individual ou em grupo. Mas, em qualquer dos casos, essa prática sempre equivale a um processo de busca por autoconhecimento, pois é com o autoconhecimento que a cura, em psicanálise, acabará coincidindo.

A publicação de *A Interpretação dos Sonhos*, por Freud, em 1900, pode ser considerada o marco inicial da psicanálise. Nesse texto, Freud introduz os elementos fundamentais de sua teoria, como o próprio conceito de inconsciente, além do Superego, Ego e o Id.

Ali, Freud primeiramente apresenta a noção de que as pessoas não sabem quais são as verdadeiras razões de seus atos; em seguida, mostra como o comportamento social é ditado por forças inconscientes — motivações e desejos escondidos do conhecimento que temos no plano apenas consciente. Assim, ainda que as pessoas sejam capazes de "explicar" com argumentos plausíveis seu comportamento, diz Freud, essas explicações são, no fundo, apenas racionalizações: as pessoas agem, de fato, por motivos que não compreendem e, assim, criam justificativas apenas aparentemente válidas para elas, para essas suas atitudes.

O inconsciente é composto basicamente por ideias reprimidas, que se revelam disfarçadas nos sonhos e nos sintomas neuróticos. O Ego, por sua vez, corresponde à parte organizada do sistema psíquico, que lida com a realidade e procura adaptar-se a ela. Desse modo, o Ego assume o papel de mediador entre as exigências do Superego e os impulsos instintivos do Id.

Já o Superego é constituído a partir das identificações com os pais, quando são absorvidas proibições e ordens. Atua como vigilante moral e juiz, controlan-

---

11 FREUD, S. *Obras Completas*. Madrid: Editora Biblioteca Nueva, 1981 (1900), p. 714.

do os impulsos do Id e monitorando o Ego. Eventualmente, o Superego pode ser excessivamente rigoroso e até cruel na forma como "agride, humilha e maltrata o pobre ego".[12]

O Id, por sua vez, representa a fonte primária de energia psíquica e é composto por anseios inconscientes voltados para o prazer. Tem uma relação conflituosa com as outras instâncias, pois o Ego, diante das pressões do Superego e da própria realidade, busca avaliar e controlar os ímpetos do Id, cedendo a eles, adiando-os ou anulando-os completamente.

Um fator único e diferenciador da psicanálise, em comparação com outras formas de psicoterapia, é o modo como Freud estruturou a prática psicoterápica. Ele propôs um método na época totalmente inovador para tratar pacientes com patologias psicológicas, escutando com sensibilidade os depoimentos e desabafos desses pacientes. Essa foi a base sobre a qual Freud erigiu a prática psicanalítica, propondo-se a utilizar, nesta, uma série de abordagens, da hipnose à interpretação dos sonhos, a fim de compreender os mecanismos inconscientes operando na mente do paciente.

A teoria da personalidade proposta por Freud desenvolveu-se à medida que a ideia de inconsciente como uma espécie de "porão da mente" foi tomando corpo. Na concepção freudiana, a personalidade humana é resultante de uma luta entre nossa busca por prazer e nossas tendências autodestrutivas, mediada pelas normas sociais, como entidades reguladoras. Assim, a personalidade reflete a forma como cada pessoa interage com o meio social e lida com seus conflitos internos e externos.

A proposta da psicanálise tornou-se, portanto, essencial para que pudéssemos entender o que se passa em nosso inconsciente, bem como sua influência sobre nossas atitudes e comportamentos. Além disso, passou a ser "muito instrutivo", pela psicanálise, enxergar "o solo movediço acima do qual se elevam, orgulhosas, nossas virtudes".[13]

Por meio da psicoterapia freudiana, o indivíduo descobre e explora suas verdadeiras motivações, passando a geri-las, dessa forma ganhando maior autoconhecimento. Isso explica por que, até hoje, o método psicanalítico de Freud permanece atual e efetivo, mesmo após todas as transformações sociais, tecnológicas e culturais ocorridas ao longo de mais de um século desde suas primeiras propostas.

Na maioria dos casos, as pessoas buscam a psicanálise não por se sentirem doentes, mas por desejarem se conhecer melhor e estabelecer uma relação mais verdadei-

---

12 FREUD, S. *La interpretación de Los Sueños. Obras Completas*. Madrid: Biblioteca Nueva, 1981 (1932), pp. 31-38.

13 FREUD, S. *Obras Completas*. Madrid: Biblioteca Nueva, 1981 (1900), p. 720.

ra, profunda e saudável consigo mesmas e com os outros. Elas procuram na terapia, portanto, um sentido para a vida, capaz de preencher vazios existenciais e curar sentimentos de alienação do mundo, questões que atingem muitas pessoas, inclusive aquelas que têm histórias de sucesso e prestígio social.

Essas questões transbordaram da psicanálise para outras formas de psicoterapia que surgiram no mundo, principalmente a partir de variações introduzidas na psicoterapia freudiana por seus discípulos (Adler, Ferenczi, Horney, Fromm, Winnicott, Ericsson, Lacan e outros); novas escolhas feitas dissidentes dos métodos do mestre (Jung, Reich, Perls, Eric Berne, por exemplo); modelos radicalmente distintos, derivados do behaviorismo de B.F. Skinner; e inúmeros adeptos de uma "terceira via"' (nem psicanálise, nem behaviorismo!), que propuseram inovações as mais diversas nos métodos psicoterapêuticos — das maratonas de emoções às massagens terapêuticas; das terapias baseadas em experimentações com filosofias orientais às abordagens coletivas, da desospitalização dos doentes mentais; das abordagens da Nova Era; à experimentação com drogas, especialmente em meados do século XX.

Muito embora essa imensa coleção de opções psicoterapêuticas, algumas muito inteligentes e outras francamente temerárias, apontassem inúmeros caminhos alternativos possíveis para quem desejasse experimentar-se como ser humano e como pessoa e se conhecer mais profundamente, o fato é que a psicanálise nunca perdeu seu carisma e seu lugar de destaque como método de autoconhecimento e desenvolvimento da autoconsciência. Ainda hoje ela prossegue ocupando esse lugar de destaque, não mais reinando absoluta, é verdade, mas sempre mantendo a primazia.

Um dos maiores legados de Freud foi dar ao homem uma ferramenta básica de autoconhecimento e desenvolvimento interior, pela investigação do inconsciente. Jung, que foi por um tempo o discípulo preferido de Freud e era visto por este como seu eventual sucessor, afastou-se completamente do mestre (para desgosto deste), formulando suas próprias propostas. Todavia, não renegou a ideia de um inconsciente — na verdade, estendeu ainda mais esse conceito e deu-lhe outros contornos.

A ideia de inconsciente apresentada por Jung mostra diferenças fundamentais em relação ao modelo freudiano. Para o mestre vienense, o inconsciente é praticamente um depósito de rejeitos da mente consciente, inanimado, estático e formado a partir desse mesmo consciente. Para Jung, ao contrário, o inconsciente não é esse "porão para guardar tralhas indesejáveis"; bem ao contrário, é um lugar maravilhoso, onde cada ser humano pode acabar finalmente encontrando sua verdade pessoal mais profunda. O inconsciente, para Jung, não é uma propriedade individual, mas preexiste

Capítulo 10: Autoconhecimento para um mundo melhor

a cada um de nós, e, em cada um, funciona como uma porta de entrada para um incomensurável universo, que nos transcende.

Foi em 1909 que Jung começou a se afastar das teses de Freud. Certa noite, sonhou que estava em uma casa estranha, que, entretanto, de certa forma lhe pertencia. A casa tinha dois andares e um porão e era equipada com móveis modernos no andar superior, mas com uma mobília medieval no térreo. No porão, diferentemente dos outros dois pavimentos, encontravam-se muitas antiguidades românicas. Jung relatou, ainda, que a casa tinha uma estreita escada de pedras, levando a uma caverna pré-histórica, que no sonho ele se viu muito tentado a explorar.

Ao despertar, tratou de interpretar seu próprio sonho, concluindo que este lhe falava do inconsciente: o inconsciente humano, ele concluiu, tinha vários níveis, alguns mais primitivos e menos acessíveis do que aqueles que Freud propunha, e cabia a ele, Jung, a missão de estudá-los e esclarecê-los.[14]

De acordo com Jung, o homem nasce inconsciente, já trazendo consigo, entretanto, instintos herdados de seus ancestrais. O inconsciente é, para ele, portanto, anterior ao consciente, que se desenvolverá com o crescimento.

Nise da Silveira, a famosa psiquiatra brasileira que estudou com Jung e, durante muitos anos de sua vida profissional, detidamente estudou e interpretou desenhos e pinturas de seus pacientes esquizofrênicos e psicóticos em um hospital psiquiátrico do Rio de Janeiro, explica (1981) que "é possível representar a psique como um vasto oceano (inconsciente), no qual emerge uma pequena ilha (consciente)". Na visão junguiana, o inconsciente pode ainda ser visto como uma estrutura dinâmica, em permanente interação com o consciente da pessoa. No inconsciente são processadas questões pessoais experimentadas durante a vida, assim como criações diretas do próprio inconsciente.

Freud e Jung, assim como os seguidores de ambos, bem como outros psicoterapeutas originais e ousados, que não temos espaço ou tempo para comentar individualmente aqui, nos legaram conceitos essenciais para que pudéssemos empreender estudos sobre os processos mais profundos e mais transformadores conducentes ao autoconhecimento. Quando se viram marcados pela ideia originalíssima, ela mesma, de inconsciente, trazida por Freud e desdobrada a partir dele, os homens e as mulheres jamais foram os mesmos.

○ ○ ○

---

14 Cf. "Jung, o sábio de Zurique", *Seleções do Reader's Digest*, julho de 1986, p. 97.

A educação para a autoconsciência conforme Naranjo, Barrett...

Os milênios passam e a educação segue sendo uma questão central para todas as sociedades, longe de ter sido resolvida. E, no entanto, a educação é a grande arma para a transformação dos homens e de cada homem *per se*.

A educação, seja como for, é essencialmente uma prática social e, por conseguinte, jamais prescindirá da existência de contato entre as pessoas que ensinam e que aprendem, não importa quanto avancemos em termos de ciência e tecnologia para explicar os mecanismos mentais da aprendizagem.

Percebo agora que venho fazendo uma viagem bastante solta, principalmente neste capítulo, entre épocas distantes entre si. Já fui à Antiga Grécia, para lembrar Sócrates, e de lá viajei à Europa da primeira metade do século XX, para lembrar Freud, Jung e outros.

Gostaria, agora, de passar à América Latina, onde é minha intenção falar de outro personagem excepcional, um homem extraordinário, que muito me inspira: o psiquiatra chileno Claudio Naranjo, que há muitos anos vem se dedicando de corpo e alma à educação, depois de um tempo trabalhando como médico.

Para Naranjo, somente pela educação é possível mudar algumas coisas na consciência humana. Todavia, a mudança na educação a que ele se refere não se dá pela adoção de lousas digitais, aplicativos, games, métodos revolucionários de assimilar conceitos de matemática, modernos laboratórios ou pilhas e pilhas de informações.

Isso é útil, sem dúvida, mas não é o que Claudio Naranjo entende como essencial para uma plena educação. Para ele, o que levará o ser humano em formação a uma vida feliz e saudável é, por um lado, o envolvimento da pessoa com seu próprio afeto, e, por outro, a adoção de diretrizes adequadas para a busca do autoconhecimento. "A criança é preparada, durante anos, para funcionar em um sistema alienante", disse ele numa entrevista recente, "e não para realmente desenvolver suas potencialidades intelectuais, amorosas, naturais e espontâneas".

Naranjo chama a atenção para a atual tentação de ensinar as crianças a se comportar como "computadores", isto é, como "fantasmas intelectuais" que "não sabem de fato o que é a vida". Somente uma educação realmente libertadora, que as ensine a pensar criticamente, que desperte nelas a paixão por aprender continuamente, que as ensine a conviver com os outros e a olhar para o que está à volta com olhos curiosos e amorosos é que pode levá-las a uma vida plena e à possibilidade de virem a transformar o mundo para melhor. Um mundo que transcenda o patriarcado e o

Capítulo 10: Autoconhecimento para um mundo melhor

império da razão, duas das principais características da atual sociedade, segundo ele, que são causas de muitos males e precisam ser superadas.

Recorro agora ao pensador e escritor britânico Richard Barrett, que escreve sobre liderança, valores, consciência e evolução cultural, para tentar apresentar uma visão um pouco mais concreta de como esse processo educativo, na medida em que a pessoa a ele se aplica com afinco, a conduz a níveis progressivamente mais elevados de autoconsciência. Barrett desenvolveu seu modelo a partir de 1996-97 em sete níveis, aplicando-os depois não apenas ao desenvolvimento do autoconhecimento, mas à autoconsciência também de indivíduos em grupos, organizações, comunidades, coletividades maiores e até mesmo nações e populações. Esses sete níveis são apresentados na figura a seguir.

Níveis de Consciência		Estágios de Desenvolvimento
Serviço	7	Prestação de serviço
Fazer a diferença	6	Integração
Coesão interna	5	Autoatualização
Transformação	4	Individuação
Autoestima	3	Diferenciação
Relações	2	Conformação
Sobrevivência	1	Sobrevivência

Figura 10.2

Em circunstâncias normais, propõe Barrett, o nível de consciência a partir do qual operamos é aquele que corresponde ao estágio de desenvolvimento psicológico que já alcançamos. No entanto, qualquer que seja esse estágio, quando nos defrontamos com o que enxergamos como uma mudança potencialmente negativa nas condições que nos cercam, ou com uma nova situação capaz de ameaçar nossa estabilidade interna ou nosso equilíbrio externo (enfim, qualquer circunstância que gere medo em nós), poderemos temporariamente regredir para um dos três níveis inferiores de autoconsciência. Inversamente, se tivermos uma "experiência-cume" (uma experiência de grande euforia, harmonia ou conexão de natureza mística ou espiritual), poderemos temporariamente "saltar" para um nível mais elevado de autoconsciência do que aquele em que nosso atual estágio de desenvolvimento nos coloca.

Quando a ameaça ou a experiência-cume tiver passado, o mais provável é que retornemos ao nível de autoconsciência que corresponda ao nosso estágio anterior de desenvolvimento psicológico. Em raras situações, entretanto, uma experiência-cume realmente memorável pode ter sobre nós um impacto mais duradouro, levando-nos a mudar para um patamar mais elevado de desenvolvimento psicológico, no qual passamos a operar a partir de um nível mais elevado de autoconsciência. E, inversamente, uma experiência negativa que tivermos, se for traumática o bastante para nos afetar mais profundamente — e particularmente se estivermos ainda na fase etária da infância ou da adolescência —, poderá até mesmo produzir uma interrupção abrupta em nosso futuro desenvolvimento psicológico, fazendo com que retrocedamos, pelo frequente acionamento frequente da memória do trauma sofrido, em um dos três níveis inferiores de consciência.

Não é difícil ver que a Hierarquia das Necessidades Humanas de A. Maslow (a famosa "Pirâmide de Maslow") foi o ponto de partida para a criação, por Richard Barrett, desse útil modelo de autoavaliação.[15]

○ ○ ○

... e conforme Ken Wilber

Por fim, quero introduzir, ainda, outra proposta que se coaduna perfeitamente com estas duas, as de Naranjo e de Barrett. Refiro-me às ideias de Ken Wilber.

Tenho grande apreço pelo trabalho de Wilber, um pensador norte-americano de ideias estimulantes que têm tudo a ver com o título deste livro. No início da década de 1970, aos 23 anos, Wilber iniciou um imenso trabalho de síntese das mais importantes tradições psicológicas, filosóficas e espirituais do Oriente e do Ocidente, e a estas, uniu também outros saberes vindos das ciências físicas e humanas. Às propostas que resultaram desse profundo estudo ele deu o nome de "Teoria Integral", uma espécie de mapa revelador das interligações entre os inúmeros saberes humanos, resultante de seu grande insight inicial: a percepção de que cada ramo do conhecimento enxerga apenas uma restrita parcela da verdade humana, a qual somente

---

15 Cf. "The Barrett Model", matéria publicada no site do Barrett Values Center. In: < https://valuescentre.com/barrett-model/>. Acesso em: 02/06/2019, 23h29.

Capítulo 10: Autoconhecimento para um mundo melhor

pode ser integralmente entendida se complementada e integrada a outros saberes. Porém, a Teoria Integral faz parte de um todo ainda maior, uma teoria do "Kosmos", como a chama Wilber, uma espécie de "teoria de tudo". Wilber a apresenta em seu principal livro, publicado em 2000 e chamado justamente assim: *A Theory of Everything* (Uma teoria de tudo). Wilber prefere usar o termo original grafado em grego, "Kosmos", porque assim pode abarcar ao mesmo tempo as grandes dimensões emocional, mental e espiritual, sem se restringir à ideia de um "cosmos", tal como é comumente referido a partir da física teórica, ou seja, em sua dimensão apenas material. A Teoria Integral é o terceiro ponto de apoio em um tripé formado também pelo Sistema de Valores (Value System) e pela Dinâmica Espiral da Mudança. Precisaremos de mais algumas linhas para explicar esse impressionante conjunto de ideias.

Essas várias dimensões do Homem formam, juntas, um todo integral e coerente. No mapa que cria sobre o Homem, a Teoria Integral mostra onde se situa, na Espiral da Mudança, um dado indivíduo ou organização — e essa sua situação nos revela a quais aspectos de seu desenvolvimento é necessário dar atenção. A Teoria Integral nos ensina também que o desenvolvimento das organizações está sempre ligado ao desenvolvimento pessoal e interpessoal dos seres humanos, e que o crescimento e a mudança tanto dos indivíduos quanto das organizações estão em interação constante com as mudanças no ambiente em que se situam.

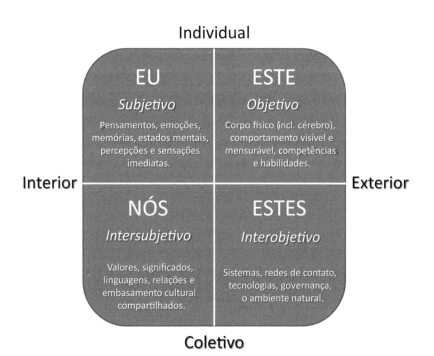

Figura 10.3

A estrutura básica da Teoria Integral é o Modelo dos Quatro Quadrantes, apresentado na Figura 10.3. Wilber o chama de AQAL (All Quadrants, All Levels (todos os quadrantes, todos os níveis). Esse modelo revela que existem quatro modos pelos quais podemos olhar para nossa realidade: através de uma lente individual ou coletiva, subjetiva ou objetiva. A mera percepção de que temos essas quatro possíveis visões para nossa realidade já nos enriquece. Importante é, perante qualquer situação, considerarmos todos os quadrantes para termos uma visão mais completa da realidade. Se a olharmos pelo prisma de apenas um desses quadrantes, nossa visão será incompleta: muitas vezes, um problema que é dado em um dos quadrantes é, na realidade, a causa ou a consequência de uma situação que se apresenta em outro quadrante não considerado até aquele momento. É importante, assim, entender que todos os quadrantes são igualmente importantes para se compreender de modo completo os processos de mudança e de desenvolvimento, e para realizar, em uma dada situação, intervenções apropriadas, que levem aos resultados desejados.

A Teoria Integral nos propõe analisarmos, dentro de cada quadrante, o nível, a linha, o estado e o tipo da situação com que nos estamos nos confrontando. Não é minha intenção entrar em grandes detalhes a respeito desses aspectos, mas vale a pena apresentar, sobre esses elementos, uma visão ainda que sucinta.

- Níveis — As pessoas se desenvolvem por etapas, de um nível de consciência para o seguinte. Esses níveis de consciência são permanentes: quando se domina um deles (por exemplo, o ler e escrever), isso é para sempre — em circunstâncias normais, não haverá um retrocesso. Esse desenvolvimento em etapas se dá também no sistema de valores da pessoa.

- Linhas — Estas se referem às diferentes linhas de inteligência que as pessoas desenvolvem — por exemplo, a inteligência cognitiva, emocional, espiritual, física, relacional, moral etc. Algumas pessoas são altamente desenvolvidas quanto ao pensamento lógico, embora pouco desenvolvidas quanto a lidar com as próprias emoções e expressá-las. Em alguns sistemas de valores aparecerá uma preferência por algumas linhas sobre outras. Mas todas as linhas são essenciais, em todos os sistemas de valores. Dependendo do contexto, entretanto, o sistema de valores escolherá certas linhas, e não outras, para considerar que a adaptação foi ou não bem-sucedida.

- Estados — Os estados referem-se ao estado de consciência em que a pessoa se encontra no momento: em vigília (acordada), adormecida ou adormecida e sonhando. Esses diferentes estados são como que mundos distintos que podemos habitar. Mas a maneira como vivenciamos nosso mundo na maior parte do tempo é também um estado de consciência. A maioria dos ocidentais, por exemplo, enxerga o mundo como uma experiência concreta na qual podemos guardar objetos e interpretar literalmente as afirmações que nos fazem. Entretanto, as pessoas conhecem também outros estados de consciência: há alguns em que, de maneira sutil, uma realidade diferente pode ser experimentada pelo indivíduo. Certas experiências de êxtase podem ser chamadas, por exemplo, de "experiências-cume" (*peak experiences*), nas quais as pessoas têm grandes insights, avançando para níveis de consciência que antes lhes eram inacessíveis. Nesses momentos, as pessoas podem enxergar as coisas com enorme clareza, muito maior do que em suas formas familiares de pensar, sentir e agir. Mas esses estados temporários de consciência podem ser transformados em permanentes mediante o exercício de disciplina e treinamento persistente com técnicas de concentração.

- Tipos — Finalmente, tipos são características ligadas a uma personalidade individual, um modo de ser de uma organização ou a cultura de uma sociedade. Tipos tendem a permanecer, não a mudar, podendo, no máximo, ser apontados como mais ou menos saudáveis ou mais ou menos adaptáveis a determinado estilo de vida. Por exemplo, há diferenças de tipo entre o feminino e o masculino. Tipos de personalidade são apontados por instrumentos como o Eneagrama ou os arquétipos junguianos.

Assim, Wilber nos é essencial; e não apenas porque integra às demais dimensões da vida também a questão espiritual, esquecida na maior parte das vezes pelas pessoas e pelas organizações atualmente (quando a primazia do ego é tão evidente), mas também por sua "teoria de tudo", a meu ver a que é autêntica. Quero dizer com isso que a chamada "teoria de tudo" proposta pelo físico britânico Stephen Hawkings (e discutida no belo filme de 2014 de James Marsh, que deu o Oscar ao ator Eddie Redmayne, com sua magistral interpretação do cientista) é, sem dúvida, um magistral estudo de cosmologia, mas "apenas" isso! Hawkings procura responder às questões fundamentais sobre a origem do universo a partir de seu arguto olhar de físico teórico. Mas não é suficiente: como Wilber, vejo que teses sobre o Big Bang, a natureza dos buracos negros, os wormholes e a ligação espaço-temporal, por clarividentes que sejam, não conseguem dar conta de "tudo" realmente. Como propõe Wilber, precisamos recorrer a uma busca de fato integradora de matéria, corpo, mente, alma e espírito.[16]

○ ○ ○

Em busca do autoconhecimento

Por meio dos instrumentos proporcionados pela Teoria de Tudo, de Wilber, podemos elevar nosso autoconhecimento e fazer um uso eficaz dele. Entendendo em que nível nos situamos no momento na Espiral da Mudança, somos capazes de guiar nosso próprio autodesenvolvimento e, ao elevar nosso nível de consciência, melhor contribuir para elevar também o nível de consciência de nossa organização e do ambiente em que ela se insere.

---

16 WILBER, Ken. *A Theory of Everything: An Integral Vision for Business, Politics, Science, and Spirituality* (versão condensada). Boston: Shambhala Publications, 2000 (texto condensado por Copthorne Macdonald e publicado em *Integralis: Journal of Integral Consciousness, Culture, and Science*, vol. 10).

Capítulo 10: Autoconhecimento para um mundo melhor

Conhecer a si mesmo é conhecer o falso ser, "esse idiota que levamos dentro de nós, e que constantemente nos faz sofrer", afirma Claudio Naranjo, frase que escolhi apresentar como epígrafe deste capítulo. Volto agora, portanto, a Naranjo.

Quando alguém enxerga esse ser interno tão falho, então é porque já está começando a tornar-se sábio, diz ele. O autoconhecimento é duro, mas é fundamental. Precisamos saber o que realmente estamos experimentando conosco e ter consciência do que sentimos ao fazê-lo. Tomar consciência de nossa agressividade inconsciente, de nossa dor inconsciente, de nosso medo inconsciente, isso nos cura! Para curar o ódio, que é uma praga generalizada e inseparável do hiperdesejo (isto é, da ganância, da necessidade neurótica de ter sempre mais e mais), é necessário que reconheçamos e aceitemos sinceramente a existência desses sentimentos dentro de nós mesmos.

Em um momento histórico como este, em que tanto se fala do crescimento do ódio em nossas sociedades, parece-me especialmente importante estar atento à mensagem que Claudio Naranjo nos transmite. Como é possível observar pelo que está dito no trecho citado, Naranjo estabelece uma importante conexão entre o crescimento do ódio na sociedade e um profundo desconhecimento de si próprio por parte das pessoas.

E não é somente isso. Para o mestre chileno, a educação atual, tal como se organiza e realiza, ao não estimular o autoconhecimento, deixa de estar a serviço da evolução humana, estando a serviço apenas da produção ou, no máximo, da socialização. Esse tipo de educação apenas serve para adestrar as pessoas ao longo das gerações, para que continuem sendo manipuladas, como cordeiros, pela mídia.

Trata-se de um enorme prejuízo social este que decorre de se tentar usar a educação como uma maneira de embutir na mente das pessoas um modo de ver as coisas que irá amoldar-se ao sistema e à burocracia vigentes. Nossa maior necessidade na educação está longe de ser essa. Ao contrário, ela consiste em nos fazer evoluir pela via da educação, para que as pessoas sejam aquilo que elas potencialmente poderiam ser.[17]

A crise da educação, prossegue dizendo Naranjo, não é apenas uma crise entre as muitas que temos; isso porque a educação é o âmago dos nossos problemas. O mundo à volta está engolfado numa profunda crise, justamente por não termos uma educação voltada para o desenvolvimento da consciência. Ao contrário, nossa educação está estruturada de uma forma que de fato rouba as pessoas de sua própria consciência, de seu tempo e sua vida.

---

17 Entrevista publicada no site publicada no site "Estar em Si — Ciência e Espiritualidade". In: <http://estaremsi.com.br/>.

Autoconhecimento para um mundo melhor

O modelo de desenvolvimento econômico que praticamos atualmente tem simplesmente ofuscado o desenvolvimento das pessoas.[18]

O despertar da consciência é um ponto central no pensamento de Naranjo. Para tanto, a educação, segundo ele, deve atender às necessidades espirituais do indivíduo e, ao mesmo tempo, ter um caráter terapêutico, indo, portanto, muito além de apenas proporcionar-lhe um acúmulo de informações e mesmo de dar-lhe formação em determinados valores. Quanto à espiritualidade, que Naranjo valoriza muito, ela tem a ver com a própria consciência do indivíduo, é aquela parte da mente da qual a pessoa precisa para ter algum sentido na vida, ele define. Em seu modo de ver, o desenvolvimento pessoal não pode ser separado do crescimento espiritual e emocional.

Sabe-se, desde há muito tempo, que a aprendizagem depende diretamente do afeto. Vários estudos mostram isso. Mães e pais carinhosos, atentos às necessidades emocionais de seus filhos, inegavelmente aumentam a probabilidade de estes terem um desempenho significativamente melhor na escola. Pensando desse modo, Naranjo trabalha com certos conceitos que considero muito pertinentes para o raciocínio que venho desenvolvendo aqui.

Ele descreve o ser humano como tendo, de fato, não um, mas três "cérebros": uma está na cabeça, e ele o chama de *cérebro intelectual*; outro é o coração, para ele um *cérebro emocional*; e o terceiro, finalmente, encontra-se no intestino (o *cérebro visceral* ou *instintivo*). Esse conceito, ele o emprestou de outros mestres e pesquisadores, em particular de alguns que trabalham com o Eneagrama.

O Eneagrama, do qual falarei mais adiante em maior detalhe, é um conjunto de técnicas disponíveis para o estudo da personalidade. Tem uma origem mística antiquíssima e chegou até nós por diversas vias, umas das quais é o místico armênio que citei mais atrás: George I. Gurdjieff.

Mas, voltando aos três cérebros propostos por Naranjo... Nestes anos todos de civilização ocidental, de todos os três, como sabemos, o que tem prevalecido é o cérebro racional (da cabeça), com o predomínio da razão instrumental sobre o afeto e a sabedoria instintiva.

Em capítulos anteriores, vimos que essa hegemonia da razão sobre o afeto e os instintos vem sendo cada vez mais questionada: abre-se cada vez mais espaço, no mundo, para uma maior valorização da inteligência emocional, por exemplo.

---

18 *Idem.*

Capítulo 10: Autoconhecimento para um mundo melhor

Entretanto, como conclui Naranjo:

"A plenitude só pode existir numa pessoa que opera ordenadamente usando de modo coordenado os seus três cérebros. Partindo desta premissa, vejo que precisamos de uma educação para seres que usem seus três cérebros — uma educação que somente assim poderia ser chamada de holística ou integral. Se vamos educar a pessoa como um todo, precisaremos ter em mente que uma pessoa não é feita apenas de razão.[19]

Claudio Naranjo começou a despertar para a questão da educação e do autoconhecimento quando se mudou para os Estados Unidos, nos anos 1960, tendo conhecido Fritz Perls, o psicoterapeuta alemão que desenvolvera anos antes, com a ajuda da sua então mulher, Laura Perls, a Gestalt-terapia.

A Gestalt-terapia, além de uma forma de psicoterapia, pode ser vista também como uma filosofia pessoal, um modo de viver, por valorizar uma visão integrada do homem com o mundo à sua volta — ou seja, uma visão holística, na qual, igualmente, se enxergam o corpo e a mente como sendo uma unidade.

A teoria da Gestalt confrontou a abordagem behaviorista, que destacava a natureza reativa do comportamento, ignorava sumariamente as disposições mentais dos indivíduos e concentrava sua atenção nos estímulos ao comportamento, nas respostas comportamentais a esses estímulos e no reforçamento ou punição consequentes. O behaviorismo tinha uma enorme quantidade de adeptos em meados do século XX, quando surgiu a Gestalt-terapia. Ele procurava conferir à psicologia um status maior, de efetiva ciência, para isso deixando de lado tudo que não pudesse ser objetivamente observado, mas concentrando-se estritamente na experimentação e no teste de hipóteses.

Os psicólogos adeptos da Gestalt-terapia, ao contrário, defendiam que o ser humano deve ser olhado integralmente, com um corpo, uma mente e suas emoções. Para Perls, nossos modos de cognição, emoção e aprendizagem são por demais complexos, e não tínhamos ainda ferramentas apropriadas para compreendê-los cabalmente até então, mas confiavam no insight, na percepção, nas inferências e na introspecção como forma válidas de chegar a elas.

Ao criar a Gestalt-terapia, Fritz Perls propôs que o importante era vivenciar e assumir o momento presente, o "aqui e agora", já que tudo mais, por mais importantes que possam parecer, são coisas que não estão verdadeiramente acontecendo. Ele di-

19 *Idem.*

Autoconhecimento para um mundo melhor

zia que, na maior parte do tempo, evitamos esse "aqui e agora", porque ficamos nos desviando dele, ou para pensar, imaginar e sentir o passado (que já foi e, portanto, não mais existe), ou o futuro (que ainda não chegou e, portanto, tampouco existe).

A partir desse foco no presente, a Gestalt-terapia insiste que as pessoas devem assumir a responsabilidade pelo que lhes acontece e trabalhar por seu próprio desenvolvimento pessoal e sua autorrealização, ultrapassando as aplicações apenas clínicas das técnicas e dos procedimentos da Gestalt-terapia e praticando-os como um autêntico estilo de vida.

Em dado momento de sua carreira, Claudio Naranjo foi aos Estados Unidos e se tornou um discípulo de Fritz Perls, com quem aprofundou seus estudos sobre a Gestalt-terapia. Naranjo mergulhou também em experimentações pessoais com o sufismo, uma corrente mística, não ortodoxa, que extrai ensinamentos do islamismo, do zen budismo e do budismo tibetano.

Desses estudos, Naranjo selecionou alguns conceitos bem específicos que o ajudaram a orientar seus trabalhos na área da psicologia, da educação e da espiritualidade, como aquilo que ele decidiu descrever como os "três venenos mentais", que menciona em algumas de suas obras.

Buda apontou que três venenos formam a base de nosso pensamento ilusório e acabam guiando tudo que fazemos na vida. Esses "venenos" são a ignorância, a ganância (ou o apego) e a raiva (ou a aversão).

Ignorância, para Naranjo, é como podemos denominar uma ação executada sem atenção e sem sabedoria, mas cegamente, despida de compaixão e acompanhada de uma atitude de desprezo pelo outro e por suas necessidades. A ganância, por sua vez, é demonstrada quando agimos guiados pelo desejo de ter, possuir. Então, acumulamos coisas materiais e nos comportamos maquinalmente de modo competitivo. Finalmente, a ira ou raiva acontece quando agimos com arrogância, desprezo pelos outros, inveja, julgamentos preconceituosos, pelos quais somente vemos nas demais pessoas atributos negativos.

Quando nossas ações são guiadas por algum desses três "venenos", a consequência acaba sendo o sofrimento, observa Naranjo, citando os ensinamentos budistas tradicionais.

Naranjo sempre foi um grande estudioso, insaciável em sua ânsia de saber. Especializou-se em psiquiatria na Universidade Harvard e em seguida tornou-se professor e pesquisador em outra universidade norte-americana de ponta: Berkeley. Mas ele contribuiu com várias outras universidades norte-americanas além dessas.

Capítulo 10: Autoconhecimento para um mundo melhor

Com base nos ensinamentos que o mestre do sufismo Idries Shah publicou em um livro de 1982, *Seeker After Truth*, Naranjo fundou um programa com esse nome (uma sugestão que o próprio Shah havia feito, aliás, antes de falecer, em 1996). Nesse programa, procurou enriquecer a formação de psicoterapeutas e de professores, para isso unindo práticas como as da Gestalt-terapia e de meditação com conceitos associados ao Eneagrama, que já citei antes e do qual falarei bastante em seguida.

○ ○ ○

Lições do Eneagrama

Sem autoconhecimento, sem compreender como funciona e reage essa máquina que o homem é, ele nunca será livre, não governará a si mesmo, permanecerá sendo sempre um escravo.
G.I. Gurdjieff

O porquê deste capítulo

O tema recorrente deste capítulo é o Eneagrama, um instrumento de reflexão e análise que foi primeiro trazido ao público ocidental, a partir de fins do século XIX, pelo místico George Gurdjieff, e que foi também debatido por Piotr Ouspensky e outros discípulos de Gurdjieff e, mais tarde, recuperado e estudado por latino-americanos do porte intelectual de Oscar Ichazo e Claudio Naranjo, entre outros filósofos e pensadores.

O Eneagrama é um grande modelo para estudos sobre uma multiplicidade de questões eternas que se levantam no mundo. Suas origens se perdem no tempo, mas ele não perde sua atualidade. O Eneagrama é, na realidade, um metamodelo, uma vez que deve ser tomado como um modelo para nos ajudar a compreender e interpretar outros modelos, oriundos de diferentes áreas do conhecimento: psicologia, filosofia, economia, política, sociologia etc. Ichazo e Naranjo o empregaram para entender e tentar fazer revelações sobre a personalidade humana, as emoções das pessoas e suas patologias emocionais, seus níveis de consciência, e, sobretudo, para orientar essas pessoas na direção de seu autoconhecimento.

É por essa sua capacidade de gerar tão enorme riqueza de reflexões sobre nos mesmos que decidi incluir o Eneagrama como tema deste livro, dando-lhe a primazia de um capítulo quase inteiro.

○ ○ ○

O Eneagrama: legado inestimável de nossos antepassados

O Eneagrama é um ensinamento sufi. Descreve nove tipos de personalidade, bem como relações entre eles. É um instrumento riquíssimo para a busca do autoconhecimento, pelas possibilidades de insight e inferência que apresenta.

Mais adiante me debruço sobre esse instrumento. Naranjo o utilizou muito. Ele continua sua trajetória de mestre carismático e profundamente humanista, proferindo palestras e conduzindo conferências sobre educação ao redor do mundo, e seu intuito continua sendo o de influenciar decisivamente a transformação dos sistemas de ensino nos mais diversos países. Naranjo é autor de mais de 30 títulos, e, em 2014, fundou a Universidade Global Claudio Naranjo, com apoio do governo mexicano. Também foi nomeado assessor do Foro Global para o Futuro da Educação, na Rússia.[1]

O desenho do Eneagrama é inconfundível. Mostro-o na ilustração a seguir.

---

1 Mais informações podem ser encontradas em: <www.fundacionclaudionaranjo.com>, assim como no Anexo.

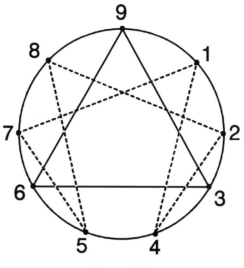

Figura 11.1

Trata-se de uma espécie de "mapa" que nos ajuda a entender o processo de evolução pessoal de um indivíduo. Seu nome decorre do fato de apresentar nove (*ennea*, ἐννέα, em grego) pontos ao redor de um círculo. Esse diagrama existe há pelo menos 2.500 anos, tendo sido referido por Pitágoras e Platão, entre os gregos, pelas filosofias gnósticas e herméticas e por correntes do judaísmo, do cristianismo e do islamismo.

Graficamente, é como que um círculo com nove pontos de referência, cada qual indicando uma forma de viver ou uma visão de mundo particular e distinta das demais.

Esses nove pontos correspondem também a nove tipos de personalidade, sintetizando, na visão de Naranjo (que passou décadas estudando o Eneagrama e procurando entendê-lo como um guia de personalidades possíveis no homem), uma "psicologia dos eneatipos" — um guia ou diretriz sobre o "centro emocional inferior" das pessoas, o "campo das paixões". Todos nos encaixamos, inevitavelmente, em algum desses nove tipos, afirma a milenar tradição sufi.

Intensamente utilizado por George I. Gurdijieff em seus estudos místicos e suas sessões com seus discípulos em fins do século XIX e início do século XX, o Eneagrama foi como que redescoberto, passando a ser muito empregado, em décadas mais recentes, como uma ferramenta para orientar o desenvolvimento pessoal e a compreensão das diferenças de personalidade entre as pessoas.

Apesar de sua estrutura relativamente simples, o Eneagrama tem por trás uma grande sabedoria. Conhecendo os tipos de personalidade que correspondem aos nove pontos dados no diagrama, qualquer pessoa pode ser capaz de se enxergar em algum deles, assim como a outras pessoas que sejam importantes em sua vida, fazendo uso dessas inferências com a finalidade de melhor lidar com seus relacionamentos pessoais ou de trabalho e contornar ou solucionar problemas decorrentes.

O que o Ocidente sabe sobre o Eneagrama deve-se principalmente à sua divulgação por George I. Gurdjieff, [2] como já foi dito, um mestre espiritual greco-armênio nascido no século XIX em data incerta (1866 ou 1877) e que se dedicou a pesquisar antigas tradições místicas e ensinamentos budistas, sufistas, hinduístas e cristãos ortodoxos. Filósofo, místico, coreógrafo, músico e, sobretudo, uma figura bastante enigmática, Gurdjieff fez numerosas viagens pelo Oriente, pesquisando tradições e religiões, danças sagradas e rituais, até chegar a desenvolver seu próprio sistema de propostas de conceitos e técnicas para o despertar da consciência.

Na visão de Gurdjieff, teoria e prática devem caminhar juntas, entremeando-se seguidamente. Também são indissociáveis as realidades interna e externa ao indivíduo. Quanto ao Eneagrama, seu instrumento preferencial de trabalho, este deve constituir um instrumento essencialmente prático, para ser usado em todos os momentos da vida.

A introdução do Eneagrama no mundo moderno deve ser inteiramente creditada a Gurdjieff, que descobriu esse diagrama e seu grande valor simbólico, teórico e prático em suas jornadas em busca de sabedoria pelo Oriente, passando a utilizá-lo como modelo de processos naturais e uma verdadeira síntese da ligação entre o homem e o universo.

Não se sabe ao certo qual é a verdadeira origem do Eneagrama. Um dos mais fieis discípulos de Gurdjieff, John Bennett, acreditava que teria tido um primeiro esboço desenhado por matemáticos da Ásia Central no século XIV. Entretanto, o próprio Gurdjieff parece ter afirmado que o diagrama seria bem mais antigo que isso, remontando aos antigos babilônios, há cerca de 4.500 anos.[3]

Gurdjieff ensina que o Eneagrama representa o cruzamento entre três centros cognitivos ou "inteligências" (o centro mental, o centro sensível e o centro motor), com três campos ou camadas que envolvem a esfera terrestre (a biosfera, a atmosfera e a ionosfera).

---

2 Mais informações são dada no Anexo.

3 Ver informações dadas pelo estudioso do tema João Claudio Fontes, em <https://ofeiticodosarcontes.wordpress.com/2016/07/26/o--eneagrama/>.

Autoconhecimento para um mundo melhor

Dessa forma, o Eneagrama pode também ser tomado como uma reprodução simbólica da própria estrutura geral do universo, entendida como um processo em que interagem entre si um microcosmo (o homem) e o macrocosmo (o universo).

Gurdjieff defende que se conscientizar sobre esses princípios e procurar aplicá-los é fundamental para se combater a mecanicidade que está impregnada em nossos hábitos corporais, mentais e emocionais, que impossibilitam a aquisição de novos conhecimentos e limitam a realização de todo nosso potencial.

Naranjo vê Gurdjieff com grande admiração, como uma espécie de "Sócrates russo do início do século XX"[4] (considerando que, em determinada época na história de Gurdjieff, a Armênia fez parte da antiga URSS), que descobriu o Eneagrama e passou a se referir a este como um modelo para o ensino oral da mística sufi, assim como a usá-lo para identificar as inclinações de seus discípulos para se submeterem a determinados tipos de treinamento na vida psíquica.

Gurdjieff, que viveu a maior parte de sua vida na primeira metade do século passado, já falava, então, em autoconhecimento. Ele propunha, a propósito, nada menos que 20 regras de vida, que tangenciam este tema que nos é tão caro. Segundo a "Gurdjieff International Review",[5] essas regras foram primeiro apresentadas com destaque num documento do então IFAS — Institute Français d'Action sur le Stress (Instituto Francês de Ação sobre o Estresse), sediado em Paris. Vale a pena reproduzi-las aqui:

1. Faça pausas de dez minutos no máximo a cada duas horas de trabalho. Repita-as na vida diária e, nesses períodos, reflita sobre suas atitudes.

2. Aprenda a dizer não sem se sentir culpado ou achar que magoou alguém. Querer agradar a todos é enormemente desgastante.

3. Planeje seu dia, sim, mas sempre deixe um bom tempo para o improviso, consciente de que nem tudo depende de você.

4. Concentre-se em uma tarefa por vez. Por mais ágil que você seja em acessar suas referências mentais, você irá se exaurir se não fizer isso.

5. Esqueça de uma vez por todas que é imprescindível. No trabalho, em casa e em outros ambientes, por mais que isso lhe desagrade, saiba que as coisas *andam* sem sua atuação.

---

4 NARANJO, Claudio. *El Eneagrama de la Sociedad*. [S. l.]: Ediciones La Llave, 2011.

5 Ver <https://www.gurdjieff.org/>.

Capítulo 11: Lições do Eneagrama

6. Abra mão de ser o responsável pelo prazer de todos.

7. Peça ajuda sempre que necessário; e tenha o bom senso de pedi-la às pessoas certas.

8. Diferencie os problemas reais daqueles apenas imaginários — e elimine estes últimos, que são pura perda de tempo e ocupam um precioso espaço mental, que poderia ser usado para coisas mais importantes.

9. Tente descobrir prazer nas coisas do cotidiano, tais como: dormir, comer, tomar banho... mas sem achar que isso é o máximo que conseguirá na vida.

10. Evite se envolver na ansiedade e na tensão alheias. Se estimulado a isso, recue, espere um pouco e depois retome o diálogo, a ação.

11. Sua família não é você. Ela está junto de você, compõe seu mundo, mas não é sua própria identidade.

12. Entenda que princípios e convicções fechadas podem representar um grande fardo, travando seus movimentos e suas buscas.

13. Sempre tenha alguém, num raio de 100 km, em quem possa confiar e a quem possa falar abertamente. Mais longe que isso não vai adiantar.

14. Saiba a hora certa de sair de cena, retirar-se do palco, deixar o grupo. Nunca perca de vista a sutil importância de uma retirada discreta.

15. Não queira saber se falaram mal de você; não se atormente com esse lixo mental. Escute o que disseram de positivo, mas com reserva analítica, sem qualquer convencimento.

16. Competir no esforço, no trabalho, na vida a dois? Isso só é ótimo para quem pretende ficar exaurido e perder o melhor!

17. Rigidez é algo bom em uma pedra, não em um ser humano. Neste, cabe firmeza, não rigidez.

18. Uma hora de intenso prazer substitui com folga três horas de sono perdido. O prazer recompõe mais que o sono. Logo, não perca uma oportunidade de divertir-se.

19. Nunca abandone suas três grandes e insubstituíveis amigas: a intuição, a inocência e a fé.

Autoconhecimento para um mundo melhor

20. E entenda, de uma vez por todas, definitivamente, conclusivamente: você é aquilo que fizer de si mesmo!

Não tenho dúvidas de que essas normas de vida são por demais inteligentes para serem deixadas de lado. Segui-las certamente nos ajudará a trabalhar com sucesso para elevar nosso autoconhecimento, para um patamar muito superior do que aquele em que nos encontramos no momento (qualquer que seja este patamar atual).

Pessoalmente, faria restrições unicamente à mensagem nº 13: poderemos, atualmente, falar com alguém em quem confiemos, a partir de qualquer lugar do mundo em que estejamos, mesmo a milhares e milhares de quilômetros de distância dessa pessoa. Os meios de comunicação existentes atualmente anulam completamente a necessidade da restrição colocada por Gurdjieff nessa mensagem.

Outra advertência que faço é esta: nos dias de hoje, quando temos acesso prontamente a tanta informação, bastando para isso digitar uma palavra no buscador do Google, elas poderão soar bastante familiares. Muitas delas, ou frases parecidas, são abundantes nos livros, nas palestras e nos vídeos de autoajuda e mesmo em centenas de milhares de dísticos que nos chegam diariamente pelo Facebook, pelo Instagram ou pelo WhatsApp. Por estarem sendo tão frequentemente expostas, portanto, elas poderão parecer banais.

Certamente não era assim quando Gurdjieff as propôs, uma época em que os meios de comunicação eram muito menos acessíveis e as pessoas não liam com tanta frequência aforismos ou provérbios desse tipo.

Precisamos, portanto, de algo mais do que apenas passar os olhos nessas mensagens de Gurdjieff para podermos apreciar devidamente seu enorme potencial como estímulos aos nossos pensamentos: elas devem ser lidas acompanhadas de um momento de reflexão a respeito (aliás, como deve mesmo ser lido tudo que vale a pena ler!).

Muito do que Gurdjieff aprendeu e formulou sobre o Eneagrama foi elaborado e transmitido por um seu discípulo dos mais esclarecidos, ele próprio um místico de grande carisma, Piotr (Pedro) Ouspensky (1878–1947), filósofo e psicólogo russo.

○○○

Capítulo 11: Lições do Eneagrama

O Eneagrama das Emoções

Alguns anos depois da morte de Ouspensky, já em meados dos anos 1950, o filósofo boliviano radicado no Chile e fundador da chamada Escola de Arica, Óscar Ichazo,[6] também realizou experimentos fazendo uso do Eneagrama, sobre o qual teria aprendido ao frequentar uma irmandade secreta, a Confraria Sarmouni ou Sarman, adepta da tradição sufi (a mesma que transmitira o modelo a Gurdjieff).

Ichazo viu o Eneagrama como uma ferramenta fácil de entender e de aplicar no estudo de um tema de grande complexidade: a psicologia diferencial e as competências socioemocionais das pessoas. Para ele, cada um dos nove pontos do Eneagrama pode ser encarado como uma versão sintética de um dos centros de energia que guiam as ações humanas.

Cada uma das diferentes personalidades passíveis de ser encontradas em um ser humano significaria, portanto, uma amplificação ou avultamento de um desses centros de energia em especial. Correspondentemente, a cada centro de energia desses também corresponderia um tipo particular de manifestação emocional preferencial, bem como uma concentração de tipos de pensamento e de ação por parte da pessoa, com seus prós e contras, mas sempre representativos daquela sua personalidade correspondente (Ichazo, 1985).

Na visão ichaziana, o grande objetivo de quem utiliza o Eneagrama é iluminar a si mesmo, ou seja, dar-se a oportunidade de enriquecer-se com autoconhecimento. Para tanto, a pessoa precisa ser capaz de reconhecer a fonte específica de energia que opera prioritariamente dentro de si mesma e pô-la em plena ação, reduzindo ou contornando os obstáculos à sua manifestação. Isso levará cada um de nós a uma vida mais plena e autêntica.

Além de estabelecer essa associação entre os nove pontos do Eneagrama e nove tipos de personalidade, bem como nove disposições emocionais, Ichazo também ligou esses pontos aos sete pecados capitais do Cristianismo (ira, orgulho, inveja, luxúria, avareza, gula e preguiça), acrescidos de dois outros (o medo ou acovardamento e a vaidade), dessa forma somando nove "pecados".

A escolha desses dois estados afetivos adicionais por parte de Ichazo não foi aleatória. O filósofo boliviano entende o medo (acovardamento) e a inautenticidade (apego à vaidade) como sendo pilares básicos dos estados neuróticos dos indivíduos.

---

6 Ver mais informações no Anexo.

Autoconhecimento para um mundo melhor

Ichazo apresentou essas reflexões em um trabalho que produziu nos anos 1950, base de todos os seus estudos posteriores, chamado "Enneagon of Ego Fixations" (literalmente, "Eneágono das Fixações do Ego").

Nos anos seguintes, Ichazo avançou com esses estudos, descrevendo em detalhe as emoções relacionadas a cada ponto do Eneagrama, procurando dessa forma elaborar um primeiro mapa do psiquismo humano voltado para a busca de uma elevação da consciência. A partir desses estudos, Ichazo passou a frequentemente referir-se ao Eneagrama como um "espelho da alma".[7]

Foi pelas mãos de Ichazo, em um período de estudos que ambos tiveram no Chile, que Claudio Naranjo se aprofundou no conhecimento de detalhes sobre o Eneagrama e da associação entre os nove pontos e características psicológicas dos indivíduos. Na leitura que fez do Eneagrama, Naranjo usou sua extensa bagagem de psiquiatra, seus conhecimentos da Gestalt-terapia e elementos que tão bem conhece, de meditação budista, além de outros conceitos mais, para chegar a uma rica e inovadora abordagem para o Eneagrama.[8]

A partir disso, Claudio Naranjo tornou-se um dos mais entusiasmados difusores do Eneagrama no Ocidente, tendo inspirando vários estudiosos a respeito e aplicado esse antigo conhecimento sufi em diferentes campos do saber, entre os quais a psicologia clínica e o desenvolvimento das pessoas.

Um de seus livros mais difundidos sobre o Eneagrama é *Os Nove Tipos de Personalidade — Um Estudo do Caráter Humano através do Eneagrama*, já publicado em português.[9] Antes de discorrer sobre sua teoria dos tipos psicológicos, exposta nesse livro, trato de fazer, a seguir, uma breve descrição dos nove vícios emocionais (ou nove defeitos fundamentais do caráter, ou ainda, nove paixões) com que Naranjo igualmente nos brinda (Naranjo, 1999). Vide a figura a seguir.

---

7 ROHR, R.; EBERT, A. *O Eneagrama — As Nove Faces da Alma*. Petrópolis: Vozes, 2005.

8 Ver mais informações no Anexo 1.

9 NARANJO, Claudio. *Os Nove Tipos de Personalidade — Um Estudo do Caráter Humano através do Eneagrama*. Rio de Janeiro: Objetiva, 1997.

Capítulo 11: Lições do Eneagrama

Figura 11.2

Esses vícios são:

1. **Ira**

    Ao somar esta emoção (a ira) ao seu típico quadro de perfeccionismo, o indivíduo acaba por se tornar bem mais do que apenas responsável, dedicado e exigente, passando a demandar demais de si próprio e dos outros. Sua raiva é geralmente inconsciente, e tende a ser camuflada por sua atuação esforçada e sua autoimagem virtuosa. Essa pessoa pode mostrar-se intransigente e dura no convívio diário, passando tudo pelo crivo binário certo vs. errado, ignorando as sutilezas que podem se esconder entre esses extremos (para ela, aquilo que não está certo está errado).

    Este tipo de pessoa gosta de atuar em atividades nas quais seu esforço pessoal possa ser facilmente mensurado, tais como as áreas financeira ou contábil.

    A neutralização do vício emocional do tipo 1 (a *ira*) pode ser obtida pela autorreflexão e pelo cultivo de uma virtude que se contrapõe a ela: a *serenidade*.

2. **Orgulho**

    Pessoas que têm *orgulho* são quase sempre emotivas, empáticas, prestativas, buscando agradar a todos. Seu maior vício emocional, o orgulho, é inconsciente e tende a ser bem disfarçado pelo comportamento aparentemente bem-intencionado e solícito da pessoa.

Entretanto, ao sentir-se plenamente capacitado e autossuficiente, o indivíduo tem grande dificuldade para reconhecer suas próprias necessidades e pedir e aceitar ajuda, sofrendo quando precisa solicitar algo a alguém, ou quando percebe que não está correspondendo à autoimagem que idealizou. Nas empresas, esse tipo é mais comum nas áreas cujas atividades requerem forte relacionamento com outras pessoas, como é o caso de departamentos de Vendas ou RH e funções de secretariado.

A neutralização do vício emocional do *orgulho* é possível pelo cultivo da virtude da *humildade.*

3. **Vaidade**

Os indivíduos deste terceiro grupo são muito centrados em realizações (tanto o planejamento quanto a execução das atividades), mostrando frequentemente uma visão mercantilista do mundo e comumente voltados para a obtenção de sucesso e reconhecimento.

Como seu maior vício emocional, a vaidade que têm é geralmente inconsciente e justificada por uma autoimagem de indivíduo dinâmico e eficaz no que faz. O indivíduo com esse tipo de personalidade é quase sempre obcecado por resultados e, em geral, estressa a todos ao seu redor em sua busca desenfreada pelo êxito. Prefere trabalhar em áreas que ofereçam boas oportunidades de crescimento, tais como administração, advocacia, trabalhos autônomos e consultoria.

Sua habilidade para sintetizar e comunicar ideias facilita muito a formulação de metas, porém, sua compulsão por resultados pode levá-lo a demandar das pessoas mais do que estas podem oferecer.

A neutralização do vício emocional da *vaidade* se dá a partir da virtude da *sinceridade.*

4. **Inveja**

Este tipo psicológico se caracteriza pela aguçada sensibilidade e pela instabilidade emocional. Por terem forte percepção das emoções, suas e dos outros, esses indivíduos tendem a sentir-se mais afetados pelos problemas do que o comum das pessoas, e a expressar uma contínua insatisfação, assumindo uma postura crítica e irônica diante das situações desfavoráveis. A inveja é seu grande vicio emocional e é inconsciente; manifesta-se pelo descontentamento, correspondendo a uma autoimagem de singularidade.

No meio organizacional, esses indivíduos normalmente desempenham funções que pedem originalidade e senso crítico. Jornalismo, psicologia, decoração e desenho de moda são exemplos de profissões caracteristicamente preferidas por estas pessoas.

A neutralização do vício emocional da *inveja* é possível por meio da virtude da *equanimidade*.

5. **Avareza**

Indivíduos avaros tendem a ser muito observadores, racionais, introspectivos e curiosos. Seu principal vício emocional é a avareza, mas sua postura é, no fundo, egoísta, embora dissimulada por uma autoimagem de pessoa sensata e lógica. As pessoas desse tipo são quase sempre calculistas, reclusas e preferem não se envolver com os problemas dos outros e nem expressar seus próprios sentimentos.

Por sua capacidade de análise, as pessoas que recaem neste tipo nº 5 costumam trabalhar em setores como os de planejamento, pesquisa, informática e engenharia.

A neutralização do vício emocional da *avareza* é possível por meio da virtude do *desapego da mente*.

6. **Acovardamento**

As pessoas que recaem neste sexto grupo são atentas, cuidadosas, desconfiadas e questionadoras. Estão sempre buscando estar no controle das situações, mantendo-se fiéis aos seus princípios. A covardia, seu vício emocional, é inconsciente e encoberta por uma autoimagem de pessoa prevenida e realista. Mas, na realidade, tratam-se de indivíduos ansiosos, predispostos a encarar o desconhecido como uma fonte de ameaças, que levam a vida ancorados no ditado popular que diz "Melhor prevenir do que remediar".

Nas empresas, esse tipo geralmente ocupa cargos ligados a gerência de pessoas e de procedimentos, atuando em áreas tais como as de produção, finanças ou RH. Esses indivíduos costumam também ser gerentes gregários que cultivam forte espírito de equipe.

A neutralização do vício emocional do *acovardamento* acontece pelo cultivo da virtude da *coragem*.

7. **Gula**

Os gulosos são pessoas entusiastas, sonhadoras e extremamente ativas, cheias de ideias e planos. Dotados de grande agilidade mental e capacidade de improviso, esses indivíduos estão sempre envolvidos em novos projetos, em uma incessante busca por satisfação e prazer. Seu maior vício emocional, a gula, é um vício inconsciente e maquiado por sua autoimagem de alguém hábil e otimista. Ao se sobrecarregar de atividades, as pessoas deste grupo procuram evitar dificuldades emocionais, adotando uma visão superficial do mundo e apresentando comportamentos irresponsáveis e indisciplinados.

No ambiente de trabalho, preferem cargos que dispensem uma rotina rígida e onde a criatividade é valorizada.

A neutralização do vício emocional da *gula* é alcançada através da virtude da *sobriedade*.

8. **Luxúria**

Dominantes e combativos, os indivíduos deste tipo gostam de mandar e de liderar, priorizando suas próprias realizações. A luxúria, seu maior vício emocional, é inconsciente e pode estar camuflada por sua personalidade de pessoa realizadora e segura. As pessoas deste grupo tendem a ser intensas e a gostar de situações desafiadoras, nas quais possam demonstrar sua natureza objetiva, direta e por vezes intimidadora. Podem chegar a ser agressivos e insensíveis, revelando grande apego ao poder e à força.

No meio corporativo, este tipo normalmente é de alguém que lidera pessoas e normalmente se mostra autoconfiante, centralizador e dotado de feeling para os negócios.

A neutralização do vício emocional da *luxúria* é realizada por meio da virtude da *inocência*.

9. **Preguiça**

Finalmente, estas pessoas são reconhecidas por uma atitude mediadora que assumem, focada no bem comum. Tendem a evitar os conflitos e a valorizar a paz e a tranquilidade. A preguiça, seu vício emocional inconsciente, fre-

Capítulo 11: Lições do Eneagrama

quentemente é justificado por sua personalidade conciliadora. Este tipo de indivíduo pode, ainda, mostrar-se apático e indolente, gerando em si mesmo uma espécie de estado anestésico, justamente para não ter de enfrentar a realidade. Costuma ser procrastinador e indeciso, preferindo executar tarefas burocráticas e resistindo às mudanças.

Por sua personalidade flexível, essas pessoas podem atuar em vários setores organizacionais, como áreas administrativas, funções de secretariado, auxiliares e de ouvidoria.

A neutralização do vício emocional da *preguiça* é possível por meio da virtude da *ação correta*.

○ ○ ○

O Eneagrama da Personalidade

O Eneagrama da Personalidade, elaborado por Oscar Ichazo e aperfeiçoado por Naranjo, descreve as nove personalidades, correspondendo a cada uma delas uma emoção ou sentimento prioritário. A figura anterior ilustra bem essas emoções ou esses sentimentos.

Naranjo trabalha em pelo menos três sentidos distintos com esses nove tipos de personalidade. De um lado, relaciona-os com *instintos básicos* do ser humano; de outro, com os três tipos de *inteligência* que reconhece existirem em nós; e, em um terceiro sentido, finalmente, com base em seus profundos conhecimento e experiência em psicologia e psiquiatria, ele relaciona as nove personalidades com a predisposição do indivíduo a certas *patologias emocionais*, que geralmente não se explicitam abertamente, mas se mantêm como que na "sombra" do indivíduo (conceito de Jung).

Examinemos rapidamente essas três direções que podem ser tomadas pelos nove tipos de personalidade, na ordem mostrada anteriormente: *instintos básicos*, *tipos de inteligência* e *patologias emocionais*.

Quanto aos *instintos básicos* do ser humano, Naranjo reconhece três deles, essenciais:

1. O instinto de autopreservação.

2. O instinto sexual.

3. O instinto social.

Esses três instintos dizem respeito, respectivamente, às formas nas quais preponderantemente alocamos nossa energia no mundo externo, fazendo uso de mecanismos diversos para, em última análise:

- Sobreviver.

- Realizar nossos desejos.

- Incluir-nos na sociedade.

Ao relacionar cada um dos nove tipos de personalidade com cada um desses instintos, de fato Naranjo está afirmando a existência de 9 x 3 = 27 tipos, pois cada instinto tende a transformar de modo muito peculiar cada um dos tipos de personalidade.

Quanto aos tipos de inteligência do ser humano, Naranjo reconhece três, que chama de:

- Inteligência *mental* (situada na cabeça).

- Inteligência *emocional* (situada no coração).

- Inteligência *visceral* (situada no intestino).

Esse conceito já foi mencionado anteriormente neste mesmo capítulo.

Todos os três tipos de inteligência são essenciais e coexistem em nós, muito embora em cada indivíduo um deles predomine claramente: há pessoas que atuam prioritariamente com a cabeça; outras, prioritariamente com o coração; e outras, ainda, prioritariamente com suas vísceras, a barriga.

○ ○ ○

Capítulo 11: Lições do Eneagrama

A "Lei do Três"

A relação entre os nove tipos de personalidade e os três tipos de inteligência se dá de uma forma peculiar: as nove personalidades são agrupadas por Naranjo em três classes, cada classe correspondendo a um tipo de inteligência, a saber:

- As personalidades 8, **9** e 1 correspondem à barriga: pessoas com tais tipos de personalidade tendem a captar as impressões vindas do mundo externo através do físico, do corpo.

- As personalidades 2, **3** e 4 correspondem ao coração: as pessoas com esses tipos de personalidade reagem de modo predominantemente emocional às impressões externas que recebem.

- As personalidades 5, **6** e 7 correspondem à cabeça: as pessoas com esses tipos de personalidade têm mais aguçada a inteligência mental, reagindo aos fatos e situações principalmente pelo uso do intelecto.

Não por acaso, entendi ser válido destacar, em cada tríade, a personalidade cujo número ocupa a posição intermediária, ladeada pelas outras duas, que, de certa forma, lhe são complementares: as personalidades-tipo de números 9, 3 e 6 são especiais, em algum sentido. Explico o porquê, interpretando uma proposta original do Eneagrama, que se encontra subjacente nos trabalhos divulgados por Naranjo e Ichazo.

Segundo explica Gurdjieff, o desenho do Eneagrama reproduz simbolicamente alguns "leis" que governam o universo, sendo uma delas aquela que o místico armênio chamava de Lei do Três. Essa lei está representada pelo triângulo de linhas cheias no diagrama mostrado na figura anterior, triângulo esse que une os pontos 9, 3 e 6.

A Lei do Três, segundo a tradição sufi, não requer prova, ela simplesmente existe, podendo ser intuitivamente percebida. Segundo essa "lei", que opera tanto nas situações extremamente graves quanto nas mais corriqueiras, os processos que se dão no universo não são simples, diretos ou livres de obstáculos, e nem tampouco ocorrem isolados uns dos outros, mas se interinfluenciam, impulsionando-se ou refreando-se uns aos outros.

A Lei do Três descreve basicamente o que ocorre: um processo p, que tenha um ponto de partida A e um final esperado B, terá de enfrentar, de permeio, condições ambientais que obstarão essa simples correspondência direta entre A e B, provocando uma alteração de rumo. Ou seja, o processo p certamente sofrerá interferências que o dirigirão para outra direção, tornando necessário que se dê uma nova interferência, ou natural ou artificialmente criada, mas não prevista no início (um outro processo *p'*, portanto), a fim de recolocar o processo *p* em sua rota original.

Em um exemplo bem prosaico, digamos que você quer dar uma informação a outra pessoa pelo WhatsApp e tira o smartphone do bolso para isso. Você está, então, fazendo um primeiro movimento para cumprir seu objetivo, que é ir de A a B (do acionamento do celular à mensagem chegando ao destinatário). A Lei do Três diz que algo acontecerá no meio do caminho, podendo ser uma coisa ou mais ou menos séria, atrapalhando a realização de seu objetivo. No exemplo dado, pode ser que você perceba que seu celular está sem bateria; ou o WhatsApp pode estar fora do ar; você pode ter de esperar antes de enviar a mensagem, por estar dirigindo no trânsito; ou você constata que não tem o número da pessoa a quem quer fazer o comunicado; ou o telefone pode tocar nesse exato momento... Qualquer desses fatos será um obstáculo (ainda que mínimo) ao seu objetivo, requerendo que você imprima ao processo uma terceira força, para repô-lo no rumo original desejado.

Gurdjieff mostra, portanto, que, de acordo com a Lei do Três, três intervenções distintas entre si, mas interconectadas, ocorrerão. A essas três "forças" ele chama:

- À primeira delas, *força ativa* ou *força de impulsão*, aquela que põe o processo em marcha.

- À segunda, *força passiva* ou *força de resistência*, que se opõe ao processo.

- À terceira, *força de conciliação* ou *força de mediação*, que retoma o rumo original do processo.

Levando em conta diversas escolas esotéricas em que bebeu, assim como conhecimentos tradicionais perdidos nos tempos, como os gunas do Vedanta, Gurdjieff argumentava que essa terceira força sempre existiu, ainda que por muito tempo a ciência de modo geral não a tenha reconhecido (exceto em casos esporádicos, como na ação dos catalisadores na química, por exemplo). No entanto, muitos avanços da ciência, posteriores à sua época, mudaram essa percepção, e hoje em dia, provavelmente Gurdjieff não faria tal crítica à ciência, pelo menos não dessa mesma forma.[10]

"Se um homem nada quer", diz Gurdjieff, "a primeira força não lhe aparece. E, se ele quer algo, mas não enxerga o que é, então é a segunda força que não se revelará a ele", afirmou o mestre armênio. Eu adoraria citar que Gurdjieff poderia ter com-

---

10 BENNETT, J.G. *O Eneagrama*. São Paulo: Pensamento, 1985 (tradução de Daniel C. da Silva).

pletado essas colocações afirmando, adicionalmente, que "se, finalmente, a terceira força não sobrevier, então tudo se acabará para o homem!" No entanto, a bem da verdade, Gurdjieff não disse isso, embora fosse exatamente o que lhe caberia dizer em seguida. Sabe o leitor por quê?

○ ○ ○

Guia para entender as patologias emocionais

Aquela afirmação de Gurdjieff, citada anteriormente, aparentemente enigmática, na verdade dá razão a Ichazo e Naranjo, quando adotam a *preguiça* e a *vaidade* como psicopatologias centralmente conducentes à neurose. Ela simplesmente não faz referência à terceira grave patologia, o *acovardamento*.

Quando "um homem nada quer", é sinal de estar ele, de fato, imerso na *preguiça* (ponto 9 no diagrama, correspondente à personalidade-tipo do *perfeccionista*). A preguiça se manifesta por uma espécie de acídia, uma frouxidão, ou moleza corporal, acompanhada por uma depressão do espírito, um abatimento moral. Gurdjieff chama a esse estado de prostração afetiva de "demônio da autossuficiência".

O individuo sofre, portanto de uma séria patologia, que está presente na vida de quem não se mexe para nada, não tem desejos identificáveis, não vai à luta; mas, ao contrário, apenas permanece em estado de inação, letárgico, inerte perante a vida que segue passando a seu lado. Esse homem não está exercendo, portanto, seu grande e único poder pessoal, que lhe permitiria aplicar aos seus processos potenciais de crescimento aquela primeira *força ativa* ou *força de impulsão*. A preguiça o impede disso.

Quando não é essa a psicopatologia vigente na vida do indivíduo, e ele, ao contrário, age no sentido de buscar algo que queira atingir, é a segunda força (correspondendo ao ponto 3 do diagrama e indicativa da personalidade-tipo do *realizador*) que em algum momento sobrevirá, impedindo-o de chegar aonde quer.

É nesse ponto que opera negativamente a *vaidade* do indivíduo realizador, levando-o a perder o rumo das coisas, a errar grosseiramente, a não enxergar o óbvio ou a cometer enganos que poderiam ser evitados. Trata-se, então, da segunda força em vigência, a *força passiva* ou *força de resistência*, neutralizando aquela ação inicial. E é

Autoconhecimento para um mundo melhor

a vaidade do homem que não o deixará enxergar o que realmente está acontecendo, que lhe colocará antolhos.

Os ensinamentos de Sócrates são um bom exemplo de como a vaidade é capaz de obliterar a capacidade das pessoas de enxergarem o óbvio. Sócrates alegava ser a pessoa mais sábia do mundo justamente porque sabia que nada sabia; ao passo que os demais, cegos ao que acontecia de fato, não sabiam que nada sabiam! E Sócrates parece ter se aproveitado enormemente dessa situação em suas discussões com os sofistas: em muitas ocasiões, sua ironia consistia principalmente em denunciar a excessiva vaidade que se escondia por trás das imponentes declarações de sabedoria feitas por seus adversários.[11]

Porém, percebido o efeito (ou apenas a prévia ameaça) dessa segunda força de resistência, o indivíduo poderá imprimir, finalmente, uma terceira força, apresentada no ponto 9 do Eneagrama. Esta corresponde à personalidade-tipo do *contemporizador*, cuja afetividade, entretanto, é patologicamente marcada pelo *acovardamento*. Contemporizador é alguém que transige, cede, aceita, condescendentemente. Se esse estado afetivo for levado a um nível patológico pela pessoa, ela cederá quando não devia, aceitará algo indevido, em seu próprio prejuízo psicológico: irá "engolir sapos", "pôr panos quentes", abrir mão de seus direitos ou abdicar de usar suas forças, por ter medo do fracasso. A patologia, neste caso, é a de quem não mostra coragem, perde o ânimo, acovarda-se, enfim... Se isso acontecer, a terceira força, de *conciliação* ou *mediação*, não acontecerá, e a resistência surgida pela ação da segunda força terá cumprido seu papel, fazendo ruir o projeto todo.[12]

Ainda quanto a essas patologias emocionais que subjazem à "sombra" de cada personalidade, Naranjo as agrupa em tríades, cada qual formando uma categoria especial, a saber:

- A tríade do *Instinto*
  - 8 — luxúria e sadismo.
  - 9 — preguiça, inércia psicoespiritual e exagerada acomodação.
  - 1 — ira (raiva) e perfeccionismo.

---

11 PINTO, Paulo Roberto Margutti, professor da UFMG, em "Reflexões sobre a vaidade dos homens: Hume e Matias Aires". In: *Kriterion: Revista de Filosofia*, vol. 44, nº 108, Belo Horizonte-MG, edição de julho-dezembro de 2003. Postado online em: <http://www.scielo.br/scielo.php?script=sci_arttext&pid=S0100-512X2003000200008#end1>. Acesso em: 07/03/2019, 11h54.

12 BENNETT, J.G. *Op. cit.*

- A tríade do *Sentimento*

  - 2 — orgulho e personalidade histriônica.

  - 3 — vaidade e inautenticidade.

  - 4 — inveja e depressão masoquista.

- A tríade do *Pensamento*

  - 5 — avareza e desapego patológico.

  - 6 — acovardamento e atitude paranoica e acusadora.

  - 7 — gula, fraude e personalidade narcisista.

Uma qualidade importante que Naranjo nos desafia a desenvolver, e que se relaciona totalmente com a questão da busca de autoconhecimento por parte de cada um de nós, é a capacidade que precisamos aperfeiçoar em nós de identificar essas psicopatologias subjacentes e potenciais, presentes em nosso eu e que permanentemente nos estão ameaçando.

Essas psicopatologias potenciais são como que "bombas-relógio" armadas dentro de nós, passíveis de iniciar a qualquer momento a contagem regressiva para finalmente explodir. São padrões ultraperigosos presentes em nossa vida (padrões mentais, emocionais e comportamentais automáticos e inconscientes), que precisaremos reconhecer em nós como primeiro passo a ser dado, se quisermos realmente lidar com nossos "demônios" internos e efetivamente neutralizá-los antes que se manifestem.

Naranjo trata dessEs três estados psíquicos tão centrais em nossa vida em seu livro *Mudar a Educação para Mudar o Mundo*.[13] Ali ele os explica, fazendo referência ao triângulo central inscrito no círculo do Eneagrama, para o qual chamei a atenção antes, discorrendo sobre os três sentimentos: no ponto 9, a *preguiça* (ou *acídia*); no ponto 3, a *vaidade* (ou *narcisismo*, como Naranjo também a denomina); e no ponto 6, o *acovardamento* (ou *medo*). Como foi dito, esses três estados emocionais ou psíquicos explicam, juntos ou separados, a grande maioria das neuroses que acometem os seres humanos.

O estado emocional de *medo* nos paralisa e inibe nossa ação frente a uma situação qualquer. É um estado que também nos leva a mascarar nossa vaidade, pois, quando tomados por um sentimento desse tipo, de temor ou apreensão a respeito do

---

13 NARANJO, Claudio. *Mudar a Educação para Mudar o Mundo — O Desafio do Milênio*. Distrito Federal: Verbena, 2015.

que possa nos acontecer, temos a tendência a camuflar nossa vaidade, para "livrar a cara" ou "aparecer bem na foto", como popularmente se diz. Naranjo diz que, nessa situação, estamos criando um personagem fictício para responder às demandas do mundo em nosso lugar.

Quanto à *vaidade*, ela é um sentimento de identificação, que acabamos formulando com esse personagem fictício, o que nos leva ao soterramento de nossa própria identidade por baixo dessa outra, falsa.

Com relação à *preguiça*, ela significa, de fato, um adormecimento da consciência, pelo qual nos tornamos menos homens do que podemos ser. Quando o mais conhecido discípulo de Gurdjieff, Piotr Ouspensky, dá ao seu principal livro o título *Psicologia da Evolução Possível do Homem*, está se referindo especialmente ao fato de que o homem, "adormecido" como está na vida, nem sequer é capaz de perceber quanto lhe é *possível* evoluir em relação à mera "meia-vida" de que desfruta no dia a dia.[14]

Às ligações entre esses três pontos fundamentais do Eneagrama, Naranjo chama de "nexos psicodinâmicos": o medo sustenta a vaidade; a vaidade entorpece nossa interioridade e nos leva a um estado de acídia; e este, por sua vez, nos põe inseguros e propensos a nos esconder do mundo perigoso à nossa volta: A ⇨ B ⇨ C ⇨ A, em que A = medo, B = vaidade, e C = preguiça. É o ciclo vicioso da neurose.[15]

Para combater esse ciclo psicopatológico, Naranjo propõe que tomemos consciência sobre nós mesmos, em um autêntico processo de autoconhecimento. O Eneagrama pode efetivamente ser um instrumento poderoso para nos levar a isso. Ele nos ajuda a, de fato, analisar as motivações das pessoas de acordo com cada personalidade, em vez de simplesmente enumerar os comportamentos que são típicos de cada uma, embora também o faça.

Mas o objetivo do instrumento não é propriamente explorar aquilo que as pessoas fazem, mas por que o fazem, isto é, permitir que se entenda o que de mais profundo induz as pessoas a se comportar de um dado modo. O modelo ajuda a compreender os filtros, às manifestações da personalidade que começam a ser criados em nós e por nós ainda na infância, e que depois nos levam a ações viciadas e estruturam nossos comportamentos mais radicalmente reativos. Além disso, o modelo nos indica quais forças de cada tipo contribuem para nossa vida em sociedade e para nossa evolução pessoal.

---

14 OUSPENSKY, Piotr D. *Psicologia da Evolução Possível ao Homem*. São Paulo: Pensamento, 1997.

15 NARANJO, Claudio. *Op. cit.*

Capítulo 11: Lições do Eneagrama

Esse conhecimento será extremamente útil nos processos de coaching a que venhamos a nos submeter, pois, via de regra, dão ótimos resultados em termos de autodescoberta e de revisão de nossas crenças e padrões de referência.

O Eneagrama pode também ser aplicado por pessoas e grupos de pessoas dentro de empresas de qualquer tipo, com a finalidade de estimular a formação e o desenvolvimento de equipes de trabalho que valorizem a diversidade e a complementaridade de expertises entre os membros da equipe.

Assim, por suas diversas e ricas funções no vasto campo da psicologia — principalmente no âmbito do autoconhecimento —, o milenar desenho do Eneagrama é um dos mais utilizados instrumentos para uma autêntica autocompreensão nos dias de hoje.

Seria esse processo evolutivo — em direção à autocompreensão — o que realmente nos diferencia de todos os demais seres vivos e, inclusive, das máquinas (já que, como vimos em outras partes deste livro, elas estarão cada vez mais presentes em nosso dia a dia, dotadas de recursos cada vez mais avançados de inteligência artificial)? Segundo Naranjo, "como dizia Gurdjieff, quando uma máquina conhece a si mesma, ela se faz responsável por seus atos e já não pode, portanto, ser chamada de 'máquina'".[16] Talvez, sim, seja esse o nosso processo evolutivo, como seres humanos capazes de ter uma consciência, o que as máquinas não podem fazer. Deixemos, pois, que apenas as máquinas de verdade sejam máquinas!

ooo

Eneagrama + MBTI

O leitor deve ter notado que muito do que foi descrito antes sobre o Eneagrama guarda parentesco com outros instrumentos de *assessment* contemporâneos, que organizam perfis psicológicos, como é o caso do já mencionado MBTI, uma de minhas ferramentas de trabalho preferidas. De fato, alguns estudiosos relacionam os dois instrumentos, e muitos os consideram perfeitamente complementares.

MBTI e Eneagrama complementam-se harmoniosamente, razão por que advogo enfaticamente um uso combinado desses dois instrumentos.

---

16 NARANJO, Claudio. *El Eneagrama de la Sociedad*. [S. l.]: Ediciones La Llave, 2011.

O MBTI foca as funções cerebrais cognitivas identificadas e descritas por Carl G. Jung, ou seja, em nossos modos de:

- Processar informações (*intuitiva* ou *sensorialmente*).

- Tomar decisões acerca dessas informações (*racional* ou *subjetivamente*).

- Focar nossa atenção (*extroversão* ou *introversão*).

- Organizar nossa vida (*estruturada* ou *espontaneamente*).[17]

Enquanto isso, o Eneagrama se concentra nas questões emocionais do ser humano e no que está por trás de nossas reações comportamentais quando adotamos esta ou aquela conduta ou nos vemos tomados por esta ou aquela emoção.

O uso combinado de ambos os instrumentos significa para cada um de nós uma grande oportunidade de desvendamento de nosso Ego. Pelo uso do Eneagrama, chega a ser quase intuitiva a identificação de nosso principal tipo de personalidade — o que não pode ser dito do que aprendemos sobre nós mesmos quando nos submetemos ao MBTI, no qual nos desvendamos mediante respostas a questionários complexos, analisadas por um profissional especializado, treinado no uso do instrumento.

Há quem sugira a existência de uma correspondência entre o Eneagrama e a Cabala (ou Kabbalah), um conhecimento esotérico ligado ao judaísmo, também muito antigo. Essa identificação entre os dois sistemas é geralmente baseada no fato de que ambos vêm de fontes muito antigas e relativamente próximas (se não comuns), histórica e geograficamente.

De fato, análises comparativas dão conta de que ambos os sistemas apresentam categorias ou tipos de personalidade humana que se assemelham e se fundamentam em uma mesma base, segundo a qual nossas melhores virtudes e nossos piores vícios têm, no fundo, uma mesma raiz.

Além disso, o modelo do Eneagrama apresenta conceitos que, *mutatis mutandis*, também estão na Árvore da Vida da Cabala, ainda que, ao contrário desta, não estejam descritos em registros escritos conhecidos, chegando até nós apenas pela via da tradição oral. E, além de tudo, Eneagrama e Cabala têm como premissa a crença de que a humanidade está evoluindo rumo a formas mais elevadas de consciência.

o o o

---

17 Ver mais detalhes no Anexo.

Capítulo 11: Lições do Eneagrama

Ouspensky e os níveis de consciência

Ouspensky, o filósofo e psicólogo russo discípulo de Gurdjieff já citado aqui e um dos disseminadores do conhecimento que chegou até nós sobre o Eneagrama, argumentava que instrumentos como esse deviam servir à promoção da evolução dos seres humanos, ajudando-os a dar os passos iniciais nessa jornada rumo à elevação pessoal. Esses passos iniciais é que configurariam o que estamos chamando de autoconhecimento.

Em seu livro que é referência nesse assunto, o já mencionado *Psicologia da Evolução Possível ao Homem*, Ouspensky afirma que o próprio sentido da psicologia moderna e científica deveria ser este: o de promover a evolução da consciência, indo além da missão apenas de levar o indivíduo a conhecer-se a si mesmo,[18] (ainda que de modo algum isso seja pouco). "O homem, tal qual o conhecemos", Ouspensky dizia, "não é um ser acabado. Ele deve perseguir sua evolução".

Ouspensky tinha essa visão principalmente por alinhar a psicologia com doutrinas místicas ou tradicionais, que buscavam uma "evolução possível" do homem, o que muitas vezes sugeria uma identificação da psicologia com linhas de filosofia antiga, de teosofias ou de religiões. Ou seja, para Ouspensky, estudar a psicologia seria estudar os princípios, as leis e os fatos relativos a uma evolução possível do homem.

Essa abordagem de Ouspensky faz sentido: por séculos, se não milênios, não tivemos propriamente a disciplina "psicologia", uma vez que seus conceitos e propostas ou não tinham ainda sido formulados, ou se encontravam embutidos em filosofias, teosofias e teologias. Na Índia, todas as formas de ioga, que no fundo são essencialmente formas de praticar a psicologia (qual é, por exemplo, a *real* distinção que se pode fazer entre os exercícios da Hatha Yoga e do Treinamento Autógeno?), tendem a ser sistematicamente descritas como um dos seis sistemas tradicionais de filosofia. E quanto aos ensinamentos sufis (que são, antes de tudo, de ordem psicológica)? Eles são vistos comumente como sendo em parte religiosos e em parte metafísicos.

Enquanto existia diluída em filosofia e abordagens próximas, a psicologia permaneceu também (aliás, por mais tempo ainda) associada a várias religiões. Isso não quer dizer que religião e psicologia tenham sido uma única e mesma coisa, ou que praticar psicologia seja equivalente a professar uma religião.

Entretanto, não há dúvida de que quase todas as religiões conhecidas no mundo (não me refiro a algumas pseudorreligiões criadas modernamente, com finalidades discutíveis) acabaram por desenvolver e praticar alguma forma de abordagem psi-

---

18 OUSPENSKY, Piotr D. *Op. cit.*

Autoconhecimento para um mundo melhor

cológica, muitas vezes acompanhada, inclusive, de exercícios que caberiam perfeitamente em uma sessão de psicoterapia ou dinâmica de grupo.[19]

Essa evolução pessoal, entretanto, demanda tempo, esforço e, comumente, uma boa dose de ajuda externa. Para evoluir, o indivíduo precisa desejá-lo intensamente e dedicar a essa missão uma jornada de longo prazo.

Ouspensky costumava dizer que os seres humanos se inserem em uma entre duas grandes categorias: há os seres humanos *fisiológicos* e os seres humanos *psicológicos*. Os primeiros são aqueles cuja parte mais relevante do corpo é aquela que fica "abaixo do queixo", cujas percepções conscientes se direcionam quase que exclusivamente para suas necessidades básicas, como a alimentação, o sono e a reprodução. Os últimos são aqueles em que predomina a parte do corpo situada "acima do queixo"; esses agem direcionados para algo além de seus instintos apenas primários, pautando-se pelos pensamentos e sentimentos.

Baseado nessa dicotomia e inspirado pelas ideias de Gurdjieff, Ouspensky elaborou também uma espécie de "escala evolutiva possível" da consciência humana, classificando os seres humanos fisiológicos e psicológicos em quatro níveis.

1. O nível da *consciência não desperta* (dos seres humanos fisiológicos)

    Esta primeira categoria se caracterizaria por sentimentos de egoísmo e ignorância do sujeito em relação aos princípios básicos da percepção de si mesmo. Neste nível, o ser humano apenas leva em conta os próprios interesses e vontades imediatas, enxergando-os como algo separado de tudo mais no universo. Pessoas tomadas por uma "consciência do sono" são inteiramente fisiológicas, tudo se restringindo aos seus desejos pessoais. Provavelmente, segundo apontou Ouspensky, 80% dos seres humanos que vivem hoje ou já viveram no passado se situam neste nível inicial de evolução.

2. O nível da *consciência lúcida ou desperta* (ainda dos seres humanos fisiológicos)

    Estão nesta categoria indivíduos que se encontram em um processo para despertar e chegar a níveis mais elevados de percepção da realidade, pessoas que estão buscando um crescimento pessoal e uma vida melhor. Neste nível, as pessoas começam a apresentar pensamentos mais coordenados e ações mais disciplinadas, e o ser humano passa a pensar antes de agir.

---

19 OUSPENSKY, Piotr D. *Op. cit.*

Capítulo 11: Lições do Eneagrama

3. O nível da *consciência de si* (dos seres humanos psicológicos)

Neste nível estão os indivíduos autoconscientes, que percebem as manifestações de sua própria mente para além de seu corpo físico e que realmente enfrentam as questões existenciais: Quem sou? De onde venho? O que faço aqui? Para onde vou? Nesse nível, o homem já terá descoberto que não é apenas um corpo, mas tem uma mente intuitiva e é capaz de usar a razão em benefício de sua própria vida.

4. O nível da *consciência cósmica ou objetiva* (dos seres humanos psicológicos)

Finalmente, neste nível estão as pessoas que enxergam claramente a si mesmas em sua totalidade, integrando-se, ademais, a um todo maior que elas, pelo qual se tornam responsáveis. Esses indivíduos vivem em plenitude e são dotados de uma profunda consciência de tudo que os cerca. Comumente deixam de pensar em si mesmos e passam a refletir sobre a humanidade.

Desde tempos imemoriais, o homem vem criando máquinas e mais máquinas — manuais, depois mecânicas, então elétricas, e, por fim, eletrônicas... Máquinas são dispositivos ou equipamentos acionados por forças e influências externas que estendem de algum modo nossas funções corporais e, frequentemente, as cumprem muito melhor que nós mesmos. O homem as cria e, por vezes, precisa praticar com elas por anos a fio, até que finalmente possa dizer que aprendeu a manejá-las perfeitamente.

A teoria de Ouspensky a respeito apresenta o próprio homem como uma máquina, porém, uma máquina extremamente complexa, cujo funcionamento se traduz em pensamentos, ideias, emoções e humores. Mas, infelizmente, não se reconhece como tal e nem tem a menor ideia de que deve começar a aprender sobre essa máquina, ou de como poderia aprender isso.

Ouspensky diz que a "máquina humana" pode recair em uma de sete categorias, cada qual ocupando um dado nível em uma escala evolutiva e ao mesmo tempo portadora de um tipo característico de função consciente. Essas categorias são:

1. O *pensamento* (intelecto).

2. O *sentimento* (ou emoções).

3. O *instinto* (ou o trabalho interno do organismo, que não precisamos aprender a executar).

Autoconhecimento para um mundo melhor

4. A *função motora* (trabalho externo do organismo, movimentos — que geralmente precisamos aprender).

5. O *gênero*.

6. A *função emocional superior* (que aparece no estado de consciência de si).

7. A *função intelectual superior* (que aparece no estado de consciência objetiva).[20]

Nessa escala evolutiva:

- O homem nº 1 (ou *homem físico*) é aquele em que prevalecem as funções instintivas ou motoras.

- O homem nº 2 (ou *homem emocional*) é aquele no qual o centro emocional prevalece sobre os centros intelectual, motor e instintivo.

- O homem nº 3 (ou *homem intelectual*) é aquele no qual o centro intelectual prevalece sobre os centros emocional, motor e instintivo.

- O homem nº 4 é aquele no qual a ideia de autodesenvolvimento se tornou a mais importante.

- O homem nº 5 é aquele que se assumiu como uma unidade e tem consciência de si.

- O homem nº 6 é aquele que adquiriu a consciência objetiva.

- E o homem nº 7, por fim, é aquele que alcançou tudo o que é possível alcançar, algo que se poderia chamar de Iluminação![21]

Segundo o autor, em geral somente nos deparamos na vida com homens recaindo nas três primeiras categorias. Somente se torna um homem nº 4 aquele que passou por determinadas escolas de desenvolvimento pessoal e se esforçou o suficiente para chegar a um nível de autoconhecimento apreciável. Quanto aos três últimos tipos, eles são raríssimos.

Os homens 1, 2 e 3 se encontrariam ainda nas etapas do sono e de vigília (na qual desempenham suas atividades de forma inteiramente mecânica). São homens

---

20 OUSPENSKY, Piotr D. *Op. cit.,* p. 17.

21 OUSPENSKY, Piotr D. *Op. cit.,* p. 17.

Capítulo 11: Lições do Eneagrama

que creem estar no terceiro degrau da escala, no estágio da consciência de si, mas na verdade apenas ocasionalmente atingem esse estágio, permanecendo nele por uns poucos momentos somente durante toda a vida.

Quanto ao homem que atingiu o nível 4, ele difere dos anteriores, porque já adquiriu conhecimentos sobre si mesmo, compreende a situação em que se encontra e prossegue em sua busca evolutiva.

Nas três categorias de homens nos estados superiores, que experimentam de forma mais continuada a "consciência de si" e, mais adiante, a "consciência objetiva", estes somente conseguem atingir este estado após um prolongado e intenso trabalho pessoal.

○ ○ ○

Retornando ao tema central: o autoconhecimento

Aceitando inteiramente a proposta de Ouspensky, penso que o trabalho pela evolução pessoal, isto é, pela nossa ascensão a esses estágios mais elevados de consciência, deve ser a aspiração e a meta traçada por cada um de nós. Porém, toda caminhada começa com o primeiro passo, como dizem. Assim, também essa longa jornada se inicia com nossa tomada de consciência de que ainda nos encontramos, de fato, adormecidos, pouco ou nada sabendo sobre nós mesmos, como afirma Ouspensky:

O estudo psicológico da consciência mostra que somente a partir do momento em que constata estar adormecido é que se pode dizer estar o homem a caminho de despertar. Ele jamais despertará caso não perceba seu estado atual de sono.[22]

Muitos diferentes pensadores e líderes espirituais também acreditam, como Ouspensky, estarem os homens, na sua grande maioria, mergulhados, sem o perceber, nesse estado letárgico ou hipnótico, ao qual precisam transcender para iniciar uma jornada em busca do iluminamento pessoal.

Dos antigos iogues, passando por filósofos como Sócrates, pelos místicos sufis, pelos santos do Cristianismo e pelos ascetas das várias correntes do judaísmo, do budismo, do xamanismo, entre outros "ismos", até mesmo os praticantes de técnicas de

---

22 OUSPENSKY, Piotr D. *Op. cit.,* p. 25.

meditação modernas em templos, academias e mosteiros atuais, essa visão é comum. A grande maioria desses estudiosos de algum caminho em busca da virtude pessoal enfatiza que a senda para a evolução parte sempre de um primeiro esforço para se encontrar, para ampliar seu autoconhecimento.

Sem dúvida, as pessoas podem pesquisar formas de agir que as façam sofrer menos, escolher práticas que tornem sua vida menos penosa, aprender a neutralizar ou minorar seus sofrimentos, medos, suas frustrações, angústias, assim como podem descobrir maneiras escapistas de se afastar de tudo ou se anestesiar-se recorrendo a prazeres fugazes, ocasional ou constantemente; ou podem, ainda, se iludir com as vibrações de conquistas que tragam dinheiro, prestígio e conforto... mas, por quaisquer dessas formas, estarão nada mais nada menos que apenas adiando o enfrentamento de si mesmas, para algum "Dia de São Nunca". Evolução pessoal mesmo, elas somente conseguirão se encararem suas próprias verdades incrustadas lá nas profundezas de sua alma. É o que advertem os sábios de todas as doutrinas, em todas as épocas, desde que o mundo é mundo.

Autoconhecer-se pressupõe observar-se e perceber o que se está sentindo, pensando e fazendo, ligados que estamos no "piloto automático". Sabemos diferenciar aquilo que pensamos daquilo que sentimos? Ou misturamos tudo como se fosse um coisa só? Observando-nos com atenção e cuidado, poderemos começar a reconhecer e a conter nossas emoções negativas — desagradáveis ou violentas — para então observá-las atentamente em nossa vida e entender de onde vêm e por que as sentimos e expressamos. Normalmente essas emoções se desenvolveram em nós na primeira infância, como reação a situações com as quais, em tenra idade, não sabíamos ainda lidar.

Não há novidade alguma nisso: é algo que já foi apresentado e discutido exaustivamente por Freud, todos seus discípulos que desenvolveram linhas mais ortodoxas ou mais heterodoxas de psicanálise em comparação com as propostas originais do mestre, e também por outros brilhantes psicoterapeutas que desenvolveram outras formas analíticas de fazer psicoterapia, como Carl Jung, Jacob Moreno, Eric Berne e outros mais.

Também sabemos mais, hoje em dia, como isso funciona graças aos avanços da neurociência: como nosso cérebro grava e toca os circuitos neuronais que indefinidamente vão se repetindo, até que, com nossa atenção constante e nossa detida observação, venhamos a interromper esse ciclo habitual de respostas estereotipadas frente a estímulos interpretados como semelhantes por nosso cérebro.

Capítulo 11: Lições do Eneagrama

Concordo inteiramente com Claudio Naranjo, que reputo ser um autêntico sábio, quando afirma que

todos os problemas emocionais remetem, afinal de contas, ao amor, e todos derivam da frustração de nossa necessidade de amor no início da vida; daí por diante, ou os complicamos por uma exagerada sede de amor que tenta compensar a carência original, ou bem renunciamos ao amor, perdendo nossa capacidade de dá-lo. De ambas as formas distanciamo-nos da felicidade.[23]

Pois autoconhecimento é aprendizagem pessoal, no sentido de conseguir discernir entre essas nossas emoções tão arraigadas, que dizem respeito à nossa história pessoal, assim como trabalhar para "desprogramá-las" dentro de nós. Se quisermos prosseguir com a metáfora mecânica usada por Naranjo, Ouspensky e também Gurdjieff, para se referir a nossos comportamentos meramente automáticos, podemos nos imaginar como se fôssemos máquinas operatrizes operadas por um computador, essas máquinas de controle numérico que antecederam a instalação de robôs nas fábricas manufatureiras: programadas e postas para rodar, nossas "máquinas" nada mais fazem do que repetir as mesmas operações o tempo todo, sem alteração e sem qualquer inteligência por trás delas. Agimos como fomos "programados" para fazê-lo, até que o computador que nos comanda estabeleça outra rotina para cumprirmos, recomeçando o ciclo com algum outro hábito repetido *ad aeternum*.

Somos guiados por algum misterioso computador, portanto, sem questionar coisa alguma, porque não entendemos como funciona o sistema operacional e nem mesmo achamos que é nosso papel entendê-lo: apenas obedecemos a ele.

Talvez, depois de um tempo de exercício dessa rotina, com mais experiência, possamos ter vislumbres de percepção sobre como estamos sendo teleguiados — e então começar a pensar em alguma dose mínima de autonomia, pela qual agiremos como escolhermos, ao menos em alguns aspectos. Mas isso somente será possível se passarmos a compreender um pouco mais como funciona o computador que nos governa.

○ ○ ○

---

23 NARANJO, Claudio. *Mudar a Educação para Mudar o Mundo — O Desafio do Milênio*. Distrito Federal: Verbena, 2015.

Autoconhecimento para um mundo melhor

O "observador interno"

Ao longo deste livro, tratei de expor e discutir formas pelas quais podemos buscar o autoconhecimento fazendo uso de instrumentos de diagnóstico psicológico, métodos baseados em desenvolvimentos da neurociência, práticas espirituais e de meditação, aprofundamento do nosso conhecimento de sistemas de crenças e teorias tradicionais, como estas do Eneagrama. Tudo isso se mistura em um grande caldo, que procurei "cozinhar" nestas páginas. O que existe de comum entre todas essas ideias que apresentei é a necessidade (e a proposta) de virmos todos, os leitores e eu, a ultrapassar um nível superficial de conhecimento apenas cognitivo ou mental, para chegar a um nível mais profundo desse conhecimento, que atinja o coração, residência da nossa emoção e, enfim, da nossa essência.

Essa essência, esse "eu real", como nos ensinam os mestres, começa a se revelar a cada um de nós a partir de uma atitude que adotemos (e não é fácil adotá-la) de acionar nosso sistema de observação interna: primeiramente, ligar um radar voltado para nosso próprio interior, a fim de rastrear — sem julgamentos, mas apenas captando o que acontece — nossos pensamentos, aquele fluxo incessante de diálogos que povoa nossa cabeça no dia a dia.

Quando percebermos que podemos observar nossos próprios pensamentos, descobriremos então que somos nós mesmos tanto aquele que pensa quanto aquele que observa, aquele que pensa e os conteúdos desses pensamentos. Já estaremos, agora, no plano da consciência, começando a trilhar um caminho (ainda longo, à frente) para chegar ao nosso "eu real". Mas, para começar a ouvir esse "eu real", é mister buscar amiúde um pouco de silêncio, algum retiro, alguma solidão. No passo seguinte, faremos o mesmo, mas agora não mais com nossos pensamentos, e, sim, com nossos sentimentos.

Isso é agir de forma mais ou menos oposta a tudo que vimos sendo diariamente convidados (ou, mais que isso, forçados) a fazer no mundo de hoje. É um mundo veloz, voraz, frenético, e também superficial, enganador, ilusório. Nele, os hábitos que acabamos desenvolvendo praticamente sem sentir, os estilos de vida que adotamos e que nos afastam cada vez mais de nós mesmos, são os mais banais e mais comuns, e acabam tão arraigados em nós, que nos aprisionam, para muitos, de forma definitiva. Somente com muito esforço, exercício e persistência conseguimos, em algum grau, alterar os "mapas mentais" impressos em nossa mente e que nos levam a repetir sempre os mesmos pensamentos, sentimentos e ações, deste ou daquele modo.

Mas valerá a pena o resultado final que obteremos com essa empreitada de "remar contra a maré" e de "enfrentar as águas revoltas que vêm em nossa direção".

Capítulo 11: Lições do Eneagrama

Como afirma Claudio Naranjo, infelizmente as práticas atuais de educação não nos equipam com a disciplina de que precisaríamos para aquietar nossa mente e poder enveredar com maiores chances pelo processo do autoconhecimento. "Remar contra a maré" requer que a pessoa consiga manter constantemente e de forma eficaz um bom contato consigo mesma, para que possa pensar e sentir por si mesma.

As pessoas têm muito medo da própria consciência, adverte Naranjo. E por causa desse medo, uma importante parcela de nossa vida interior se perde, da mesma maneira como se perdem extensas e belas áreas naturais na superfície da Terra com a urbanização que vai tornando tudo mais ou menos igual.[24]

Nessas palavras, o filósofo chileno sintetiza uma mensagem que é a mesma que desejo deixar aqui, para finalizar: a de que a consciência — a autoconsciência, de fato — não apenas salva o indivíduo de uma vida mecânica, infeliz, insatisfatória e distanciada de sua verdadeira essência, como também traz plenitude e felicidade ao mundo.

Tratemos de ir, pois, em busca de nossa consciência, através de nossas jornadas pessoais, da prática do capitalismo consciente, do respeito aos antigos saberes tradicionais que nos foram legados por sábios do passado. Aprendamos com todos que nos podem ensinar: os mestres e até mesmo os nativos indígenas, cuja forma de viver, afinal de contas, respeita a natureza por se verem como parte integrante e indissolúvel dela.

Reinventemos a educação, de modo a torná-la uma prática holística. Vivamos o aqui e o agora, mas pensando que somos responsáveis pelo futuro que virá. Olhemos para o outro com generosidade, já que "todos somos um"[25]. E com isso, participemos ativamente da construção da transformação necessária.

o o o

---

24 NARANJO, Claudio, em entrevista publicada no site "Estar em si, Ciência e Espiritualidade". In: <http://estaremsi.com.br/>.

25 Como nos lembra o mestre espiritual Amit Goswami.

Anexo

Instrumentos de Diagnóstico

Gestão inteligente das emoções

Em um ambiente altamente competitivo e em constante transformação, cada vez mais as empresas prospectam executivos no mercado ou em seus próprios quadros, e avaliam criteriosamente suas qualificações afetivas para os difíceis compromissos que os esperam nos cargos que ocuparão.

Diante de tanta instabilidade e tantos desafios, esse profissional será capaz de manter o foco no que realmente interessa? Ele, ou ela, tem o autocontrole necessário para se envolver e se sair- bem de situações estressantes, sem perder a estabilidade emocional? Conseguirá se deter ao tempo suficiente no planejamento de todos os aspectos do trabalho, antes de começar a agir, sem precipitações? Poderá se mostrar confiável e convincente ao apresentar suas propostas e seus argumentos, ao negociar com outras pessoas de dentro ou de fora da companhia? Mostrará a automotivação suficiente para seguir trabalhando, sem esmorecer, mesmo quando obstáculos aparecem, ou as coisas não sem como planejado, ou, ainda, quando as soluções estão demorando muito?

Muitas são as perguntas que precisarão ser feitas — e respondidas — associadas à ocupação de um importante cargo executivo por um verdadeiro profissional, nos dias de hoje.

Nessas circunstâncias, é essencial que a empresa conheça profundamente aqueles que emprega e a quem confia os ativos, por vezes bilionários, que possui e precisa que sejam administrados e gerem resultados. Escolher mal um dirigente, mesmo que seja de um dos segmentos internos da organização, pode resultar em verdadeiro desastre, sem falar nos custos menos visíveis da perda de oportunidades.

Mas não são apenas as empresas que ganham quando podem contar com sistemas efetivos e confiáveis de *assessment* de seus dirigentes e profissionais técnicos. Também esses trabalhadores, ocupando ou não posições de nível elevado, são amplamente beneficiados, pois passam a se conhecer melhor ao obter um quadro de referência mais confiável e completo sobre suas aptidões e interesses, inclinações pessoais e valores, sentimentos se modos de pensar, pontos fortes e vulnerabilidades.

Chega a ser bizarro (ou mesmo assustador) pensar que uma grande parcela de pessoas adultas, em nosso país e no mundo, pouco sabe sobre suas inclinações pessoais e preferências profissionais. É notável a quantidade de pessoas que passa anos e anos de sua vida (quando não a vida toda) fazendo algum trabalho que, no fundo, não aprecia e nem valoriza. Muitas pessoas não têm ideia de qual possa ser sua verdadeira vocação e, na falta de melhores oportunidades (que não desencavarão, diga-se de passagem), conformam-se com uma rotina muito pouco gratificante, que assumiram praticamente por acaso, sem a terem de fato escolhido.

Ter talento (no caso da maioria das pessoas, ter, na verdade, um elenco de talentos) faz parte da natureza, é um dado em nossa vida. Mas quase sempre ele jaz adormecido no fundo de nossa mente, sem ser acessado — por tanto tempo às vezes, que a própria pessoa se surpreende quando algum estímulo fortuito a lembra de que sabe e gosta de cumprir uma dada atividade. Precisamos ser mais ativos sobre nossas capacidades potenciais, muito mais do que são as pessoas em geral.

O trabalho ocupa uma grande parte de nosso dia, portanto, ele tem de ser altamente significativo. Caso contrário, que vantagem haveria em dedicar tanto tempo e esforço a isso se não nos preenche? Se uma pessoa não sente algum prazer no que faz ou, pior ainda, não consegue enxergar nessa atividade algum propósito válido, certamente ela se perfilará na imensa classe dos que são infelizes profissionalmente, candidatos a esparramar essa infelicidade nas demais instâncias de sua vida.

Autoconhecimento para um mundo melhor

Quanto a nós, da Fellipelli, sabemos bem que precisamos todos trabalhar para eliminar, ou pelo menos reduzir a incidência de casos desse tipo. E sabemos também que fazê-lo requer um trabalho árduo, pois a conduta humana é uma área de estudo altamente sofisticada e complexa. Se queremos, de fato, ter algum resultado trabalhando nela, precisamos encarar a missão como ambiciosa e difícil, dando tudo de nós em prol dela.

Em processos de recrutamento e seleção e em projetos de educação profissional, cada vez mais as empresas fazem uso de testes psicológicos e instrumentos de diagnóstico e prognóstico, em que buscam definir padrões de personalidade, traços pessoais característicos, estados afetivos mais comuns ou comportamentos observáveis dos executivos e outros profissionais que precisam conhecer bem.

É preciso que esses instrumentos de avaliação sejam confiáveis, entretanto, para não produzirem visões falsas, incompletas ou mal direcionadas dos sujeitos avaliados. Além disso, é fundamental que tais instrumentos sejam bem aplicados, com critérios válidos e por analistas bem treinados, para não haver distorções nos resultados obtidos. Se um mau instrumento é utilizado, ou se um bom instrumento é mal utilizado, os resultados simplesmente não são confiáveis. O grande problema é que nem sempre está claro que estamos frente a frente com uma dessa duas possibilidades.

Entretanto, se algo assim acontece, o prejuízo — em vários sentidos: financeiro, de tempo, psicológico, administrativo etc. — pode ser enorme. Para evitar que tais problemas aconteçam e para otimizar, nas empresas, a dinâmica das atividades de recrutamento, seleção, educação corporativa e formação de equipes de trabalho, a Fellipelli oferece uma ampla e rica gama de instrumentos de *assessment*.

○ ○ ○

Assessment e autoconhecimento

Quando entramos em contato com muitas organizações, de diferentes segmentos, portes e ramos de atividade, percebemos que sua experiência anterior sempre inclui muitas situações novas e desafiadoras, algumas que lhes foram impostas pelo mercado, pela economia, por mudanças de governo etc., e outras decorrentes de iniciativas próprias da empresa, no intuito de ampliar suas atividades, consolidar-se em um mercado, corresponder a uma nova tendência, perenizar-se, ganhar em agilidade ou em lucratividade etc.

Instrumentos de Diagnóstico

Também percebemos que muitas dessas transformações, adotadas como resposta a situações que lhes são colocadas ou autoimpostas, podem ser bastante parecidas com aquelas de outras organizações, que por vezes são similares, e por vezes, não.

Quase sempre, tais mudanças implicam em remanejamento de quadros executivos e técnicos, por vezes até de grandes proporções: dirigentes aposentam-se, passam ao Conselho de Direção, deixam a empresa, mudam de área ou de cargo, novas posições executivas são criadas, prenuncia-se uma sucessão, duas organizações se fundem em uma só... e, em todas essas situações, a consequência é, quase inevitavelmente, a necessidade de se escolher alguém novo para uma posição que se abre. Sobrevém, então, a tarefa de avaliar pessoas que possam ocupar a nova posição.

Mesmo quando aqueles que decidirão qual candidato ocupará a vaga estão atentos ao processo e conhecem bem a função a ser desempenhada, dificilmente esses decisores conhecerão com a profundidade necessária as qualificações que os eventuais candidatos — internos ou externos — trazem para oferecer aos seus contratantes. Mesmo quando um ou mais desses candidatos já trabalham sob as ordens do executivo que fará a escolha, esse conhecimento ainda é falho, requerendo uma adequada instrumentação, por meio de informações relevantes que possam aumentar a garantia de que a escolha será a melhor.

A sucessão de Jack Welch por Jeff Immelt na General Electric Company, em 2001, é emblemática nesse sentido. Foram necessários seis anos e cinco meses para a escolha do sucessor, que veio de uma lista inicial de 40 eventuais candidatos, que passaram a ser 23, depois 10 e, por fim, 3 postulantes altamente qualificados, até que Immelt fosse finalmente escolhido. Por mais que conhecesse a empresa e seus altos executivos, depois de passar 20 anos no cargo máximo da empresa, Welch, ainda assim, precisou submeter seus candidatos a um exaustivo processo de avaliação continuada, a fim de conhecê-los melhor e poder fazer a melhor escolha.

Para isso existem as ferramentas de *assessment*: elas são um extraordinário auxílio aos decisores no preenchimento de uma posição estratégica na empresa, por ajudarem a identificar aptidões, conhecimentos, atitudes, competências, experiências e capacidades potenciais capazes de tornar o prognóstico muito mais confiável. Para os próprios candidatos avaliados, submeter-se a um programa de *assessment* lhes permitirá mergulhar dentro de si mesmos, buscando um autoconhecimento que raramente se consegue em outros tipos de situação.

É isso que faz a Fellipelli. Atuando há quase 30 anos no mercado de consultoria e orientação vocacional, ela representa algumas conceituadas empresas especializadas em instrumentos de *assessment*, nominalmente:

- Consulting Psychologists Press

- Team Management Systems

- Birkman International Inc.

- Lockwood Leadership no Brasil

Contando com a extraordinária expertise desses parceiros, nossa missão consiste em assegurar, para as empresas que atendemos, ganhos de performance expressivos e consistentes, o que conseguirmos provendo soluções efetivas de *assessment*, em prol da competitividade e da eficiência desses clientes.

Aliás, a Fellipelli é reconhecida em âmbito nacional como a melhor consultoria de RH trabalhando com instrumentos de *assessment* voltados ao diagnóstico e ao desenvolvimento de executivos. Paralelamente, e associadas a tais atividades, ela oferece também palestras, cursos e outras formas de educação profissional customizadas, isto é, direcionadas às necessidades específicas de cada cliente.

Por sinal, as iniciativas de nossa empresa nestes últimos anos demonstram seu comprometimento com a alta performance desses clientes.

○○○

Os melhores instrumentos de *assessment*

Poderemos agora conhecer alguns dos principais instrumentos de *assessment* utilizados pela Fellipelli.

MBTI® STEP I™ E STEP II™

O MBTI® (Myers-Briggs Type Indicator) é considerado um dos testes de personalidade mais populares do mundo. Foi criado durante a Segunda Guerra Mundial, pela psicóloga norte-americana Isabel Briggs Myers e sua mãe, Katharine Briggs.

Fundamentado na teoria dos tipos psicológicos de Carl Jung, o MBTI® se compõe de um questionário cujas respostas, ao serem tabuladas, mapeiam diferenças claras existentes entre as pessoas.

O MBTI® funciona, portanto, como uma ferramenta capaz de desenvolver nas pessoas uma maior consciência sobre algumas de suas características individuais mais importantes para o trabalho e a vida, tais como seus talentos, suas inclinações afetivas, suas tendências de comportamento e seus traços facilitadores e dificultadores para a execução de determinados trabalhos.

Ao apontar as características psicológicas predominantes na pessoa que se submete ao teste, o MBTI® a ajuda a descobrir quais seriam suas perspectivas mais promissoras em termos de vida profissional e evolução na carreira. Ele, além disso, abre caminhos para um efetivo autodesenvolvimento nas demais áreas da vida.

Figura A.1 MBTI® (Myers-Briggs Type Indicator).

O MBTI® é apresentado em duas fases ou versões: o MBTI STEP I™ classifica as preferências pessoais das pessoas em quatro comparações aos pares:

- Energização (I-E)
- Coleta de informação (S-N)
- Tomada de decisão (T-F)
- Estilo de vida (J-P)

Em cada par, o avaliando escolhe uma das letras, e tendo-a escolhido em cada par, os resultados que obtiver serão identificados por uma sigla de quatro letras, por exemplo: ISFP ou ESTJ. Evidentemente há 16 combinações possíveis, cada qual significando um perfil específico do respondente.

A versão MBTI STEP II™ replica a tipologia do MBTI STEP I™ apontada anteriormente, mas vai além, expandindo os usos da ferramenta. Por meio desse instrumento, reclassificaremos os pares, desdobrando cada um deles em cinco subcategorias. Teremos, então, 20 combinações envolvendo os quatro pares. Essas combinações destacam e exploram mais profundamente os traços de personalidade de cada participante.

O MBTI® pode ser empregado por grandes e por pequenas companhias, em diversos cenários e situações. Por exemplo, é um instrumento valioso para orientar processos de coaching executivo, para aprofundar o autoconhecimento pessoal do avaliando, para facilitar os processos de aconselhamento vocacional e de carreira e para permitir maior profundidade em programas de desenvolvimento gerencial, desenvolvimento organizacional, educação para a liderança e formação de equipes de alta performance.

BIRKMAN®

Idealizado por Roger Birkman, consultor norte-americano que se tornou um herói da Segunda Guerra Mundial pilotando um bombardeiro B-17, o método BIRKMAN® é uma avaliação psicológica do indivíduo em sua relação com seu ambiente de trabalho.

Suas reflexões a respeito começaram quando Roger observou que os demais pilotos da equipe, seus colegas, tinham reações muito distintas entre si aos mesmos estímulos perturbadores e estressantes a que eram submetidos quando em combate. Motivado pela experiência e fascinado pelas descobertas que fazia, Roger começou a estudar com afinco os testes de aptidão, a fim de conhecer as percepções que as pessoas tinham no trabalho, bem como as influências que as levavam a essa forma de reagir.

O resultado dessa sua aplicação ao problema veio a ser o "Teste de Compreensão Social", que se tornaria mais tarde o supertestado BIRKMAN®, que utilizamos atualmente.

Esse teste, o BIRKMAN®, mostrou-se extremamente inovador para sua época, ao focar na autopercepção dos trabalhadores, aspecto até então pouco explorado pela psicologia.

Complementarmente, Roger Birkman tratou de analisar também o comportamento humano em situações de estresse. Ele queria entender, por essa via, por que

Instrumentos de Diagnóstico 279

cada pessoa apresenta uma reação tão diferente e especificamente sua diante de problemas tão semelhantes.

As respostas dadas pelo avaliando submetido ao BIRKMAN® geram um relatório estruturado em quatro módulos principais.

Primeiro módulo: Life® Style Grid

O primeiro desses módulos é o Life® Style Grid, um gráfico mostrando um sistema de coordenadas em que quadrantes são gerados mediante o cruzamento de dois eixos perpendiculares:

pessoas <--> tarefas
ação <--> reflexão

Os quatro quadrantes gerado são:

- Interesses

- Estilo usual

- Necessidades

- Sob tensão

Cada um desses tópicos situa-se em um quadrante. E a cada tópico correspondem ainda quatro símbolos específicos, representados por cores. Por exemplo, quando o tópico Estilo Usual é apresentado na cor amarela, isso é indicativo de que o foco está na reflexão e nas tarefas voltadas para questões administrativas.

Segundo módulo: "Componentes"

Neste segundo módulo, o instrumento focaliza os chamados "pontos de consciência" para 11 diferentes posições possíveis nas seguintes dimensões:

- Relacionamento interpessoal

- Programação

- Solução de conflitos

- Tomada de decisões

- Avaliação de risco

Terceiro módulo: "Áreas de interesse"

Neste módulo, o instrumento focaliza dez áreas de intensidade e aptidão, referentes às quatro cores já mencionadas.

Quarto módulo: "Foco organizacional"

Finalmente, o quarto módulo posiciona o respondente em uma hierarquia de aptidões, levando em conta as áreas nas quais ele se sente mais à vontade trabalhando e levando em conta, novamente, as quatro cores.

Figura A.2 BIRKMAN®.

Reconhecido internacionalmente como um dos instrumentos de *assessment* mais completos que o mercado oferece, o BIRKMAN® é, portanto, um recurso polivalente, que pode ser aplicado em uma ampla gama de situações. Com ele podem-se diagnosticar perfis pessoais, necessidades pessoais do avaliando, necessidades implícitas em sua conduta e áreas de interesse.

Além disso, os resultados tabulados do instrumento são consolidados em um relatório que já se revelou um excelente guia de orientação em processos de coaching. Essas informações já se mostraram úteis também para favorecer uma melhor compreensão dos processos de relacionamento interpessoal do avaliando e de suas necessidades em outras áreas em que classicamente se realizam programas de educação gerencial, tais com comunicação, mudança organizacional, interação na equipe, tomada de decisões, manutenção do equilíbrio entre vida pessoal e profissional.

EQi-2.0®

EQi-2.0®, sigla para Emotional Quotient Inventory (Inventário de Quociente Emocional), é uma escala avaliativa numérica destinada a mensurar a Inteligência Emocional (IE) da pessoa, bem como seus efeitos (positivos ou negativos) no ambiente de trabalho.

Inteligência Emocional pode ser entendida, para fins de uso deste instrumento, como sendo a forma como se manifestam na prática as percepções e reações que uma pessoa tem de seus relacionamentos sociais, afetivos e profissionais — ou seja, a forma como a pessoa encara a ampla gama de diferentes circunstâncias e desafios que se apresentam na vida de qualquer um de nós.

Assim, embora o conceito de Inteligência Emocional, tomado isoladamente, não permita fazer uma previsão acurada do comportamento humano ou do desenvolvimento, pela pessoa, de suas potencialidades, ele não deixa de ser um sinalizador importante para esse fim.

Figura A.3 EQi-2.0®

O instrumento EQi-2.0®, também chamado IE Total, compõe-se de 5 escalas abrangentes, dentro das quais encontram-se outras 15 subescalas, correspondendo, em grupos de 3, a cada escala abrangente. Os resultados tabulados das respostas dadas pelo sujeito a essas subescalas oferece um retrato bem detalhado do estado de bem-estar da pessoa submetida ao instrumento.

As cinco escalas abrangentes e respectivas subescalas são:

- Autopercepção
  - Autoestima
  - Autorrealização
  - Consciência emocional
- Autoexpressão
  - Expressão emocional
  - Assertividade

- Independência

- Interpessoal

  - Relacionamentos interpessoais

  - Empatia

  - Responsabilidade social

- Tomada de decisões

  - Solução de problemas

  - Teste de realidade

  - Controle dos impulso

- Gerenciamento do estresse

  - Flexibilidade

  - Tolerância ao estresse

  - Otimismo

Frequentemente, quando se fala em IE, vem à baila a questão da felicidade, razão por que vale a pena mencionar como o EQ-i 2.0® encara essa questão.

O instrumento não chega a dar uma atenção especial à felicidade, pois, em sua estrutura, a encara muito mais como um produto ou consequência do bom uso da Inteligência Emocional do que como um fator em si contribuindo para esta. Por essa razão, a felicidade não é tomada em consideração, ao menos não diretamente, na formulação da pontuação total em IE obtida pelo avaliando. Em compensação, 4 daquelas 15 subescalas dadas antes costumam ser claramente associadas à felicidade do indivíduo: otimismo, relações interpessoais, autoestima e autorrealização.

Quando se utiliza o método EQ-i 2.0® em processos de *assessment*, dois relatórios são gerados: um destinado ao coach, e outro, ao coachee. Obviamente eles são complementares — apenas apresentam os dados necessários a cada parte, de acordo com as expectativas de utilização de tais informações por parte de um e de outro. Porém, ambos os relatórios fundamentam suas conclusões nas relações de equilíbrio ou desequilíbrio, conforme o caso, reveladas pelas pontuações obtidas nas 15 subescalas. Essas informações explicam e discutem também os porquês desses (des)equilíbrios, sendo, portanto, bastante elucidativas e não se restringindo a dados brutos.

Instrumentos de Diagnóstico

O EQi-2.0® é frequentemente empregado em processos de educação corporativa e programas de treinamento e desenvolvimento individual e grupal. Por gerar dados passíveis de mensuração, o instrumento favorece o adequado mapeamento dos comportamentos funcionais e disfuncionais do avaliando, tanto no âmbito pessoal quanto profissional, dessa forma sugerindo caminhos úteis para o estabelecimento de uma estratégia de desenvolvimento específica para cada respondente.

TMP®

Esse instrumento opera oferecendo uma melhor compreensão das preferências profissionais do sujeito avaliado, partindo do pressuposto de que conhecer mais profundamente essas preferências é uma condição crítica para a obtenção de uma performance de qualidade, seja por parte de um colaborador, de uma equipe de colaboradores ou de toda uma organização.

O TMP® investiga especificamente as orientações individuais do avaliando em relação às funções que exerce no trabalho, e, assim, permite uma mais fácil realização de suas potencialidades, quando ainda não plenamente desabrochadas, em competências tais como as de liderança, tomada de decisão, relacionamento interpessoal e participação no trabalho em equipe.

Os idealizadores desse instrumento, o TMP®, foram os pesquisadores e consultores Charles Margerison e Dick McCann. Eles justificam a criação dessa metodologia argumentando que "cada um de nós aborda seu trabalho de forma diferente — pensamos de modo diferente, planejamos de modo diferente e nos comunicamos uns com os outros de modo diferente. Alguns aspectos de nosso trabalho interessam-nos claramente mais do que interessam aos outros, e é por isso que sempre tendemos a enfatizar mais nossas próprias atividades, quando as comparamos às das demais pessoas".

Figura A.4 TMP®

O Relatório Individual (RI) que resulta da aplicação do instrumento TMP® discorre sobre diversos aspectos do trabalho do avaliando. Após uma introdução explicando o instrumento e as métricas que utiliza, discorre sobre as questões mais fundamentais no trabalho do avaliando: uma visão geral de seu papel no trabalho e seus pontos fortes em:

- Liderança
- Tomada de decisões
- Habilidades interpessoais
- Formação de equipes

O RI também apresenta:

- Áreas para autoavaliação

- Pontos-chave do papel principal

- Papéis secundários

- Distribuição das preferências na roda de gestão de equipes

- Integração

A utilização desse instrumento, o TMP®, em processos de *assessment* traz vários benefícios também ao universo corporativo como um todo. Entre eles, temos verificado com maior assiduidade melhoras em áreas tais como:

- Engajamento dos colaboradores.

- Gestão de talentos.

- Níveis de retenção.

- Comprometimento com a empresa e o trabalho, reconhecimento.

- Otimização da diversidade profissional.

- Designação de trabalhos levando em conta as potencialidades individuais.

- Redução de conflitos.

- Comunicação mais eficiente.

- Uso de modelos eficazes de gestão e liderança.

- Aceleração do desenvolvimento de equipes em estágios iniciais.

- Equipes de trabalho mais unidas e equilibradas.

- Menor resistência a mudanças e aos desafios do trabalho.

TKI®

Criado no início da década de 1970 pelos pesquisadores e consultores norte-americanos Kenneth W. Thomas e Ralph H. Kilmann, esse instrumento, o TKI®, é chamado assim como uma referência aos nomes de seus autores. Seu nome por extenso é

Thomas-Kilmann Conflict Mode Instrument, e trata-se de uma valiosa ferramenta destinada a favorecer o desenvolvimento de equipes.

Por meio das respostas a um questionário especializado, o TKI® identifica, descreve e explica traços comportamentais das pessoas presentes em conflitos interpessoais, propondo para lidar com estes uma abordagem ajustada aos traços encontrados.

Figura A.5 TKI®

O questionário empregado no instrumento TKI® compõe-se de 30 questões que focam na identificação das preferências pessoais do avaliando e na intensidade dessas preferências.

O estilo individual do respondente é revelado e representado em um gráfico, um sistema de coordenadas em que se cruzam duas dimensões: assertividade e cooperação.

De acordo com a intensidade encontrada na escala formada em cada eixo, o estilo do respondente aparece nitidamente, podendo recair em cinco categorias, que são:

- Competindo
- Colaborando
- Conciliando
- Evitando

- Concedendo

Cada estilo tem características próprias, que podem ser positivas ou negativas, e que aparecem nitidamente no resultado final.

Presente no mercado há mais de 40 anos, o instrumento TKI® continua sendo um recurso totalmente atualizado, tendo sido consagrado nos círculos especializados como o principal método de análise comportamental para se lidar com conflitos.

O instrumento pode ser útil em diversos contextos, tais como:

- Formação de equipes
- Desenvolvimento gerencial
- Treinamento em negociação
- Gerenciamento de crises
- Aconselhamento matrimonial e familiar

Firo-B®

O Firo-B® é um instrumento voltado para a análise dos comportamentos das pessoas, mais especificamente aquele que elas apresentam em suas relações interpessoais. Muito conhecido, o Firo-B® existe neste segmento de mercado de ferramentas de *assessment* há mais de 50 anos. Foi criado por um renomado psicólogo, professor e pesquisador de Harvard e da UCLA (Universidade da Califórnia, *campus* de Los Angeles, nos EUA), Will Schutz.

Descrito sumariamente, o instrumento mostra como as demandas e carências pessoais do avaliando influenciam seus relacionamentos interpessoais, e, além disso, aponta formas válidas pelas quais o sujeito pode chegar a uma conciliação entre sua própria satisfação individual e o respeito aos interesses das demais pessoas com quem trabalha e convive.

A avaliação comportamental nesse instrumento é feita pelo uso de um "indicador de necessidades interpessoais", que sinaliza de que formas o sujeito geralmente age em seus relacionamentos e como gostaria que os outros agissem para com ele — isso quanto a três necessidades sociais fundamentais, que são:

- Inclusão

- Controle
- Afeição

A aplicação do instrumento é feita mediante um questionário de 54 perguntas feitas ao sujeito. Suas respostas permitem identificar a frequência e a intensidade dessas três necessidades em seus relacionamentos, revelando em detalhes como o respondente atua em relação às outras pessoas e o que espera delas.

Figura A.6 Firo-B®

O Firo-B® tem diversas aplicações em áreas tais como:

- Processos de coaching
- Comunicação
- Dinâmicas interpessoais
- Liderança
- Formação e gestão de equipes

Encerramento

Evoluir dói!

Achei muito interessante essa frase, que inicia um texto publicado no Facebook e que chegou a mim apenas por acaso, como frequentemente acontece nas mídias sociais. Concluí que ela merece uma atenção especial, mais por aquilo que esconde do que por aquilo que revela, e decidi que ela pode ser perfeitamente o ponto de partida para as últimas reflexões que agora faço neste livro.

Começo chamando a atenção do leitor para o fato de que ela reúne duas metáforas: ambas as palavras estão sendo usadas coloquialmente, sem rigor metodológico, sem significarem o que originalmente elas querem dizer.

A primeira dessas palavras é "evoluir". Esse verbo não está sendo usado aqui em seu sentido original, que é o da transformação progressiva de uma espécie, por seleção natural. Não se trata de fato disso. Evoluir, neste caso, quer dizer apenas tornar-se um ser humano melhor, ganhar mais sabedoria, maturidade na vida.

Também a outra palavra — "dói" — é usada como uma metáfora. A intenção, aqui, não é se referir a uma dor física, isto é, à sensação incômoda em uma parte do corpo (a cabeça, as costas, o pé) trazida pelo excitamento dos terminais nervosos locais. Não. A "dor", neste caso, é psíquica, moral. É uma dor da alma, um sofrimento emocional.

Quando dizemos, então, que "evoluir dói", queremos dizer que, para se tornar uma pessoa melhor, você precisa que algum tipo de sofrimento sobrevenha: você sentirá os incômodos do desenvolvimento antes de conseguir desfrutar dele.

Por exemplo, quando crescemos como indivíduo e como pessoa, perdemos amigos, pois saímos de nossa anterior sintonia com eles: convivíamos harmonicamente em uma zona de conforto para ambos, que já não existe. Muitas pessoas que se sentiam bem estando conosco já não se sentirão assim. A partir de nossa mudança, elas não mais reconhecerão em nós aquela pessoa de quem gostavam, em quem confiavam. "Você mudou!", nos dirão, talvez com um ar de estranheza no rosto.

Quando crescemos, acabamos, quase sem o percebermos, fazendo também certo balanço de nossa vida anterior: reavaliamos quem fomos, o que decidimos, sentimos, pensamos, fizemos... E, provavelmente, enxergaremos em outra perspectiva esses nossos atos anteriores. Alguns que até então nos pareceram acertados poderão ser agora vistos como inadequados, ao passo que opções que havíamos desprezado ou ignorado irão, daqui por diante (tarde demais!), nos parecer mais atraentes.

Em muitos casos ainda, perceberemos que mesmos as emoções que experimentamos em ocasiões do passado não foram as melhores. Talvez tenhamos ficado tristes por coisas que não chegaram a ser perdas assim tão importantes; talvez constatemos que exultamos, no passado, com êxitos meio bobos, que no fundo não valeram tanto a pena; ou talvez lembremos que sentimos raiva e brigamos com pessoas que, afinal de contas, estavam certas no que defendiam, ou que, pelo menos, tinham um ponto de vista justificável para se opor ao que pretendíamos.

Pior ainda: talvez, ao reexaminarmos nossos trajetos pessoais, profissionais ou cívicos do passado, venhamos a concluir que fizemos escolhas bastante inadequadas, que nos custaram montanhas de dinheiro, inconcebíveis esforços ou noites e noites perdidas de preocupação, sem que isso tivesse resultado positivo para nós ou para aqueles a quem amamos.

Sim, "evoluir dói"!

Mas também é verdade que essa dor passará. Em algum momento posterior, você notará que ela já terá se tornado mais suportável, e que depois o incomodará ainda menos, cada vez menos, chegando a lhe parecer nada mais importante que uma... coceira. E em algum momento ainda posterior, tempos depois, você de repente tomará consciência de que sua dor simplesmente... sumiu!

Na verdade, aquela sua dor terá dado lugar a outro sentimento: o de maior certeza, o de maior segurança em relação ao que considera verdadeiro, autêntico, saudável. A um sentimento de maior capacidade para apreender as coisas ao redor, de maior eficácia nas decisões sobre o que fazer a respeito das coisas da vida.

E amigos também virão, em decorrência — novos amigos, provavelmente mais afinados com aquilo que você agora é, diferentemente do que foi. Mas, possivelmente, também seus velhos amigos, ou alguns deles, retornarão, pois também eles terão mudado, como você. Ou talvez até você perceba que eles mudaram *porque* você mudou, uma coisa puxando a outra!

Sim, evoluir não apenas dói, mas também deleita, traz prazer!

○ ○ ○

Referências bibliográficas

- AKOUN, André *et al. Os 10 grandes do inconsciente.* Paris/Lisboa/São Paulo: Centre d'Études et de Promotion de la Lecture (Paris, França) e Ed. Verbo (Lisboa, Portugal; São Paulo, Brasil), 1979 (tradução de Geminiano Cascais Franco).

- BASTOS, Antônio Virgilio Bittencourt Bastos; GALVÃO-MARTINS, Ana Helena Caldeira. "O que pode fazer o psicólogo organizacional". Brasilia-DF: *Psicologia: Ciência e Profissão.* vol. 10, nº 1, 1990.

- BEAR, Mark F.; CONNORS, Barry W.; PARADISO, Michael A. *Neurociências: Desvendando o Sistema Nervoso.* Porto Alegre: Artmed, 4ª edição, 2017 (tradução e revisão de Carla Dalmaz, Jorge Alberto Quilifeldt e Maria Elisa Calcagnotto).

- BENNETT, J.G. *O Eneagrama.* São Paulo: Ed. Pensamento, 1985 (tradução de Daniel C. da Silva).

- BHAT, Nilima; SISODIA, Raj. *Liderança Shakti: O Equilíbrio do Poder Feminino e Masculino nos Negócios.* São Paulo: Alta Books, 2018.

- BRIERLEY, Marjorie, *apud* Charles Rycroft. *Dicionário Crítico de Psicanálise.* Rio de Janeiro: Ed. Imago, 1975 (tradução de José Octávio de Aguiar Abreu).

- CARROLL, Lewis. *Alice no País das Maravilhas*. Porto Alegre: L&PM, 1998 (tradução de Rosaura Eichenberg).

- CHAUÍ, Marilena. *Convite à Filosofia*. São Paulo: Ática, [s. d.].

- COVEY, Stephen R. *Os Sete Hábitos das Pessoas Altamente Eficazes* (miniedição). São Paulo: Best Seller, 2009, 80p. (tradução de Claudia Gerpe Duarte).

- CSIKSZENTMIHALYY, Mihaly. *Flow: The Psychology of Optimal Experience*. New York: Harper Collins, 2008.

- DALAI LAMA; MUYZENBERG, Laurens Van Den. *Liderança para um Mundo Melhor — Como Aplicar os Conceitos Budistas aos Negócios e Tornar Sua Empresa Mais Bem-sucedida*. Rio de Janeiro: Sextante, [s. d.].

- DAMÁSIO, António R. *O Erro de Descartes — Emoção, Razão e o Cérebro Humano*. São Paulo: Companhia das Letras, 2012 (tradução de Dora Vicente e Georgina Segurado).

- _____. *O Mistério da Consciência — Do Corpo e das Emoções ao Conhecimento em Si*. São Paulo: Companhia das Letras, 2015 (tradução de Laura Teixeira Motta, revisão técnica de Luiz Henrique Martins Castro).

- _____. *A Estranha Ordem das Coisas — As Origens Biológicas dos Sentimentos e da Cultura*. São Paulo: Companhia das Letras, 2018 (tradução de Laura Teixeira Motta).

- DARWIN, Charles. *A Expressão das Emoções no Homem e nos Animais*. São Paulo: Companhia das Letras, 2000.

- DE BONO, Edward. *Po: Beyond Yes and No*. Middlesex: Penguin Books, 1972.

- DE MASI, Domenico; TOSCANI, Oliviero. *A Felicidade*. São Paulo: Globo, 2012.

- DIAMANDIS, Peter H.; KOTLER, Steven. *Oportunidades Exponenciais*. São Paulo: HSM, 2016.

- DINIZ, Daniela. "O novo papel do RH envolve a estratégia da empresa". *Exame*, edição online. In: <https://exame.abril.com.br/carreira/o-novo-papel-do-rh/>. Postado em: 08/05/2015, 13h59. Acesso em: 10/03/2019, 05h18.

- DOWBOR, Ladislau. *A Era do Capital Improdutivo — A Nova Arquitetura do Poder*. São Paulo: Outras Palavras & Autonomia Literária, 2017.

- DUHIGG, Charles. *O Poder do Hábito: Por que Fazemos o que Fazemos na Vida e nos Negócios*. Rio de Janeiro: Objetiva, 2012.

- DWECK, Carol S. *Mindset: How You Can Fulfill Your Potential*. New York: Ballantine Books, 2008.

- FREUD, S. *Obras Completas*. Madrid: Biblioteca Nueva, 1981 (1900).

- _____. *La Interpretación de los Sueños*. Obras Completas. Madrid: Biblioteca Nueva, 1981 (1932).

- GLEISER, Marcelo. "As três origens". São Paulo: *Folha de S.Paulo*. suplemento "Mais!", 1º/07/2001, p. 27.

- GOLEMAN, Daniel. *Trabalhando com a Inteligência Emocional*. Rio de Janeiro: Objetiva, 1999.

- _____; BOYATZIS, Richard E.; MCKEE, Anne. *O Poder da Inteligência Emocional: A Experiência de Liderar com Sensibilidade e Eficácia*. Rio de Janeiro: Campus, 2002.

- GURDJIEFF, G.I. *Encontros com Homens Notáveis*, São Paulo: Pensamento, 1974.

- HARARI, Yuval Noah. *Sapiens — Uma Breve História da Humanidade*. Porto Alegre: L&PM, 2015.

- HARARI, Yuval Noah. *21 Lições para o Século 21*. São Paulo: Companhia das Letras, 2018, 441p. (tradução de Paulo Geiger).

- HORNEY, Karen. *Conheça-se a Si Mesmo*. 12ª ed. Rio de Janeiro: Bertrand Brasil, 1991.

- HUNT, Lynn. *A Invenção dos Direitos Humanos*. São Paulo: Companhia das Letras, 2012.

- ICHAZO, Oscar. *Textos Sufis*. Rio de Janeiro: Edições Dervish, 1985.

- JUNG, C.G. *Tipos Psicológicos*. Petrópolis: Vozes, 1971 (tradução de Álvaro Cabral).

Referências bibliográficas

- _____. *Psicologia da Religião Oriental e Ocidental*. Petrópolis: Vozes, 1983.

- _____. *Presente e Futuro*. Petrópolis: Vozes, 1989.

- KHANEMAN, David. *Rápido e Devagar — Duas Formas de Pensar*. Rio de Janeiro: Objetiva, 2012 (tradução de Cássio Arantes Leite).

- LAPLANCHE, D.; PONTALIS, J. B. *Vocabulário da Psicanálise*. São Paulo: Martins Fontes, 1994 (tradução de Pedro Tamen).

- LE GOFF, Jacques. *A Civilização do Ocidente Medieval*. Petrópolis: Vozes, 2016 (tradução de Monica Stahel).

- MACKEY, John; SISODIA, Raj. *Capitalismo Consciente — Como Libertar o Espírito Heroico dos Negócios*. São Paulo: HSM , 2014.

- MENEZES, Marcos Antonio de. "Representações do espaço urbano de Paris no século XIX, vistas através da poesia de Baudelaire". Florianópolis: *XXVIII Simpósio Nacional de História*,Florianópolis-SC, 27 a 31/07/2015. In: <http://www.snh2015.anpuh.org/resources/anais/39/1433446570_ARQUIVO_REPRESENTACOESDOESPACOURBANO.pdf>.

- NAÍM, Moisés. "A polarização é global". São Paulo: *O Estado de S. Paulo*, edição de 21/01/2019, p. A12 (tradução de Terezinha Martino).

- NARANJO, Claudio. *Os Nove Tipos de Personalidade — Um Estudo do Caráter Humano através do Eneagrama*. Rio de Janeiro: Objetiva, 1997.

- _____. *Autoconocimiento Transformador. Los Eneatipos en la Vida, la Literatura y la cCínica*. Vitoria: Ediciones La Llave, 1999.

- _____. *El Eneagrama de la sociedad*. Vitoria: Ediciones La Llave, 2011.

- _____. *Mudar a Educação para Mudar o Mundo — O Desafio do Milênio*. [S. L.]: Ed. Verbena, 2015.

- OUSPENSKY, P.D. *Psicologia da Evolução Possível ao Homem*. São Paulo: Pensamento, 1997.

- PALMER, Harry. *Vivendo Deliberadamente: A Descoberta e o Desenvolvimento do Avatar*. São Paulo: Gente, 2001.

- PASQUALI, Luiz Pasquali. "Histórico dos Instrumentos Psicológicos". *NNCE — Núcleo de Neuropsicologia Clínica e Experimental*. In: <http://www.

nnce.org/Arquivos/Aulas/bioestatistica/3-pasquali-instrumentacao.pdf.. Acesso em: 06/01/2019, 12h54.

- PERLS *et al*. *Gestalt-terapia*. São Paulo: Summus, 1997 (tradução de Fernando Rosa Ribeiro).

- PIKETTY, Thomas. *O Capital no Século XXI*. São Paulo: Intrínseca, 2014.

- PINKER, Steven. *O Novo Iluminismo — Em Defesa da Razão, da Ciência e do Humanismo*. São Paulo: Companhia das Letras, 2018.

- PINTO, Paulo Roberto Margutti. "Reflexões sobre a vaidade dos homens: Hume e Matias Aires". *Kriterion: Revista de Filosofia*. Belo Horizonte: vol. 44, nº 108, julho-dezembro de 2003.

- RICARD, Matthieu; THUAN, Trinh Xuan. *The Quantum and the Lotus — A Journey to the Frontiers where Science and Buddhism Meet*. [S. l.]: Broadway Books, 2004.

- ROHR, R.; EBERT, A.. *O Eneagrama — As Nove Faces da Alma*. Petrópolis: Vozes, 2005.

- ROONEY, Anne. *A História da Neurociência — Como Desvendar os Mistérios do Cérebro e da Consciência*. São Paulo: M.Books, 2018, 208p.

- SACKS, Oliver. *O Homem que Confundiu sua Mulher com um Chapéu*. São Paulo: Companhia das Letras, 2016, 202p. (tradução de Laura Teixeira Motta).

- SCHULTZ, Duane P; SCHULTZ, Sydney Ellen. *História da Psicologia Moderna*. 10ª ed. São Paulo: Cengage Learning, 2016.

- SCHUMACHER, E.F. *O Negócio é Ser pequeno*. Rio de Janeiro: Zahar, 1979, (tradução de Otávio Alves Velho).

- SCHWAB, Klaus. *A Quarta Revolução Industrial*. São Paulo: Edipro, 2016.

- SILVEIRA, Nise da. *Jung: Vida e Obra*. 7ª ed. Rio de Janeiro: Paz e Terra, 1981.

- SISODIA, Raj; WOLFE, David B.; SHETH, Jag. *Empresas Humanizadas — Pessoas. Propósito. Performance*. São Paulo: Instituto Capitalismo Consciente, 2015.

- SMITH, Adam. *A Riqueza das Nações*. São Paulo: Saraiva, 2010.

- STEIN, Steven J. *The EQ Leader: Instilling Passion, Creating Shared Goals, and Building Meaningful Organizations through Emotional Intelligence*. [S. l.]: John Wiley & Sons, 2017.

- _____; BOOK, Howard E. *EQ Edge: Emotional Intelligence and Your Success Paperback*. 3ª ed. [S. l.]: Jossey-Bass, 2011.

- TRUC, Gonzaga. *História da Filosofia — O Drama do Pensamento através dos Séculos*. Porto Alegre: Globo, 1968.

- WILBER, Ken. *A Theory of Everything: An Integral Vision for Business, Politics, Science, and Spirituality* (versão condensada). Boston: Shambhala Publications, 2000 (texto condensado por Copthorne Macdonald e publicado em *Integralis: Journal of Integral Consciousness, Culture, and Science*, vol. 10).

Fonte da Imagens:

- *Fonte: https://www.mbtionline.com/TaketheMBTI Fonte: https://www.mbtionline.com/TaketheMBTI*

- *Fonte: https://birkman.com/*

- *Fonte: https://www.fellipelli.com.br/ferramentas-de-assessment/*

Índice

A

Adam Milo, teste, 51

administração científica, 63

Alfred Binet, 45

aprendizado de máquina, 72

arquétipos junguianos, 235

assessment, 45–47

autoconhecimento, 3–4

autodiagnóstico, 31

autoestima, 23

B

Barack Obama, 40

Base Nacional Comum Curricular (BNCC), 11

Brain Map, 31–32

Brexit, 197

C

caminho do meio, 56

capitalismo consciente, 44, **184**, 205–209, 272

Career Interest Profiler, 51

chefe de pessoal, 65–66

commodities, 39

complexo de Édipo, 2

crise dos subprimes, 40

D

desenvolvimento humano, 5

desigualdade
intelectual, 220
social, 184–210

Domenico De Masi, sociólogo, 52

Donald Trump, 197

Dr. António Damásio, 132

Dr. Roger W. Birkman, 49
Método Birkman, 49

E

efeito Flynn, 214

ego, 6

empatia, 22, 25

empregabilidade, 71

empresas do Sistema B, 44

Eneagrama, 12, 235, 237, 240

EQ-i 2.0, instrumento de avaliação de Inteligência Emocional, 49, 154, 179

Era do Conhecimento, 74, 86

Escola das Relações Humanas, 66–67

esquemas

declarativos, x

procedimentais, x

F

fatores higiênicos, 74

Fellipelli, 12, 60

feminização da gestão, 12

FIB (Felicidade Interna Bruta), 93–94

Firo-B (Fundamental Interpersonal Relations — Behavior), 50

Fórum Econômico Mundial, 199

Frederick W. Taylor, 63

Freud, 2

Fritz Perls, 238

G

Gestalt-terapia, 238–240, 249

Guerra Fria, 85

H

Herbert Freudenberger, psicólogo, 27

hierarquia das necessidades humanas de A. Maslow, 231

hiperempatia, 37

hipoempatia, 37

I

Iluminismo, 10, 89

Imago Dei, 6

Índice FTSE-100, 200

Indústria 4.0, 96

Instrumento de Modalidades de Conflitos de Thomas-Kilmann (TKI), xiii

inteligência artificial, 72, 80

Inteligência Emocional (IE), 11, 77–79, 153

Interaction Style, 50

International Coach Federation (ICF), 48

IPT (Índice de Personalidade de Trabalho), 50

Isabel Briggs Myers, 33

L

Lei do Três, 256–257

liderança

Shakti, 54

transformacional, 166

M

magnetismo animal, 124

Manpower Group, 38

MBTI, 12, 32

mesmerismo, 124

metaconhecimento, 111

Mihaly Csikszentmihalyi, psicólogo, 17

millennials, 185

movimento do Capitalismo Consciente, 12

Myers-Briggs Type Indicator (MBTI), 32–33

N

neurociência, 10, 109, 115

neurocoaching, 47

neurodiagnóstico, 32

nexos psicodinâmicos, 261

Nise da Silveira, 228

P

personalidade integrada, 7

pirâmide das necessidades humanas, 142

ponto Ômega, 85–86

Prevue HR Systems, 49

Primeira Guerra Mundial, 45

princípio da constância, 126

processo de individuação, 5–6

Psicologia
   Analítica, 5
   Organizacional, 46

psique, 3

Q

Quarta Revolução Industrial, 167, 187

R

Recursos Humanos, 10

René Descartes, 118

rentismo, 194

Results Coaching Systems®, 47

revolução
   4.0, 7
   Industrial, 63

S

Saad Fellipelli Outplacement, 20, 23

Segunda Guerra Mundial, 45

Self, 6

Simon Franco, 31

Síndrome de Burnout, 27

sociedade pós-industrial, 167

Society for Neuroscience, 115

startup, 74

Steven Pinker, 10

Strong, ferramenta de orientação vocacional e profissional, 51

T

Teoria
   do Caos, 30
   Integral, 231–235

Terapia Racional Emotiva, 24

Théodore Simon, 45

The SEEDS Model, 141

TKI (Thomas-Kilmann Conflict Mode Instrument), 50

TMP (Team Management Profile), 50

Transtorno do Déficit de Atenção com Hiperatividade (TDAH), 16

três venenos mentais, 239

V

Vale do Silício, 203